Christian Felber

THIS IS NOT ECONOMY

Aufruf zur Revolution
der Wirtschaftswissenschaft

Deuticke

1. Auflage 2019
ISBN 978-3-552-06402-7
© 2019 Deuticke in der Paul Zsolnay Verlag
Ges. m.b.H., Wien
Satz: Nadine Clemens, München
Autorenfoto: © Robert Gortana
Umschlag: Anzinger und Rasp, München
Druck und Bindung: GGP Media GmbH, Pößneck
Printed in Germany

Inhalt

Einleitung

Moderne Makroökonomie ist bestenfalls spektakulär nutzlos und schlimmstenfalls klar schädlich.

PAUL KRUGMAN (2009)[1]

Als ich die Gemeinwohl-Ökonomie, angespornt von einer Gruppe Unternehmer*innen und in Zusammenarbeit mit ihnen, entwickelte, wollte ich nicht primär eine wissenschaftliche Theorie vorlegen, sondern eine konkrete Alternative, die Menschen ohne abgeschlossenes Studium verstehen und Unternehmer*innen, Bürgermeister*innen und Schulen praktisch anwenden und weiterentwickeln können. Wir hatten selbstverständlich nicht nur mit Zustimmung gerechnet. Jede gesellschaftliche Veränderung löst Kritik, Befürchtungen und Widerstand aus. Nicht alle Menschen sind gleich offen für Innovation und Weiterentwicklung. Vor allem war uns klar, dass einige der Eckpunkte wie die Infragestellung grenzenloser Ungleichheit bei einem Teil der Besitzenden Abwehrreflexe hervorrufen würden – einschließlich eher unbeholfener Versuche, die GWÖ in verschiedene Ecken zu stellen: Sozialismus, Kommunismus, Nationalsozialismus, Populismus, Greenwashing, Esoterik ... Fast alles war dabei. Einen konstruktiven Diskurs kann das verzögern, aber nicht verhindern. Umso erstaunter waren wir, dass ein vergleichsweise schroffer Gegenwind aus akademischen Kreisen pfiff. Mainstream-Ökonomen fühlten sich offenbar in ihrer Domäne gestört und in ihrer Deutungshoheit infrage gestellt, was Wirtschaft ist oder wie sie anders verstanden, praktiziert und politisch gestaltet werden könnte.

Sonderbare Argumente

Stutzig wurde ich durch die Argumente: Ich hätte »grundlegende Prinzipien der VWL« und »die Märkte nicht verstanden«, die GWÖ sei »keine Theorie«, »nicht wissenschaftlich«, ich sei ein »politischer Aktivist«, und schließlich, der Hauptvorwurf, dass die GWÖ ein »normativer« Ansatz sei – ja was denn sonst? Die GWÖ sagt ja prominent und transparent von sich, dass sie auf Beziehungs- und Verfassungswerten aufbaut, dass sie *primär* ein Wertesystem ist. Das gilt aber für *jede* Theorie über die Wirtschaft, egal ob Kapitalismus, Kommunismus, soziale Marktwirtschaft, Postwachstums- oder Care-Ökonomie. Und hier tat sich der Kernwiderspruch auf: Der Mainstream der Wissenschaft glaubt tatsächlich, dass die neoklassische Ökonomik eine *wertfreie Wissenschaft* sei. Das ist nicht nur eine mächtige Selbst- und Publikumstäuschung; wenn das eigene Wertesystem nicht transparent gemacht wird, handelt es sich um Ideologie. Umso mehr, wenn damit die bestehende Ordnung legitimiert wird, anstatt dringend benötigte Alternativen zu entwickeln.

Ideologie

Bei der neugierigen Nachschau, was sich unter der Oberfläche der merkwürdigen Abwehr von Alternativen verbirgt, stieß ich auf ein unübersehbares Ausmaß an vernichtender Kritik an der Mainstream-Ökonomik – von Ökonom*innen selbst! Die Kritik betrifft alle Ebenen der Wirtschaftswissenschaft – ihr wissenschaftstheoretisches Selbstverständnis, ihre Geschichtsvergessenheit und Undefiniertheit, die Theorie- und Methoden-Einfalt, die haarsträubenden Annahmen und die Realitätsferne, die Mathematisierung und Modellversponnenheit, die Resistenz gegen Kritik und Interdisziplinarität, die Arroganz und die Machthierarchien, die Dominanz der Männer. Die Breitband-Kritik existiert seit vielen Jahren und in vielen Punkten sogar seit Jahrzehnten – doch sie prallt am orthodoxen Theoriegebäude und am Wissenschaftsbetrieb wie an der Chinesischen Mauer ab. »Neoklassische Ökonomen bewältigen Kritik, indem sie sie ignorieren«, schreibt der Renegat-Ökonom Steve Keen.[2] Eine weitere Schwierigkeit: Durch das Undefiniertlassen mancher Kernkonzepte – allen voran des »freien Marktes« – entwindet sie sich der Möglichkeit einer konkreten Dekonstruktion.[3] Kritikresistenz und -immunisierung sind weitere Erkennungsmerkmale von Ideologien.

Vertrauen im Abgrund

Kritikoffenheit, Selbstreflexion und Demut stünden der Wirtschaftswissenschaft jetzt gut zu Gesicht. Der neoklassische Mainstream war nicht nur unfähig, die Finanzkrise vorherzusehen, er hat sich grundlegend verrannt: Der Fokus auf Finanzkennzahlen, der Wachstumsfetischismus, die Mathematisierung und das absurde Menschenbild tragen zum sinkenden Ansehen der Zunft in der Bevölkerung bei. Eine FORSA-Umfrage in Deutschland ergab 2015, dass Wirtschaftsexperten nur bei einem Viertel der unter 34-Jährigen »alles in allem einen vertrauenswürdigen Eindruck machen«.[4] Eine YouGov-Umfrage 2017 unter zweitausend Brit*innen ergab, dass die Menschen den Wissenschaftler*innen im Schnitt zu sechzig Prozent vertrauen, hingegen liegt der Wert für Ökonom*innen bei minus zwanzig Prozent![5] Ein Schelm, wer darin eine Mitursache für den Brexit sieht. Die Bevölkerung erwartet von den Wissenschaftler*innen Antworten auf die brennenden Probleme der Gegenwart: Arbeitslosigkeit, Ungleichheit, Machtkonzentration, Klimawandel, Artensterben, Demokratieerosion, Sinnverlust ... Ich zähle die neoklassische Mainstream-Wirtschaftswissenschaft nicht nur zu ihren Hauptverursachern, ich gehe mit Steve Keen konform, dass die »neoklassische Wirtschaftswissenschaft (...) gegenwärtig das größte Hindernis beim Verständnis dafür ist, wie die Wirtschaft tatsächlich funktioniert«.[6]

Von daher prognostiziere ich, dass die Mainstream-Ökonomie genauso wenig, wie sie in der Lage war, die Finanzkrise – auf ihrem Kerngebiet – vorherzusagen, in der Lage sein wird, kommende Krisen – Klima, Verteilung, Konzernmacht, Demokratie – vorherzusehen. Inklusive soziale Unruhen und Verteilungskrisen. Sie sah auch weder Pegida noch Trump, noch die Gelbwesten kommen. Und auch nicht den Terror. Dieser ist ja die radikalste Kontraindikation zur Erzählung mancher Ökonomen, dass der Gesamtzustand der Welt so gut wie nie zuvor sei, weil Kapitalismus und Freihandel weltweit Wohlstand schafften. Wie ist es zu erklären, dass der Terror ausgerechnet dann beginnt, wenn die Armutszahlen rückläufig und Demokratien weltweit auf dem Vormarsch sind?

Studierendenproteste

Ein zweiter Verstörungsmoment war, dass ich bei Vorträgen allerorts tief frustrierte und existenziell verstörte Studierende antraf, weil sie mit ihren brennenden Fragen zum Zustand der Welt kein Gehör und sich stattdessen in einem sterilen Modell-Labor ohne Realitätsbezug wiederfanden. Ihre Fragen werden nicht nur gar nicht behandelt, sie werden häufig auf andere Studien verwiesen – Ökologie, Philosophie – oder sogar persönlich brüskiert, dass sie mit solchen »Gutmenschen«-Fragen daherkämen. Ständig werde ich und wird die Gemeinwohl-Ökonomie nach alternativen Wirtschaftsstudien gefragt.

Aktuell studieren Millionen junger Menschen an Tausenden von Business Schools und wirtschaftswissenschaftlichen Fakultäten Ökonomik oder haben einführende Vorlesungen in ihren Curricula. Dabei werden sie nicht umfassend, universell, plural und selbstreflexiv geschult, sondern monistisch, mathematisch, unkritisch, unpolitisch und verdeckt ideologisch. Die führenden Lehrbücher – Samuelson, Mankiw, Varian, Blanchard, Pindyck/Rubinfeld ... – haben eine anti-aufklärerische Wirkung, sie richten laufend weiteren und großen Schaden an.

Der Protest entzündete sich deshalb auch innerhalb der Disziplin. In

Frankreich gründete sich 2000 ein Netzwerk für »postautistische Ökonomik«, in Großbritannien ging »Rethinking Economics« an den Start, in Deutschland und Österreich entstanden die Netzwerke für Plurale Ökonomik, die sich 2014 international mit anderen Initiativen zur International Student Initiative for Plural Economics (ISIPE) zusammenschlossen. In einem öffentlichen Brief schreiben die Nachwuchs-Ökonom*innen: »Die Weltwirtschaft befindet sich in einer Krise. In der Krise steckt aber auch die Art, wie Ökonomie an den Hochschulen gelehrt wird (…) Wir beobachten eine besorgniserregende Einseitigkeit der Lehre, die sich in den vergangenen Jahrzehnten dramatisch verschärft hat.« Das Netzwerk fordert, »die Ökonomie wieder in den Dienst der Gesellschaft zu stellen«.[7]

Diesem Ziel ist auch das vorliegende Buch gewidmet. Zunächst geht es darum, die Kritik am neoklassischen Mainstream, dem Unterricht und den Lehrbüchern, die auch zu den studentischen Protesten und Alternativbewegungen geführt hat, in eine verständliche Übersicht zu bringen – für alle Interessierten, nicht nur für Ökonom*innen. Ich verstehe mich bei dieser Übung als Wissenschaftsjournalist. Die panoptische Zusammenschau der Kritik ermöglicht ein Gesamtbild, das wiederum der Ausgangspunkt für einen Neuanfang sein kann, für eine ganzheitliche Ökonomik.

Insbesondere richtet sich das Buch an Studierende der Wirtschaftswissenschaft sowie Studierende der Politologie, Soziologie oder Jus, die durch einführende Lehrveranstaltungen in Mikro-/Makroökonomie durchmüssen und dabei den schlechtesten Teil des Lehrangebots abbekommen. Es möchte ihnen alternative Vorstellungen von Wirtschaft und Wissenschaft anbieten und Werkzeuge in die Hand geben, das, was sie im Studium kennengelernt haben, zu hinterfragen, zu reflektieren und zu dekonstruieren. Es gibt nicht *eine* ökonomische »Denkweise« (Mankiw), es gibt viele. Es gibt eine Pluralität von Theorien, Methoden und Erkenntnisweisen und Wirtschaftspraktiken. Der Markt ist nur eine davon, und er muss sich genauso den demokratischen Spielregeln unterordnen wie alle anderen. Wir brauchen weder eine »marktkonforme Demokratie« (Angela Merkel) noch eine systemkonforme Wissenschaft.

Wichtig sind mir zwei Differenzierungen. Der nachfolgende Text kritisiert den Mainstream der Wirtschaftswissenschaft, der sich zum Großteil, wenn nicht zur Gänze, mit der Neoklassik deckt. Zum Glück gibt es eine reichhaltige Pluralität heterodoxer und anderer alternativer Ansätze – ihnen ist dieses Buch mit gewidmet. Der »Mainstream« zeigt sich nirgendwo deutlicher als in der Lehre und den Massen-Lehrbüchern. Diese sind die Achillesferse der Disziplin. In der Forschung ist das Feld viel heterogener, und viele Forscher*innen haben Kritikpunkte ernst genommen und selbst zu ihrer Schärfung beigetragen. Diesem Umstand trage ich Rechnung, indem ich eine große Anzahl etablierter Ökonom*innen zu Wort kommen lasse.

Mein persönlicher Beitrag – auch als Linguist – ist die Wiederaneignung des entführten Begriffs »Ökonomie«. An dessen ursprüngliche Bedeutung möchte ich erinnern, und auf Basis einer sauberen Definition eine echte »Ökonomik« neu begründen, die diesen Namen verdient. Eine integrale Wirtschaftswissenschaft, die auf einer reflektierten wissenschaftstheoretischen Grundlage arbeitet, ihre Annahmen und Werte offenlegt, die dem Leben und dem Gemeinwohl dient. Jede Vorstellung und Wissenschaft von Wirtschaft ist gleichzeitig ein Wertesystem. Wenn diese Werte transparent gemacht werden, dann haben Ideologien keine Chance, und Lehrbücher verkommen nicht zu Gebetsbüchern oder Parteiprogrammen.

TEIL I – PANOPTIKUM DER KRITIK

1. Geschichts- und Kontextlosigkeit

Der Meister-Ökonom muss eine seltene Kombination von Talenten vereinen (…) Er muss Mathematiker, Historiker, Staatsmann, Philosoph sein (…) Er muss Symbole verstehen und in Worten sprechen (…) Kein Teil der Menschennatur oder seiner Intuitionen darf vollständig außerhalb seiner Berücksichtigung liegen.
JOHN MAYNARD KEYNES (1924)[1]

Für Studenten, die sich damit beschäftigten, wie die Welt funktioniert, stellt die Mikroökonomie wahrscheinlich das relevanteste, interessanteste und wichtigste Fach dar, das sie studieren können (wobei die Makroökonomie das zweitwichtigste Fach ist).
ROBERT PINDYCK, DANIEL RUBINFELD (2015)[2]

Wenn Studierende mit dem Gegenstand des Studiums bekannt gemacht werden, ist eine transparente Definition des Gegenstands, die Zielsetzung der Disziplin, ihre bisherige Geschichte, ihr Wissenschaftsverständnis sowie ihre Einbettung in gesellschaftliche Kontexte erwartbar: Was bedeutet »Wirtschaft« eigentlich, welche Definitionen liegen vor? Worin ist sie eingebettet, und in welcher – hierarchischen, systemischen oder anderen – Beziehung steht sie zu ihren (weiteren) Kontexten? Um am Ende daraus abzuleiten: Was ist das übergeordnete Ziel, der Sinn und Zweck von Wirtschaft? Hat sich die Sichtweise darüber im Lauf der Geschichte geändert? Welche theoretischen Schulen gibt es, und woraus ist

13

die Wirtschaftswissenschaft hervorgegangen? Wenn schon Lehrbücher im Schnitt achthundert bis tausend Seiten zu »verteilen« haben, müssten doch die wesentlichen Dinge auf diesem Raum Platz finden – zumal Ökonom*innen sich als Expert*innen im Management knapper Ressourcen verstehen.

Doch dem ist leider nicht so. Eine Studie der Universität Kassel zur Situation in Deutschland kommt zum Schluss: »Lehrveranstaltungen mit erweiternder Perspektive, etwa die Geschichte des ökonomischen Denkens, Wirtschaftsgeschichte, Wissenschaftstheorie und Ethik, sind nicht genuin Teil der Lehre, sondern werden – wenn überhaupt – nur an einzelnen Universitäten angeboten.«[3] Eine Untersuchung des Netzwerks Plurale Ökonomik an 57 deutschen VWL-Bachelor-Studiengängen ergab, dass reflexive Fächer wie Geschichte des ökonomischen Denkens und Wirtschaftsethik nur 1,3 Prozent der Curricula an deutschen Universitäten ausmachen.[4] Die Untersuchung von 174 Ökonomik-Modulen an britischen Universitäten hat ergeben: »Kritisches und unabhängiges Denken wird in den Ökonomik-Kursen nicht gefördert, und Geschichte, Ethik oder Politik kommen kaum oder gar nicht vor.«[5] Walter Ötsch schreibt: »Traditionelle Ökonomen wissen wenig über Geschichte, sei es die Geschichte ihres Faches (z. B. über die Entstehung ihres Welt-Bildes) oder der Wirtschaft selbst (…) Sie sind nicht trainiert, über die methodischen Grundlagen zu reflektieren oder über die gesellschaftlichen Wirkungen ihrer Theorien nachzudenken.«[6]

Das 882 Seiten starke führende Lehrbuch des Google-Chefökonomen Hal Varian *Grundzüge der Mikroökonomik* beginnt auf Seite eins mit »Der Markt«.[7] Paul Samuelson beginnt das erfolgreichste Lehrbuch aller Zeiten *Volkswirtschaftslehre* mit dem Flussdiagramm zwischen Haushalten und Unternehmen. Die Wirtschaftswissenschaft emergiert aus dem Nichts: »scientia ex nihilo«.

Die wesentlichen Umfelder und Grundlagen des Wirtschaftens – Ökologie, Ethik, Demokratie- und Gender-Theorien … – sind bestenfalls Marginalia, sie kommen weder in der Mainstream-Lehre noch in den Standardmodellen vor. Viele Studierende beklagen, dass sie im Studium überhaupt nicht auf die verantwortungsvolle Rolle vorbereitet würden, wirtschaftspolitische Empfehlungen abzugeben, die massive Konsequenzen für Millionen von Menschen hätten. »Als Studierende der Wirtschaftswissenschaft sind wir irgendwie zur Ehre einer merkwürdigen Autorität gelangt, die Qualität politischer Argumente zu beurteilen«, schreiben die »Cambridge-Rebellen« Joe Earle, Cahal Moran und Zach Ward-Perkins.[8]

Welche wären die Mindeststandards an Begriffsklärung, Zieldefinition, Kontextualisierung, Realitätsbezug und epistemischer Selbstreflexion? Hier ein Versuch für Curricula und Lehrbücher.

Wirtschaftsgeschichte

Natürlich ließen sich mit Wirtschaftsgeschichte endlos Seiten füllen, die Frage ist: Was sollte keinesfalls fehlen? Ein Mindeststandard wäre eine Übersicht, welche Typen von Wirtschaft es schon gab oder noch gibt. Märkte sind aktuell eine Form, gibt es andere Formen? Selbstversorgung, Geschenkkultur, Gemeingüter, öffentliche Dienstleistungen, Planwirtschaft? Müsste nicht am Beginn eine *dem aktuellen Stand des Wissens entsprechende* Übersicht erfolgen, welche Arten des Wirtschaftens es schon gab oder noch gibt – um den Horizont am Beginn möglichst weit aufzuspannen? *Bevor* die einzelnen Formen en détail abgehandelt werden oder auf eine einzige Form – Märkte – fokussiert wird? Wie seriös wäre ein Lehrbuch über Mobilität, das ausschließlich von Autos mit Benzinmotoren handelt? Oder ein Lehrbuch über Ernährung, das allein über die Zubereitung von Fleischmahlzeiten instruiert?

Ein zweiter Grundbaustein wären die wichtigsten Entwicklungsstationen von Handel, Geld, Steuern, Eigentum, Unternehmensrechtsformen sowie diverser Institutionen, die Märkte nicht nur steuern, sondern wesentlich mitkonstituieren. Das sind nicht nur Behörden wie die Zentralbank, das Finanzamt oder das Arbeitsinspektorat, sondern auch rechtliche Institutionen wie Geld, Privateigentum oder juristische Personen – ohne sie würde eine komplexe Marktwirtschaft nicht funktionieren. Wirtschaftsstudierende könnten erfahren, dass nicht erst Geld entstand und Schulden nachfolgten, sondern dass es umgekehrt war.[9] Oder dass in der Geschichte der heutigen Industrieländer »Freihandel die Ausnahme und Protektionismus die Regel« war.[10] In den Lehrbüchern kommen so gut wie ausschließlich Argumente für Freihandel vor, weder historische Fakten noch Kritik an der Freihandelstheorie.

Interessant zu erfahren wäre auch – einfach nur zum Vergleich –, dass der Spitzensteuersatz der Erbschaftssteuer in Großbritannien bei achtzig Prozent lag, nachdem zuvor Winston Churchill vor der Entstehung einer »Klasse fauler Reicher« gewarnt hatte.[11] Auch die bayerische Verfassung könnte exemplarisch angeführt werden: »Die Erbschaftssteuer dient auch dem Zwecke, die Ansammlung von Riesenvermögen in den Händen weniger zu verhindern.« (Art. 157) Eine Diskussion, wo so eine Grenze angesetzt werden könnte, würde das eigenständige Denken anregen. Brandaktuell wäre die Nachzeichnung der schrittweisen Ermächtigung juristischer Personen seit dem 19. Jahrhundert und ihre dadurch heute möglich gewordene Machtfülle. Schließlich wäre noch Bestandteil einer Mindestallgemeinbildung der Zusammenhang zwischen dem Verbrauch fossiler Ressourcen und dem BIP-Wachstum.

Vielleicht reichen zwanzig bis dreißig Seiten Wirtschaftsgeschichte in den Lehrbüchern (zwei bis drei Prozent), aber ganz ohne sollte es nicht abgehen. An den deutschen Universitäten kamen 2016 gerade einmal 0,5 Prozent Wirtschaftsgeschichte in die Curricula vor.[12]

Geschichte der Disziplin

Gerade für eine Einführung in eine Wissenschaft ist es passend, einen kurzen Gang durch die Theoriegeschichte vorzunehmen, um das Fundament kennenzulernen, auf dem die aktuellen Ideen aufbauen: die Riesen, auf deren Schultern das heutige Weltverständnis steht. Thomas Dürmeier schreibt, dass es heute allgemein üblich ist, Ökonomin zu werden, ohne ein einziges Mal Smith, Marx, Keynes oder Hayek gelesen zu haben.[13] Interessant zu erfahren wäre auch, wann die Disziplin der Wirtschaftswissenschaft entstand und wo der erste Lehrstuhl eingerichtet wurde. Und natürlich, woher der Begriff kommt und was er ursprünglich bedeutete. Beginnen könnte ein solcher historischer Rundgang mit der Entstehung des Begriffes »Ökonomie« bei den alten Griechen. Apropos: Was passierte eigentlich zwischen Aristoteles und Adam Smith, wer beschäftigte sich mit Ökonomie, wenn es bis ins 20. Jahrhundert weder an der Universität Cambridge in Großbritannien noch an der University of California ein Studium der Ökonomik gab – und auch kein Department of Economics?[14] Wer dachte über die Wirtschaft nach, wenn es keine Wirtschaftswissenschaftler*innen gab? Zwei Diagramme wären *vor* jedem Blick auf Märkte oder das Flussdiagramm von Interesse: 1. die Entwicklung der Disziplin Ökonomik im Konzert der Wissenschaften und 2. eine Übersicht über die wichtigsten ökonomischen Theorieschulen: von der Neoklassik bis zum Postkeynesianismus, von der Institutionenökonomik bis zur Ökologischen Ökonomik, von der Care-Ökonomie bis zur Commons-Theorie. Das hätte zwangsläufig zur Folge, dass nicht nur »Märkte« betrachtet, analysiert und verstanden werden, sondern auch andere Formen des Wirtschaftens. Und die Studierenden würden (sich) zu fragen beginnen, welche Positionen die einzelnen Schulen zu ökonomischen Kernthemen wie Eigentum, Markt, Macht, Care-Arbeit, Ökologie, externe Effekte, öffentliche Güter, Gemeingüter, Verteilung, Ungleichheit oder Arbeit entwickelt haben – das wäre hochinteressant und aufschlussreicher als nur eine einzige Perspektive!

Definition und Ziel der Ökonomik

Es fällt weiters auf, dass es keine klare und einheitliche Definition der Wirtschaftswissenschaft gibt. Das ist ein massives Problem, denn ohne diese Klärung ergibt eine Wissenschaft keinen Sinn. Dann forschen die einen in eine (z. B. effizienter Einsatz finanzieller Ressourcen) und die anderen in eine andere Richtung (z. B. das gute Leben für alle oder das Gemeinwohl). Durch die unklare Definition bleibt offen: Ist nun Effizienz wichtiger als das Gemeinwohl oder umgekehrt? Falls es primär um Effizienz des Mitteleinsatzes geht, welche Mittel sind gemeint? Die Wirtschaftswissenschaft ist nicht hinreichend definiert, damit entbehrt sie eigentlich einer *wissenschaftlichen* Grundlage.

Angenommen, es ginge in der Wirtschaft(swissenschaft) um die Befriedigung menschlicher (Grund-)Bedürfnisse, dann müsste der Mutterliebe und der Muttermilch, den Freundschaften, Beziehungen, Partnerschaften und dem sozialen Zusammenhalt von der Nachbarschaft bis zur Demokratie (die allesamt weder materiell sind noch einen Marktpreis haben) zumindest gleich viel Aufmerksamkeit geschenkt werden wie marktförmigen Gütern und Dienstleistungen (die einen Preis haben). Sonst ist das Bild von Beginn an radikal unvollständig. Wer möchte in einer Welt leben, in der es zwar alle Güter gibt, in der mensch vielleicht drei Fernseher und vier Autos haben kann, aber es gibt keine Freundschaften, kein Vertrauen, keine Zärtlichkeit, keine Mütter und keine Demokratie?

Warum aber fokussiert dann die Wirtschaftswissenschaft *ausschließlich* auf Angebot und Nachfrage von Gütern, die einen Preis haben? Wie lautet die Definition für so eine Wissenschaft, und wodurch ist sie legitimiert?

Sinn ergeben würde eine ganzheitliche Betrachtung menschlicher Grundbedürfnisse, deren vollständige (und nicht teilweise) Befriedigung verantwortlich ist für das Gedeihen und Glück von menschlichen Individuen und Gemeinschaften – unabhängig davon, ob ihre Befriedigung über Haushalte, solidarische Netzwerke, Gemeingüter, Märkte oder Planung erfolgt. Erst vor dem vollständigen Spektrum der Möglichkeiten können die jeweils effektivsten Wege zur Erreichung des Ziels ermittelt werden. Ein solch pluraler Ansatz passt besser zu einer Wissenschaft als eine Uniform.

Wissenschaftstheorie

Damit die Studierenden die »Denkweise« einer Disziplin bewusst verstehen und kritisch hinterfragen können, muss diese etwas ausführlicher offengelegt werden: Welchem Wissenschafts- und welchem Theorieverständnis folgt die Ökonomik? Wie lautet ihr Erkenntnisideal? Tendiert sie zu Positivismus, Rationalismus, Konstruktivismus, Realismus oder Pragmatismus? Wofür hat sich die Ökonomik entschieden und warum? Zwar liefern die Lehrbücher einige »Sprengsel« wie Aussagen, dass sie nach Objektivität streben, sich als wertfrei erachten und positive von normativen Aussagen unterscheiden. Doch findet man üblicherweise wenig oder gar keine Erklärung und Begründung dieser Präferenzen, geschweige denn eine Bezugnahme auf den aktuellen wissenschaftstheoretischen Diskurs. Zumindest einige Zeilen sollten darüber verloren werden, ob die Ökonomik eine Natur- oder eine Sozialwissenschaft ist und was die beiden voneinander unterscheidet. Wer eine wissenschaftliche Disziplin studiert, sollte auch eine – verdaubare – Mindestdosis an Wissenschaftstheorie genießen.

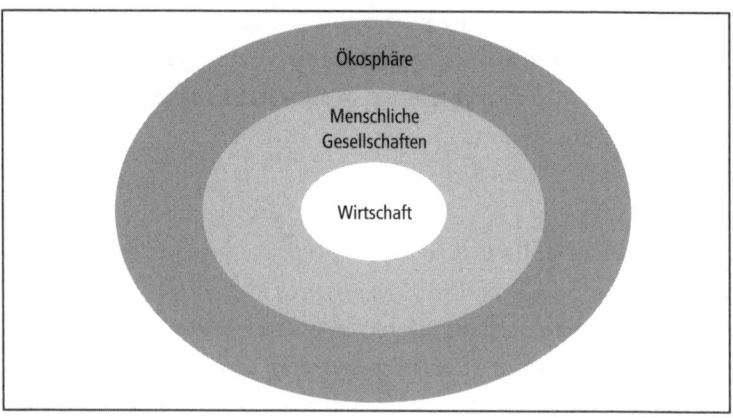

Abbildung 1: Einbettung der Wirtschaft in ihre Kontexte

Kontexte

Die heute vorherrschende neoklassische Wirtschaftswissenschaft hat seit ihrer Entstehung in der zweiten Hälfte des 19. Jahrhunderts die wesentlichen Umfelder – Politik, Ethik, Ökologie, Gender- und Machtthemen – ebenso konsequent ausgeblendet wie Erkenntnisse zu ihren Kernthemen aus anderen Disziplinen. Wirtschaft und Wirtschaftswissenschaft ergeben aber nur in einer systemischen und interrelationalen Gesamtbetrachtung Sinn, sonst wären sie ein geschlossenes System, das außer einer reinen Gedankenspielerei keinen wissenschaftlichen oder gesellschaftlichen Wert erbrächte. Welche sind die wichtigsten Kontexte wirtschaftlicher Vorgänge?

Gender

Nicht ein »Kontext«, sondern vielmehr der Kern der *oikonomia,* die ja vom *oikos,* dem Haushalt, abstammt, ist die Produktion von Leben in diesen Haushalten.[15] Das machen vor allem die Mütter, sie sind die genuinen Ökonominnen. Das Austragen, Gebären, Stillen und Großziehen von neuen Menschen ist die Grundfunktion menschlicher Haushalte und das Fundament aller Wirtschaftsformen. Werden diese Leistungen jedoch nicht kommerzialisiert und bezahlt, werden sie von der Neoklassik nicht wahrgenommen. Diese Ausblendung ist eine gewaltförmige Spaltung der Gesellschaft in wertvolle Erwerbs- und wertlose Haus- und Care-Arbeit. Eine Umfrage unter 150 000 Müttern in den USA hat errechnet, dass, wenn Frauen für jede ihrer Rollen den üblichen Stundenlohn erhielten – Haushälterin, Tagesbetreuerin, Taxifahrerin, Wäschereinigung –, zu Hause arbeitende Mütter jährlich rund 120 000 US-Dollar verdienen würden.[16] Es gibt keinen vernünftigen Grund, diese Basisökonomie aus der Wissenschaft auszuklammern. Neben der Fürsorge-Arbeit für Kinder, Ehemänner, Kranke, Alte und Sterbende werden auch andere für das Funktionieren und den Zusammenhalt menschlicher Gesellschaften essenzielle Leistungen von der Standard-Ökonomik ignoriert: Wer hilft Spitzenverdienern, wenn sie einen Unfall erleiden? Wer spendet ihnen Blut? Wer löscht ihr Haus, wenn es brennt? Alles, wofür kein Preis bezahlt wird, existiert in der Standard-Wirtschaftswissenschaft nicht, egal, wie wertvoll es ist.

Umwelt

Der wichtigste und essenzielle Kontext allen menschlichen Wirtschaftens sind der Planet Erde und seine Ökosysteme. Die Trennung von Ökonomie und Ökologie ist einer der gröbsten Sündenfälle der Wirtschaftswissenschaft. Denn alle in Geld messbaren »ökonomischen« Werte stammen letztlich aus der Natur. Wird dies übersehen oder negiert, kann es passieren, dass die unvollständig verstandene »Wirtschaft«, die eigentlich – ganzheitliche – Werte schaffen sollte, die ökologischen Lebensgrundlagen zerstört. Hazel Henderson formulierte es bereits 1978 prägnant: »Sie erzählen uns von blitzsauberem Geschirr und Tischtüchern, vergessen jedoch den Verlust der blitzsauberen Flüsse und Seen zu erwähnen.«[17] Das größte globale Umweltproblem der Gegenwart ist, noch vor dem Klimawandel, der Verlust von Artenvielfalt.[18] Ich spazierte vor kurzem in Costa Rica mit dem Rektor der Universität für Internationale Zusammenarbeit durch den Regenwald. Er berichtete von einem Besuch am selben Ort mit seinem Sohn, dem er mitteilen musste, dass die Artenvielfalt doppelt so groß war, als er in seinem Alter war: ein Verlust von fünfzig Prozent in einer Generation! Während die Ökonomen mit ihren Standardmodellen uns vorrechnen, dass wir reicher werden, verarmen wir in den wesentlichsten aller Aspekte von Reichtum: in der biologischen und genetischen Vielfalt. Bei der ersten Postgrowth Conference im EU-Parlament im September 2018 stellte der Ökonom Björn Döhring die Standardmodelle der EU-Kommission, sogenannte Dynamik Stochastic General Equilibrium Models (DSGE Models), vor. Mit ihrer Hilfe analysiert die Kommission die Wirtschaft und spricht Empfehlungen für die Politik aus. Ich fragte ihn, welche Rolle die Artenvielfalt in diesen Modellen spiele. Seine Antwort:»Ob es sinnvoll wäre, die Artenvielfalt in DSGE-Modelle zu integrieren? Das würde ich sehr bezweifeln. Der Punkt ist, dass es kein Modell gibt, das man für alles verwenden kann.«[19]

Ethik

Auch kein Kontext, sondern ein weiteres Fundament des Wirtschaftens, sind die Grundwerte jeder Gesellschaft und Kultur. Wirtschaften basiert immer und überall auf Werten, der Versuch, die Zahlen von den Werten zu trennen, führt zur totalitären Herrschaft der Zahlen. Die behauptete Wertfreiheit ist eine grundlegende Illusion. Alles Denken, Schreiben, Rechnen und Handeln beruht auf Wertentscheidungen, von daher ist der Versuch, Wirtschaft und Ethik zu trennen, vielleicht das Absurdeste, was je in der Wissenschaftsgeschichte unternommen wurde. Das neoklassische Standardmodell strotzt vor Werten: Effizienz, Wachstum, Wettbewerb, Nutzenmaximierung, Rationalität: alles Werte! Gipfel der Wert*un*freiheit der neoklassischen Ökonomik ist der Homo oeconomicus – ein mechanischer, gefühlloser, gieriger Psychopath. Da es keine wertfreie Theorie gibt, baut eine *weise* Wirtschaftswissenschaft ihre Ideen und Modelle auf den breit geteilten Beziehungs- und Verfassungswerten auf. Viele Ökonomik-Kurse verweisen jedoch bei ethischen Fragestellungen auf das Philosophie-Studium!

Demokratische Institutionen

Das juristische »Skelett« von Märkten sind Institutionen. Als zentrale Gestaltungs- und Steuerungselemente sind sie für die sozialen, kulturellen und ökologischen Wirkungen von Märkten verantwortlich. Dabei geht es um so unterschiedliche Einrichtungen wie Handelsregister, Grundbuch, Finanzamt, Umweltbehörden, Emissionszertifikate-Ausgabestelle, Arbeitsinspektorat, Finanzaufsicht, Zentralbank, Staatsanwaltschaften oder Gerichtshöfe (eines Tages für die Menschenrechte). Von diesen Institutionen hängt ab, wer wie wo wirtschaften darf, wie weitreichend oder eingeschränkt die Wirtschaftsfreiheiten sind, ob z. B. Umweltschäden externalisiert werden können, ob der Zugriff auf Kinderarbeit geahndet wird, ob Unternehmen unendlich groß und mächtig werden dürfen, ob sie nur eine Finanz- oder auch eine Gemeinwohl-Bilanz erstellen müssen, wie frei sie handeln dürfen. All diese Aspekte der Marktwirtschaft werden über demokratische Institutionen reguliert und gesteuert. In den ökonomischen Standardmodellen kommen sie jedoch *nicht* vor.

Geld und Finanzsystem

So unglaublich es klingen mag, auch Geld und das Finanzsystem kamen die längste Zeit in den ökonomischen Standardmodellen nicht vor. »Wir haben sehr ausdifferenzierte makroökonomische Modelle«, meint das damalige Mitglied des Sachverständigenrates Peter Bofinger, »sie haben nur einen Nachteil: Es gibt keinen Finanzsektor. Das finde ich bemerkenswert, insbesondere in der Europäischen Zentralbank: Auch deren sehr kompliziertes Modell kennt keinen Finanzsektor. Man nimmt an: Jeder Mensch hat alle Informationen, die er braucht, es gibt keine Unsicherheit. Dann ist Geld irrelevant, und den Finanzsektor kann man wegignorieren, weil er perfekt rational arbeitet.«[20] Selbst Geld spielte in den ökonomischen Modellen keine Rolle. »Es scheint, Geld ist für Ökonomen ungefähr so, wie das Wasser für Fische – es ist einfach da.«[21] In den meisten klassischen Lehrbüchern wird bis heute zudem der Vorgang der Geldschöpfung nicht richtig erklärt.

Macht

Dazu passend blendet die Neoklassik die Machtverhältnisse und -gefälle aus. In den Standardmodellen wird nicht zwischen der Alleinerzieherin und BlackRock unterschieden, nicht zwischen Bayer und Biobauer. Alle natürlichen (Menschen) und juristischen Personen (Unternehmen) sind gleich mächtig und gehen sämtliche Transaktionen vollkommen freiwillig ein. Weder gibt es unterschiedliche Grade von Freiwilligkeit noch Abhängigkeiten, die zu Positionen der Stärke und Schwäche und deren Ausnutzung führen. In der realen Marktwirtschaft sind jedoch Machtgefälle in Kredit-, Kauf-, Miet-, Zuliefer- oder Arbeitsverträgen die Regel. Und hier bräuchte es einerseits eine andere *Ethik* als die der Nutzenmaximierung und andererseits andere *Regeln* und *Institutionen,* die das skrupellose Zuschlagen des Homo oeconomicus raptus verhindern. Da die Standard-Wirtschaftswissenschaft glaubt, dass auf den Märkten alles mit freien Dingen zugehe, kommt es in der Realität zu exzessiver Reichtums- und Machtkonzentration. Doch wenn acht Menschen heute so viel besitzen wie die halbe Menschheit, liegt das nicht daran, dass sie gleich viel leisten wie vier Milliarden andere, sondern, dass sie von einer langen Kette an Machtgefällen profitieren, die sie unverdient in diese Position gebracht haben. Ökonomische Standard-Lehrbücher präsentieren Märkte dessen ungeachtet »in Bezug auf die Verteilung neutral«.[22]

Wirtschaftswissenschaft ohne die Kernthemen Natur, Werte, Macht, Gender oder demokratische Institutionen – ergibt schlicht keinen Sinn, ist sinnlos! Die Wirtschaftswissenschaft muss sich öffnen und rückbetten in größere Zusammenhänge. Sonst verkommt sie zu einer abgehobenen Gedankenspielerei mit fatalen Rückwirkungen auf die vergessene Realität.

2. Mathematisierung

Wir haben zu viel Weisheit gegen Exaktheit getauscht,
zu viel Menschlichkeit gegen Mathematisierung.
TOMÁŠ SEDLÁČEK[23]

NEUFAUST
Habe nun, ach o weh, fünf Jahre lang
Mathematik, Statistik und Wirtschaft studiert
habe dabei Herz und Seele riskiert
habe selbst meinen Geist brüskiert
bin zwar in Ziffern und Zahlen belesen
doch fremd blieb mir der Materie Wesen
Das hat zu dem knappen Ergebnis geführt:
ich bin als Spezialist arriviert
bin also nach strengster Regel Gebot
ein ausgebildeter Fachidiot.[24]

Die vielleicht markanteste Kritik am Mainstream der – neoklassischen – Wirtschaftswissenschaft ist die intensive Anwendung von Mathematik. Die Lehrbücher sind voll von Gleichungen und Diagrammen.[25] In vielen Trainingsbüchern wird nur noch gerechnet und gezeichnet.[26] Das »Herz« der neoklassischen Wirtschaftswissenschaft ist ein Formelfriedhof. Die Postautistischen Ökonom*innen kritisieren, dass die Mathematik vom »Instrument« zum »Selbstzweck« geworden sei.[27] Studierende meinen ironisch: »Wir lernen mit Buchstaben rechnen.«[28] Eine Studie der American Association of Economics kam zum Ergebnis, dass die Mathematisierung »absurd übers Ziel geschossen« sei.[29]

Führende Lehrbuch-Autoren verteidigen hingegen den mathematischen Schwerpunkt. Hal Varian klagt in seinem Buch *Grundzüge der Mikroökonomik,* Studierende »sollten die Differenzialrechnung beherrschen, aber sie können sie nicht«.[30] Mit Mathematik seien Gedankengänge »viel einfacher darstellbar, und alle Studenten der Volkwirtschaft sollten das erkennen«. Mehr noch: »Alle Studierenden der Volkswirtschaftslehre sollten fähig sein, eine ökonomische Geschichte in eine Gleichung oder in ein Zahlenbeispiel zu übersetzen; allzu oft wird jedoch die Entwicklung dieser Fähigkeiten vernachlässigt.«[31] David Colander und Arjo Klamer befragten höhere Ökonomie-Studierende, ob sie glaubten, dass Kenntnisse der realen Ökonomie wichtig für akademischen Erfolg in Wirtschaftswissenschaft seien. 3,4 Prozent glaubten das. Hingegen glaubten sechzig Prozent, dass Mathematik und Theorie wichtig seien.[32]

In Deutschland rangierten bei der Ökonom*innen-Umfrage 2015 »mathematisch-analytische Fähigkeiten« bei der Bewertung, was eine gute Ökonom*in ausmacht, vor »breites Wissen der wissenschaftlichen Literatur«, »Kenntnisse der aktuellen Wirtschaftslage« oder »Vermittlung der Erkenntnisse in der Öffentlichkeit«.[33] Warum und woher dieser Stellenwert der abstrakten Mathematik?

Historische Erklärung

Die wichtigste Antwort ist: Mathematik gilt als exakte Wissenschaft, und wenn etwas mathematisch ausgedrückt wird, erhält es allein deshalb schon den Anschein, wissenschaftlich zu sein. Der ehemalige St. Gallener VWL-Professor Gebhard Kirchgässner erklärte: »Wenn Sie etwas wirklich exakt erfassen wollen, brauchen Sie eine exakte Sprache, und die Mathematik ist eine exakte Sprache, und diese exakte Sprache erlaubt Ihnen, aus Ihren Annahmen Konsequenzen abzuleiten, die Sie sonst nicht gesehen hätten.«[34] Claus Peter Ortlieb bestätigt: »Die bloße Verwendung von Mathematik wird als ein Garant für Wissenschaftlichkeit und ›Ideologiefreiheit‹ genommen.«[35] Thomas Dürmeier schreibt: »Mit der Entstehung des modernen Denkens in der Aufklärung lösten Mathematik und Physik Theologie und Philosophie als zentrale Wissenschaften ab. Mathematisches und mechanisches Denken wurde zum wissenschaftlichen Ideal.«[36] Das war nicht immer so: Die Klassiker kamen noch mit wenig oder gar keiner Mathematik aus – was ihrem Ruhm nicht im Weg steht, man bedenke nur die »Nachhaltigkeit« von Smith, Ricardo, Mill oder Marx.

Den ersten Mathematisierungsschub leitete Léon Walras (1834–1910) ein. Ziel des Begründers der Neoklassik und der Allgemeinen Gleichgewichtstheorie war es, die Politische Ökonomie (so hieß die Wirtschaftswissenschaft damals noch) nach dem Vorbild der reinen Naturwissenschaft und Mathematik umzugestalten. »Reine Mechanik muss sicherlich der angewandten Mechanik vorausgehen. Ähnlich muss die reine ökonomische Theorie der angewandten Wirtschaftswissenschaft vorangehen; und diese reine ökonomische Theorie ist eine Wissenschaft, die den physico-mathematischen Wissenschaften in jedem Aspekt ähnlich ist.«[37] Dass der gewählte mathematische Zugang neu war, ist an Walras' Zeitgenossen Alfred Marshall abzulesen, der den ersten Wirtschaftsstudiengang 1903 an der Universität Cambridge einrichtete und dessen Lehrbuch lange Zeit in England führend war. In diesem verbannte er mathematische Gleichungen konsequent in Fußnoten und Anhänge.[38] Über ihn wird geschrieben: »Würde er heute an der Universität Cambridge oder an irgendeiner führenden ökonomischen Fakultät auf der Welt eine Stelle bekommen? Wahrscheinlich nicht, denn seine Werke weisen zum einen sehr wenig Mathematik auf, zum anderen hielt er Mathematik für nichts anderes als ein Zusatzwerkzeug.«[39]

Walras könnte auch daran gelegen haben, seinen Vater zu rächen: »Der alte Walras betrachtete sein Fach als eine mathematische Wissenschaft – und galt deshalb als Spinner (…) Ökonomie galt als Geisteswissenschaft, sie war nichts für Erbsenzähler wie Walras. Man habe seinen Vater totgeschwiegen, schrieb Léon Walras später bitter, er wolle dafür sorgen, daß ›die Ignoranten so unmöglich und lächerlich dastehen wie jene, die Kopernikus verfolgten und Galilei quälten‹.«[40]

Capra vermutet einen anderen Grund: »Um die Mitte des 19. Jahrhunderts hatte sich die klassische Nationalökonomie in zwei breite Strö-

mungen gespalten. Auf der einen Seite standen die Reformer: die Utopisten, Marxisten und die Minderheit klassischer Wirtschaftswissenschaftler, die John Stuart Mill folgten. Auf der anderen Seite befanden
sich die neoklassischen Wirtschaftswissenschaftler, die sich auf den
wirtschaftlichen Kernprozess konzentrierten und dabei die Schule der
mathematischen Wirtschaftswissenschaft entwickelten. Einige von ihnen versuchten, objektive Formeln für die Maximierung der Wohlfahrt
zu entwickeln, andere flüchteten sich in immer abstrusere Mathematik,
um der vernichtenden Kritik der Utopisten und Marxisten zu entge-
hen.«[41] Ein Richtungsstreit tobte: Walras' Zeitgenosse Stanley Jevons
meinte über die Politische Ökonomie: »Wenn sie überhaupt eine Wissenschaft ist, muss sie eine mathematische sein, weil sie mit Quantitäten
von Waren handelt.« Der Italiener Vilfredo Pareto war der Ansicht, dass
sich die ökonomische Theorie durch den intensiven Gebrauch mathematischer Formeln »die Strenge rationaler Mechanik aneignen könne«.[42] Auf dieser Basis entwickelten die Neoklassiker die Allgemeine
Gleichgewichtstheorie, die bis heute den theoretischen Kern der Mainstream-Ökonomik ausmacht.

Einen zweiten Schub an Mathematisierung datiert Deirdre McCloskey auf 1947: »Es begann mit der Harvard-Dissertation von Paul Samuelson ›The Foundations of Economic Analysis‹ – dieser Text wurde
in Lehrbücher übersetzt und hat viele andere, weniger mathematische
Strömungen, ersetzt.«[43] Seither spinnt sich der Faden der Mathematisierung immer weiter fort. Marion Fourcade et al. schreiben: »Insbesondere nach dem Zweiten Weltkrieg wurde das Anspannen der mathematischen und statistischen Muskeln und die Zuspitzung des Arguments
auf einen formalen und knappen Satz von Gleichungen der Königsweg
zu wissenschaftlicher Reinheit *in der Ökonomik*.«[44] Der Londoner Ma-
nagement-Professor Geoffrey Hodgson schreibt: »In der Tat wird Formalisierung zum Selbstläufer. Sie erzeugt einen Teufelskreis gegenseiti-
ger positiver Verstärkungsprozesse, nach dem nur das zählt, was in mathematischer Form ausgedrückt werden kann.«[45] Eine dritte »positive
Rückkoppelung« erfuhren die mathematischen und ökonometrischen

Rechner durch die Einrichtung eines Schein-Nobelpreises für die Ökonomik, dessen Ziel es war, den Neoklassikern unter den Ökonomen Rückenwind zu liefern, was in Kapitel III.1 genauer behandelt wird.[46] Reichsbankpreisträger (RPT) Paul Samuelson referenzierte in seiner Preisrede dreimal auf den Erfinder der Differenzialgleichung Sir Isaac Newton, während er Adam Smith und John Maynard Keynes nur je einmal würdigte.[47]

Prinzipielle Kritik

Das erkenntnistheoretische Ideal der Mathematik ist die Objektivität. Mankiw schreibt: »Volkswirte bemühen sich, ihr Gebiet mit wissenschaftlicher Objektivität zu behandeln. Sie betreiben die Erforschung der Ökonomie auf eine ähnliche Weise, wie ein Physiker die Materie und ein Biologe das Leben untersucht: Sie entwerfen Theorien, sammeln Daten und versuchen dann aufgrund der Daten, ihre Theorie zu bestätigen oder zu verwerfen.«[48] Am Anfang ist also die Theorie. Wissenschaftstheoretiker*innen zufolge geht es in der wissenschaftlichen Objektivität nicht darum, die Dinge zu sehen, wie sie (wirklich) sind, sondern um ein Erkennen logischer Zusammenhänge jenseits von subjektiver Wahrnehmung und Erfahrung.[49] Diese Definition ist wichtig, weil wissenschaftliche Objektivität in einem grundlegenden Gegensatz zu Empirie und Realität steht. Das mag bei vielen auf Unverständnis stoßen, doch wie Silja Graupe schön herausgearbeitet hat, ist »im Erkennen eine größtmögliche Distanz zu jeglicher Form der menschlichen Erfahrung aufzubauen« ausdrückliches *Ziel* objektiver Wissenschaft und somit eine »epistemische Tugend«.[50] Die vielkritisierte Realitätsferne der neoklassischen Wirtschaftswissenschaft – Befreiung von aller Subjektivität – hat Methode, Weltentrücktheit ist vorsätzliches Programm! Graupe schreibt weiter: »Die Theorie schafft bewusst kein Abbild der Realität, sondern sucht ein neues, eigenes Reich des Denkens zu begründen, in dem sich der logische Verstand frei von jedem Bezug zur

Realität neue Welten schaffen und in diesen bewegen soll.« Es geht Carl Boyer zufolge »weder um approximative noch absolute Wahrheit, sondern rein hypothetische Wahrheit«.[51] Empirie ist unerwünscht, weil die Erfahrung immer subjektiv ist. Walras selbst führt es so aus: »Auf Basis dieser [objektiven] Definitionen bauen Ökonomen a priori den gesamten Rahmen ihrer Theoreme und Beweise. Danach gehen sie zurück zur Erfahrung, nicht um ihre Schlussfolgerungen zu erhärten, sondern um sie anzuwenden.«[52]

Dieses Wissenschafts- und Erkenntnisideal hat zwei Haken: Zum einen hat die moderne Kognitionsforschung herausgefunden, dass die Entkoppelung von abstraktem Denken (»reiner Theorie-Bildung«) und menschlicher Erfahrung nicht möglich ist – weil menschliches Denken nicht so funktioniert (was die neoklassischen Ökonomen infolge ihrer geringen Beschäftigung mit Erkenntnistheorie nicht wissen oder ignorieren). Zwar können Buchstaben und Zahlen in einer in sich logischen Form aufeinander bezogen werden, aber damit haben sie mit der Realität erst einmal noch gar nichts zu tun (weshalb eine so verstandene und betriebene Wissenschaft keinerlei praktischen Nutzen für das Verständnis realer Märkte oder für die Wirtschaftspolitik hätte). In dem Augenblick aber, in dem sie mit ökonomischen Begriffen wie »Markt«, »Nachfrage« oder »Transaktion« in Beziehung gebracht werden, setzen, gemäß den Erkenntnissen der zeitgenössischen Kognitionsforschung, Assoziationen zu (unbewusster) subjektiver Erfahrung ein, weil der Verstand sonst solche Begriffe gar nicht kognitiv verarbeiten könnte, er muss sie mit Erfahrungen assoziieren. Das bedeutet, dass in dem Moment, in dem ökonomische Begriffe ins Spiel kommen, diese automatisch – unwillkürlich oder unbewusst – mit subjektiver Erfahrung verknüpft werden, was das Ende wissenschaftlicher Objektivität in der Ökonomik ist. Entweder objektiv (und realitätsfrei!) oder realitätsbezogen (dann nicht mehr objektiv): ein epistemisches Dilemma, aus dem es kein Entrinnen gibt. Solcherart Reflexionen werden in wirtschaftswissenschaftlichen Lehrbüchern nicht angestellt, die »Denkweise« wird zwar angesprochen, aber dann nicht genauer ausgeführt. Die Behandlung oder Auflösung des Dilemmas wäre die Voraussetzung, dass die Wirtschaftswissenschaft auf einer sauberen epistemischen Grundlage betrieben werden kann.

Damit ist auch schon der zweite Haken freigelegt: Die gewählte Methode der Mathematik ist nicht *wissenschaftlicher* als eine lyrisch-elegant formulierte prosaische Zeile, in der die Persönlichkeit der Autor*in neben dem Argument unverkennbar zum Ausdruck kommt. Beide sind gleich *spekulativ* – oder »hypothetisch«. Mathematische Gleichungen und Modelle *über die Wirtschaft* sind *scheinobjektiv*, weil sie erst Sinn ergeben, wenn sie mit ökonomischen Begriffen gekoppelt werden, welche die Brücke zur Realität herstellen. Ökonomische Begriffe können aber genauso gut in prosaischen Texten als Brücke zur – subjektiv erlebten – Realität fungieren. Der allgemeinverständliche Satz »Mindestlöhne erhöhen die Arbeitslosigkeit« kann genauso gut verbal ausgeschrieben werden, wie sein Inhalt in eine komplexe Gleichung eingebaut werden kann. Beide *Formen* sind gleich irrtumsanfällig (hypothetisch) und somit *gleich (un)wissenschaftlich*. Wenn Mindestlöhne in einem Land und einer bestimmten Höhe die Arbeitslosigkeit erhöhen, in einem zweiten Land die Arbeitslosigkeit senken und in einem dritten Land keine Auswirkung auf die Beschäftigung haben, sind *beide Formen* – Text und Gleichung – von der Realität äquidistant. Der Unterschied ist, dass Mathematik im Mainstream der Scientific Community seriöser *wirkt* als ein geschriebener Text.

Schein und Entschwinden

Anders gesprochen: Der Kaiser unter dem mathematischen Umhang, pardon: der Ökonom unter dem mathematischen Talar, ist nackt. Auch in der hohen Wissenschaft kann mit Schein gearbeitet werden. Sogar recht effizient, weil grundsätzlich alles mathematisch »darstellbar« ist, man muss nur Phänomenen oder Werten einen Buchstaben zuordnen und diesen in komplexe Gleichungen integrieren und einen logischen

Zusammenhang zwischen dem »Buchstabierten« herstellen. Das muss noch lange nicht für andere intersubjektiv nachvollziehbar sein. Nicht nur, weil es prinzipiell keine *objektiven* Aussagen über das *reale* Wirtschaftsgeschehen gibt. Sondern, weil es hochspekulativ ist, komplexe soziale Sachverhalte auf Buchstabenketten zu verkürzen, und es ist optimistisch zu erwarten, dass andere diesen Gedankengängen folgen. So gesehen gibt es keine Objektivität, sondern nur einen Objektivitäts-*anspruch* der Buchstabenverketter oder, im schlechteren Fall, den Missbrauch des Objektivitäts*scheins*, um die eigene *Weltanschauung* als *wissenschaftlich* darzustellen und *andere* Meinungen als *unwissenschaftlich* abzutun.

Der Wechsel in eine von nur wenigen verstandene und nachvollziehbare »Fremdsprache« schottet ab und verhindert Diskurs, Kritik und gesellschaftliche Kontrolle: »Der mathematische Apparat wirkt einschüchternd, verhindert grundsätzliche Fragestellungen und suggeriert eine feste wissenschaftliche Basis«, schreibt Walter Ötsch.[53] Wie kann sich eine Sozialwissenschaft der öffentlichen Kontrolle stellen, wenn sie sich nicht verständlich ausdrückt? Auch innerhalb von mathematisch versierten Ökonom*innen gibt es eine steile Hierarchie zwischen den fortgeschrittenen und den dieser *Sprache* weniger mächtigen. Ulrich van Suntum schreibt: »Selbst studierte Ökonomen sind heute oft nicht mehr in der Lage, die hochmathematischen Abhandlungen in den einschlägigen Fachzeitschriften nachzuvollziehen.«[54] Das wäre anders, wenn ihr *Inhalt*, in verständlicherer Sprache dargelegt, von anderen nachvollzogen und kritisch reflektiert werden könnte. Schließlich liegt es nicht nur am Intelligenzquotienten, dass viele kluge Menschen dieser Sprache nicht folgen können, es liegt am intuitiven oder prinzipiellen Widerwillen, so eine – reduktionistische, irreale, formale – Denkweise anzunehmen, sie halten die vermeintliche epistemische Tugend für eine methodische Verirrung. Letztlich ist die mathematische Formalisierung der ökonomischen Theorie eine mechanistische Denke, die auf ein nicht-mechanisches Erkenntnisfeld angewandt wird und die genau zu dem Zeitpunkt Einzug in die Ökonomik hält, nämlich im Lauf des 20. Jahr-

hunderts, wo sie aus allen anderen Wissenschaften – voran der »Königs-
wissenshaft« Physik – schon wieder ausgezogen ist. Das objektive Erkenntnisideal der Neoklassik ist heute obsolet.

Methodische Kritik

Der »wahre Wert« der Mathematik für die ökonomische Wissenschaft
wird breit angezweifelt. Ein siebenköpfiges Autorenteam rund um den
Mainstream-Kritiker David Colander schreibt: »Die Analyse der ver-
nachlässigten Aspekte und Themen würde eine andere Art von Mathematik erfordern als die in üblicher Weise in den prominenten Öko-
nomie-Modellen verwendete.«[55] Der Mathematiker Tony Lawson kritisiert: »Es ist wie der Versuch, den Rasen mit einem Hammer zu mähen
oder mit einem Blatt Papier. Beide Instrumente haben ihren Zweck, aber
es ist nicht Rasenmähen. Die Methoden der angewandten Mathematik
haben ihren berechtigten Gebrauch, aber soziale Realitäten zu erhellen
zählt nicht dazu, oder allenfalls nur unter sehr außergewöhnlichen Bedingungen.«[56] Anders gesagt: Während der Nutzen von »zwei mal zwei
ist vier« *objektiv* (logisch schlüssig und intersubjektiv auch ohne Erfahrung) nachvollziehbar ist, sind zwischenmenschliche Beziehungen und
Märkte als soziale Phänomene nicht in einer solchen objektiven Sprache
darstellbar, das wäre eine unangemessene methodische Annäherung an
soziale Phänomene. Komlos schreibt: »Menschen sind keine leblosen
Objekte, deren Lebenslauf durch eine mathematische Funktion von einigen Variablen genau beschrieben werden kann. Im Gegensatz zu Planeten können sie ihre Richtung und Meinung ändern.«[57] Walras selbst
meinte: »Mathematik ignoriert Friktionen, die in den Sozialwissenschaften *alles* sind.« Und: »Menschliche Freiheit lässt sich niemals in
Gleichungen gießen.«[58] Voilà: Das erkenntnistheoretische Ideal der Objektivität ist in der Wirtschaftswissenschaft fehl am Platz, und deshalb
ist auch Mathematik als bevorzugte Methode in dieser Disziplin *prinzipiell* deplatziert.

Finale

Heute verdrängt die Mathematik die Weisheit vom Platz: »Viele wichtige Erkenntnisse, die früher zum Allgemeingut jedes Volkswirtes gehörten, sind dadurch [durch den Fokus auf Mathematik] sogar in Vergessenheit geraten«, schreibt van Suntum.[59] RPT Paul Krugman schreibt in der *New York Times*: »Die ökonomische Disziplin hat sich verrannt, da Ökonomen im Kollektiv die Schönheit und die Präzision eindrucksvoller Mathematik mit der Wahrheit verwechselt haben.«[60] Auch Thomas Straubhaar zeigt sich einsichtig: »Durch die Mathematisierung haben wir aus der Ökonomie immer stärker eine Naturwissenschaft machen wollen und dabei wohl unsere Möglichkeiten überschätzt.«[61] McCloskey resümiert: »Statt Ökonom*innen von historischer Größe zu produzieren, produzieren die ökonomischen Ausbildungsstätten wissenschaftliche Analphabeten.«[62]

Ich halte es mit Bernard Guerrien von der Universität Paris I: »Die Hauptannahmen und -elemente der neoklassischen Theorie (…) sollten mit wenig oder gar ganz ohne Mathematik vermittelt werden. Der Hauptgrund hierfür liegt darin, dass es für Studierende wesentlich ist, die ökonomische Bedeutung von mathematisch ausgedrückten Annahmen zu erkennen. Da sie Ökonomik und nicht Mathematik studieren, sollten sie in der Lage sein, Annahmen nach ihrer Relevanz und Bedeutung zu beurteilen. Annahmen sollten deswegen mit klaren sprachlichen Mitteln und nicht in abstrusen Formeln ausgedrückt werden.«[63] Ich finde, dass die Texte von Adam Smith, Karl Marx, John Maynard Keynes oder Friedrich A. von Hayek ebenso wie diejenigen scharfer zeitgenössischer Denker*innen wie Galbraith, Daly oder Sen, die gut ohne Mathematik auskommen, deutlich mehr Weisheit enthalten als endlose Buchstabenketten.

3. Physikneid – die eingebildete Naturwissenschaft

Wenn ich mit einem Ökonomen spreche –
und das ist für einen Physiker die Höchststrafe.
HANS JOACHIM SCHELLNHUBER[64]

Der vielleicht wichtigste Kritikpunkt an der neoklassischen Main-stream-Wirtschaftswissenschaft ist eng mit der Mathematisierung verknüpft: das Selbstverständnis und die Selbstdarstellung als (Quasi-)Naturwissenschaft. Dieses Selbstverständnis findet sich bis heute in den am weitesten verbreiteten Lehrbüchern. Mankiw und Taylor schreiben in der Einleitung zu den *Grundzügen der Volkswirtschaftslehre*: »Die VWL geht leidenschaftslos wie eine Naturwissenschaft zu Werke. Durch die Anwendung naturwissenschaftlicher Methoden auf politische Fragen sucht die VWL bei den grundlegenden Fragen voranzukommen.«[65]

Da muss eine Soziolog*in ein zweites Mal hinschauen, ob sie richtig gelesen hat: Weder gibt es nach aktuellem Stand der Wissenschaftstheorie »leidenschaftslose« Menschen, auch Wissenschaftler sind voller Leidenschaft, bewusst oder unbewusst, und diese Leidenschaften verschwinden nicht durch die Anwendung von Mathematik in der Ökonomik. Noch ist die Wirtschafts- eine Naturwissenschaft oder *wie* eine Naturwissenschaft. Sie ist eine Sozialwissenschaft, das sollte eigentlich unumstritten sein. Wieso also diese bewusste Verwirrung der Studierenden gleich zu Beginn? Wieso stellen führende wirtschaftswissenschaftliche Lehrbücher nicht außer Streit, dass es sich bei der Wirtschafts- um eine Sozialwissenschaft handelt? Und wieso werden nicht sozialwissenschaftliche Methoden im Unterschied zu Methoden der Naturwissenschaft vorgestellt und ihre Angemessenheit und Stärken argumentiert?

Sozialphysik

Die Antwort lautet: Physikneid. Ein Teil der »Politischen Ökonomen« des ausgehenden 19. Jahrhunderts war mit dem Status einer Sozialwissenschaft nicht glücklich, sie strebten nach dem Status der als höherwertig angesehenen – exakten, vorhersagbaren – Naturwissenschaften. Claus Dierksmeier schreibt: »Im Bestreben, so ›wissenschaftlich‹ zu werden wie ihre KollegInnen in den Naturwissenschaften, begannen Ökonomen des späten 19. Jahrhunderts, ihre Disziplin bewusst abzutrennen von den sozialen und politischen Wissenschaften und verbündeten sich mit dem methodischen Apparat der Physik und Mathematik.«[66] Fritjof Capra schreibt: »Der Triumph der Newtonschen Mechanik im 18. und 19. Jahrhundert festigte die Rolle der Physik als Prototyp einer ›harten‹ Wissenschaft, an der alle anderen Wissenschaften gemessen wurden. Je besser andere Wissenschaftler den Methoden der Physik nacheifern konnten und je mehr sie deren Vorstellungen gebrauchten, umso höher war das Ansehen ihrer Disziplin in der wissenschaftlichen Gemeinschaft.«[67]

Es war somit ein »akademischer Minderwertigkeitskomplex«[68] der Ökonomen, der sie ihr eigenes Feld aufgeben und in unbotmäßiger Weise auf das Territorium der Naturwissenschaften vordringen ließ. Durch den Import dieser naturwissenschaftlichen Methoden auf den eigenen Acker versuchten sie eine Art »Sozialphysik« zu begründen. Torsten Heinrich erklärt: »Es ist ein alter Traum der neoklassischen Volkswirtschaftslehre, eine Physik des Sozialen zu begründen, exakt, wissenschaftlich, berechenbar, mit einem wohldefinierten und allgemein akzeptierten Methodenkanon und beweisbaren Ergebnissen.«[69] RPT Maurice Allais bestätigt diese Analyse: »Zunächst ist die Voraussetzung für jede Wissenschaft die Existenz von Regelmäßigkeiten, die analysiert und vorhergesagt werden können. Das ist der Fall in der Himmelsmechanik. Aber es gilt auch für viele ökonomische Phänomene. Tatsächlich bringt ihre genaue Analyse Regelmäßigkeiten zum Vorschein, die genauso auffällig sind wie die in der Physik gefundenen. Das ist der

Grund, warum die Ökonomik eine Wissenschaft ist und warum diese Wissenschaft auf denselben Prinzipien und Methoden beruht wie die Physik.«[70] Würden sich diese »auffälligen Regelmäßigkeiten« doch nicht bestätigen – wäre dann die Ökonomik keine Wissenschaft?

Eine Eigenschaft von Naturgesetzen ist, dass sie nicht dauerhaft feststehen. Heinrich schreibt: »Die neoklassische Mikroökonomik wird als abgeschlossene, konsistente Modellwelt präsentiert, zu der es keine Alternative gibt. Methoden und Theoreme werden besprochen, als handle es sich um Naturgesetze.«[71] Das »Gravitationsgesetz« der neoklassischen Ökonomik ist die Vorstellung von einem Gleichgewicht von Angebot und Nachfrage auf den Märkten. Nur im Ausnahmefall gibt es vorübergehend Abweichungen. Mankiw doziert: »Das Verhalten von Käufern und Verkäufern treibt Märkte auf natürliche Weise (sic!) zu ihrem Gleichgewicht.«[72] Schon rein sprachlich offenbart sich hier, dass sich Greg Mankiw als Naturwissenschaftler versteht. Berühmt sind auch das *Gesetz der Nachfrage*, das *Gesetz des abnehmenden Grenznutzens* (je mehr eine Person von einem Gut hat, desto geringer ist der zusätzliche Nutzen jeder weiteren Einheit), das *Say'sche Gesetz* (jedes Angebot schafft sich seine Nachfrage selbst) oder das *Jevons Gesetz*: Im gleichen vollkommenen Markt kann es zu keinem Zeitpunkt zwei Preise für das gleiche Gut geben. Das Problem an diesen »Gesetzen«: »Im Gegensatz zu den Naturwissenschaften beruht all dies in der Ökonomik jedoch nicht auf Empirie, sondern auf Gedankenexperimenten und Annahmen, deren Implausibilität allgemein bekannt ist und dennoch weiter verwendet wird.«[73] Ein einfaches Beispiel: Das »Gesetz der Nachfrage« besagt, dass die Nachfrage nach einem Gut, dessen Preis fällt, steigt. Anders gesagt, dass eine typische Konsument*in im Normalfall, bei gleichbleibendem Einkommen, mehr von diesem Gut kauft. Nun gibt es aber hundert Gründe, warum die Konsument*in gleich viel oder sogar weniger von diesem Gut kaufen könnte, »obwohl« es billiger wird: Sättigung, Präferenzwechsel, Substitution, Lebensstil- und Werteänderung … All diese Fälle werden jedoch als Ausnahmen oder Abweichungen vom Normalfall kleingeredet oder ignoriert. Steve Keen macht darauf aufmerksam, dass das angebliche Nachfragegesetz gar nicht auf die Nachfragekurve der Lehrbücher anwendbar ist, weil Preisänderungen auch zu Einkommensänderungen führen und damit verlässliche Vorhersagen zunichtemachen. In den Worten Keens:»Was für das Individuum Robinson Crusoe gilt, gilt nicht für die Gesellschaft aus Crusoe und Freitag.«[74] Damit löst sich aber das»Gesetz« der Nachfrage in Luft auf.

Geschichte

Die»Übersprünge« von der Physik zur Ökonomie sind die Mechanik und die Thermodynamik. Die Nachahmung der Newton'schen Mechanik und ihre Übertragung auf Märkte bildete den Grundstein für die neoklassische Theorie.»Die Neoklassiker entwerfen ein Modell mit Gleichungen wie in der Mechanik, worin dem Differenzialkalkül, das Newton erfunden hat, ein zentraler Stellenwert zukommt.«Walter Ötsch erklärt die Analogie:»Die Ursache für die Planetenbahnen auf elliptischen Kreisen sind Anziehungs- und Abstoßungskräfte, sie regulieren den Lauf der Gestirne. Auf den Märkten wirken die Kräfte von Angebot und Nachfrage, der Preis-Mechanismus, die Wettbewerbskräfte oder die Selbstregulierungskraft des Marktes, der den Zustand des ›gleichen Gewichts‹ findet.«[75] Das könnte auch die Erklärung dafür sein, dass der weltweit erste Lehrstuhl für Ökonomik, der 1755 an der Universität Neapel von Antonio Genovesi bekleidet wurde,»Zivilökonomie und Mechanik« hieß.[76] Léon Walras ist jedoch über die reine Mechanik hinausgegangen, analysiert sein genauer Leser, der Physiker und Mathematiker Hans Joachim Schellnhuber, Gründungsdirektor des Potsdam-Instituts für Klimafolgenforschung (PIK). Walras habe die Newton'sche Mechanik mithilfe der Stochastik (Zufallsstatistik) auf die Thermodynamik ausgeweitet. Der Erste Hauptsatz der Thermodynamik, die Energieerhaltung in einem geschlossenen System, kommt aus der Mechanik. Walras' Ziel sei es gewesen, eine Art thermodynamisches Gleichgewicht auf Märkten zu entwickeln. Schellnhuber lässt die Nachahmung der Physik durch Ökonomen jedoch nicht gelten: »Die Physik erklärt einfache Systeme mit hochkomplexen mathematischen Methoden. Die Ökonomie versucht hingegen, hochkomplexe (soziale) Systeme mit vergleichsweise einfachen mathematischen Methoden zu erklären und auf eine analytische Gleichung zu reduzieren – was nicht funktionieren kann, weil es hoffnungslos unterkomplex ist.«[77] Die unterkomplexe Mathematik, mit der Ökonom*innen handwerken, sei für die komplexe Realität von Märkten wie ein »Prokrustesbett«. Durch die »Nachäffung« der Physik erzeuge die Ökonomik ein hermetisches und eingeschränktes Bild der wirtschaftlichen Dynamik. Eine Antwort auf das, was wirklich wichtig sei, gebe sie nicht, z. B. wie Menschen tatsächlich Entscheidungen treffen oder die Entstehung von Krisen. Gleichzeitig jedoch, so Schellnhuber, »versucht diese sich hohepriesterhaft zu präsentieren, indem sie sich in das Gewand der Mathematik kleidet. Damit kann sie sich selbst und andere Sozialwissenschaften beeindrucken, aber nicht Physiker*innen. Eigentlich ist es ein Etikettenschwindel.«

Etikettenschwindel

Diese Kritik lässt noch einmal deutlich werden: Sozialwissenschaftliche Untersuchungsgegenstände eignen sich prinzipiell nicht für die »Erklärung« mit mathematischen Modellen. Die Ökonomik ist aber eine Sozialwissenschaft: Sie untersucht weder Planetenbahnen noch Atome, sondern Beziehungen zwischen Menschen und Organisationen in dynamischen Gesellschaften. Ökonomische Grundkategorien wie Geld, Eigentum, Märkte, Börsen oder Unternehmen sind keine Kreationen der Natur, sondern Erfindungen der Kultur. Durch die Anwendung naturwissenschaftlicher Methoden wird die Sozialwissenschaft nicht exakter oder besser, sondern sie wird auf ein Feld entführt, dessen Erkenntnismethoden nicht auf sie passen. Zwar spielen auch in der Ökonomie quantitative Größen eine Rolle. Doch durch die mathematische Formalisierung und das Treffen einseitiger Annahmen spielen nur noch diese quantitativen Größen eine Rolle – und die ebenso wichtigen oder, wie zu zeigen sein wird, noch wichtigeren qualitativen Größen fallen unter den Tisch. Das ist der Tod des Untersuchungsgegenstandes Ökonomie. Dass zwischenmenschliche Beziehungen nicht mit mathematischen Modellen erklärt werden können, leuchtet vermutlich unmittelbar ein. Auch in zwischenmenschlichen Beziehungen lassen sich quantitative Größen finden wie z. B. Einkommen, Alter, Geschwisterzahl oder Körpermasse. Warum sollte nicht jemand auf die Idee kommen, ein formales Erklärungsmodell mit Allgemeingültigkeitsanspruch für zwischenmenschliche Beziehungen zu entwickeln? RPT Gary Becker kam dieser Idee ziemlich nahe, indem er Partnersuche, Eheschließung, Scheidung und sogar Mord auf ein rein rechnerisches Kalkül reduzierte. Becker erhielt den Reichsbankpreis »für die Ausweitung des Feldes der mikroökonomischen Analyse auf ein breites Spektrum menschlicher Verhaltensweisen und Interaktionen, einschließlich Verhaltensweisen abseits von Märkten«.[78] Wie *sinnvoll* das ist, darüber lässt sich trefflich streiten. Aber eben auch, wie *wissenschaftlich* das ist. Schon 1990 schrieb Dieter Schneider: »Nichts dürfte das Problem der Wirtschaftsordnung so verfehlen wie die Vorstellung einer mechanischen Determiniertheit der menschlichen Gesellschaft.«[79] Diese Einsicht hatte bereits das Idol der Neoklassiker, Sir Isaac Newton: »I can calculate the movement of stars, but not the madness of men.«[80]

Ökologie spielt keine Rolle

Der Disziplinenverschiebung von der Sozial- zur Naturwissenschaft liegt ein dreifaches Manöver zugrunde. Manöver eins ist die konsequente Anwendung naturwissenschaftlicher Methoden wie der Mathematik. Das übliche Arbeitskleid der Sozialwissenschaften – empirische Analyse, Hermeneutik, Interviews, Kasuistik, Archivarbeit, Literaturstudium – wurde an den Nagel gehängt und durch das Kostüm der Modellmathematik ersetzt. Trick zwei war die Übernahme des Objektivitätsideals, was für die Realitätsferne und die deduktive Vorgangsweise (»apriorische Theoriebildung«) verantwortlich zeichnet. Abgehobenheit als Tugend! Trick drei ist die Verwendung einer naturwissenschaftlichen Metaphorik für den Forschungsgegenstand Ökonomie, von den »Marktgesetzen« bis zum »Gleichgewicht«. Alle, die je Mikro- oder Makroökonomie studiert haben, sind intim mit diesem »Schwellenkonzept« vertraut. (Ein solches kann nicht nur das Denken verändern, sondern auch Gefühle und Werte: Teile der Persönlichkeit.) Und doch ist es nur eine Metapher! Zahlreiche Kritiker*innen weisen darauf hin, dass ein stabiles Marktgleichgewicht noch nie nachgewiesen wurde, sondern aufgrund seiner unklaren und prekären Annahmen in der Realität gar nicht nachweisbar ist. Walter Ötsch bemängelt: »Die vielen Annahmen, die man braucht, um die Kurven zu erhalten, ihre Unvereinbarkeit zu empirischen Fakten und die unlösbaren inneren Konsistenzprobleme werden nicht erwähnt.«[81] Metaphern sind – ganz im Gegensatz zur Mathematik – das am stärksten popularisierte Element der Ökonomik. Aussagen wie »Im Markt regiert das Gesetz von Angebot und Nachfrage« sind auch vielen Menschen, die nicht Ökonomie studiert haben, sehr vertraut. Entscheidend ist hier die Frage: Sind mit »Marktgesetzen« demokratische Regulierungen gemeint, die von Parlamenten oder Souveränen verabschiedet wurden? Oder eher – regelmäßige, vorhersagbare – Naturgesetze? Wohl eindeutig Letzteres. Damit sind wir bei einer weiteren ideologischen Irreführung. Weil Märkte weder Planeten- noch Ökosysteme sind, sondern an unterschiedlichen Orten von unterschiedlichen menschlichen Gesellschaften unter je spezifischen rechtlichen Rahmenbedingungen und von eigenen Institutionen geschaffene soziokulturelle Konstruktionen, gibt es weder zwei identische Märkte auf dieser Welt, noch *verhalten* sie sich irgendwo identisch bzw. sind sie eindeutig vorhersagbar. Der naturwissenschaftliche Zugang ist hier verfehlt und irreführend, er verstellt den Blick auf die »soziale Natur« und damit freie Gestaltbarkeit und Einzigartigkeit von Märkten. Auch die Rede von der »Selbstregulierung« oder sogar »Selbstheilung« von Märkten ist eine metaphorische Anleihe aus einer Naturwissenschaft, hier der

Ökologie. Komplexe Ökosysteme und Organismen haben die Tendenz zur Selbstregulierung, Selbststabilisierung und Selbstheilung. Haben sie zu ihrem »Gleichgewicht« zurückgefunden, nennt man das »Homöostase«. Und die Fähigkeit, Schocks zu absorbieren oder Stress für eine längere Zeit zu überstehen, »Resilienz«. Für Märkte sind all diese Metaphern schlicht unpassend, weil es sich eben nicht um Ökosysteme handelt. So wenig, wie sich Privateigentum selbst schützt, regulieren Märkte sich selbst. Märkte sind komplexe soziale Interaktionsdynamiken, die von einem rechtlichen Spielregel- und Anreizsystem gesteuert werden, damit sie die gewünschten Ergebnisse erzielen, wie z. B. Stabilität, gerechte Verteilung oder Nachhaltigkeit. Durch die konsequente Stilisierung von Märkten zum Naturphänomen wird von diesem notwendigen demokratischen Design abgelenkt – ein antiaufklärerischer Wesenszug der neoklassischen Wirtschaftswissenschaft.

Drei Stabilisierungen

Es gibt drei wichtige Bereiche, in denen Märkte chronisch Instabilität und Krisen erzeugen anstatt das beschworene Gleichgewicht »automatisch« wiederzufinden: Verteilung, Handelsbilanzen und Umweltverbrauch. In allen drei Feldern lautet die Losung der »wert-freien« neoklassischen Ökonomen: Der Markt reguliert sich am besten selbst, deshalb sollte der Staat hier stillhalten. Griffe der Staat in die Einkommens- und Vermögensverteilung ein, ginge das so sehr auf Kosten der Effizienz, dass es Wohlstand für alle kosten würde. Freihandel sei wiederum die beste Lösung für Handelsbilanzungleichgewichte. Und die »ökologische Kuznet-Kurve«, ein weiteres (imaginiertes) »Marktgesetz«, besagt, dass reife Ökonomien mit hohem Umweltverbrauch ökoeffizienter würden, weil sie sich erst dann die saubereren Technologien leisten könnten.[82] Also dreimal »Finger weg!« für den Staat, der Markt wird's schon richten. Doch der Markt richtet es nicht – weil er kein Ökosystem ist, keine Homöostase kennt und nicht zur Resilienz neigt, sondern zur unbegrenzten Ungleichheit, zur Aufblähung von Finanzblasen, zu Handelskonflikten und zur Zerstörung der ökologischen Grundlagen der Wirtschaft. »Freie« Märkte streben zur Krise, was man in alternativen Theorieschulen lernen kann.[83] Deshalb müssen sie mit

a) Institutionen (Umweltbehörden, Arbeitsinspektorat, Fusionskontrolle, Finanzamt ...),

b) einem gemeinwohlorientierten Rechtsrahmen (Eigentum verpflichtet ...) und

c) negativen Rückkoppelungen (progressiven Steuern, Verpflichtung zu ausgewogenen Handelsbilanzen ...)

versehen werden. Das ist das Design der Märkte. Oder wenn man so will: die Systemspielregeln. Ziel der Spielregeln ist es, die Ungleichheit in Grenzen, die Handelsbilanzen im Gleichgewicht und die Finanzmärkte stabil zu halten. Und den Planeten vor blindem Kapitalismus zu schützen. Um das zu erreichen, könnte die Wirtschaftswissenschaft auf ein in der Systemtheorie bewährtes – mathematisches – Grundprinzip zurückgreifen: das Prinzip negativer Rückkoppelungen. In komplexen lebendigen Systemen kann es vorkommen, dass sich gewisse Tendenzen verstärken und aufschaukeln, dann spricht man von positiver Rückkoppelung. Beispielsweise beschleunigt sich die Erderwärmung, wenn die auftauenden Permafrostböden Methangas freisetzen, die schmelzenden Polareiskappen die Erdoberfläche verdunkeln, die Wolkenbildung sich verstärkt oder Meere sich mit CO_2 sättigen. Auch der Kapitalismus ist positiv rückgekoppelt: Das meiste Einkommen und Vermögen fließt jenen zu, die schon das meiste haben: »Wer hat, dem wird gegeben.« Negative Rückkoppelungen bremsen, stoppen oder kehren einseitige Trends um, um den Kollaps – Explosion, Implosion, Versengung oder Überflutung – zu verhindern. Ein einfaches Beispiel ist, dass der menschliche Körper bei Erhitzung zu schwitzen beginnt, um wieder abzukühlen.

Nun ist die Frage, welche »negativen Rückkoppelungen« wirken können, wenn in Marktwirtschaften die Ungleichheit explodiert, die Handelsbilanzen aus dem Gleichgewicht geraten, die Finanzmärkte verrückspielen oder die Naturressourcen aufgezehrt werden. Im neoklassischen Gleichgewichtsmodell sorgt die »unsichtbare Hand« (Adam Smith), der »Auktionator« (Léon Walras) oder die »überindividuelle Weisheit des Marktes« (Hayek) für die nötige Räson und Stabilisierung. Doch bei allen dreien handelt es sich um Mythen, die in der Realität nicht greifen. In anderen Theorieschulen sind deshalb die folgenden Designprinzipien vorgesehen:

- progressive Besteuerung und sogar Obergrenzen für die Einkommens- und Vermögensungleichheit;
- ein Vorschlag zum Ausgleich der Handels- und Leistungsbilanzen nach John Maynard Keynes (»Bancor und Clearing Union«[84]);
- strenge Regulierung der Finanzmärkte inklusive Gemeinwohl-Evaluierung von Krediten, Größengrenze für Banken, Derivate-Verbot und Vollgeld;
- Ökosteuern und ökologische Menschenrechte, die den Ressourcenverbrauch der Menschheit innerhalb der »planetary boundaries« halten.

Eine intelligent designte Marktwirtschaft sorgt dank negativer Rückkoppelungen für Systemstabilität. Das müsste den Neoklassikern doch eigentlich gefallen. Doch ihnen gefällt das Marktgleichgewicht nur dann, wenn es sich von selbst einstellt: wenn die Realität ihrer Fiktion folgt. Sie glauben ganz fest daran, bis die nächste Finanz-, Umwelt- oder Verteilungskrise oder der nächste Handelskrieg ausbricht. Und selbst dann zweifeln sie nicht an ihrem Weltbild, sondern sagen, dass der natürlich-effiziente Markt durch politische Eingriffe am reibungslosen Funktionieren und Selbst-Regulieren gehindert worden sei und *deshalb* versagt hätte. Dieses häufig bemühte Argumentationsmuster immunisiert gegen Kritik und ist Erkennungsmerkmal einer Ideologie.

Doppelparadox: »Auf einem toten Planeten gibt es keine Arbeitsplätze«

Vollends absurd wird die Anrufung der Naturkräfte auf Märkten im folgenden Kreuzwiderspruch: Auf der einen Seite arbeitet die Wirtschaftswissenschaft in ihrer Methodik und Metaphorik wie eine Naturwissenschaft und wendet ihre Methoden unpassender Weise auf soziale Phänomene an. Gleichzeitig blendet sie die Natur aber dort aus, wo sie für die Sozialwissenschaft relevant und essenziell wäre: beim Bezug natürlicher Ressourcen und bei der Rückführung von materiellen Reststoffen in die natürlichen Ökosysteme. Die planetaren Grenzen kommen in den ökonomischen Modellen nicht vor: ein epistemisches Doppelparadox. Diese doppelte Verirrung – Selbsterklärung zur Naturwissenschaft und Ausblendung der Natur – erklärt, dass die Ökonomen uns reicher rechnen, während wir unsere ökologischen Lebensgrundlagen zerstören und biologisch wie genetisch verarmen. Dass ein Unternehmen, das Raubbau betreibt, von Ökonomen als »effizienter« angesehen wird als ein Unternehmen, das nachhaltig wirtschaftet. Auf einem toten Planeten gibt es aber gar keine Arbeitsplätze. Hätte die Neoklassik ein tatsächliches Verständnis von der Natur, würde sie mit der Ökologie zusammen eine systemische Wissenschaft begründen und umgehend mit effizientem ökologischen Knappheitsmanagement beginnen: Es gäbe nur eine ökologische Ökonomik.

4. Fetisch Modell

Makroökonomie in dieser originären Bedeutung war erfolgreich:
Ihr zentrales Problem der Depressionsverhütung ist (…) tatsächlich
seit vielen Jahrzehnten gelöst.
RPT ROBERT LUCAS[85]

Würden Ökonomen Brücken bauen,
so würden diese vermutlich einstürzen.
LINO ZEDDIES UND DIRK EHNTS[86]

Der methodische Fetisch der neoklassischen Wirtschaftswissenschaft
ist das »Modell«. Das Modell ist die Arbeitsform der Wahl, es hat sich gegen alle anderen – sozialwissenschaftlichen – Methoden durchgesetzt.
Modelle werden gleichermaßen in Forschung wie Lehre eingesetzt und
bilden, analog zum theoretischen Monismus, die Monokultur der Methode. Das Netzwerk Plurale Ökonomik spricht von »Modellplatonismus«.[87] Die britischen Cambridge-Rebellen kritisieren: »Modelle werden präsentiert, als fielen sie vom Himmel in perfekter, ewig-wahrer
Form. Studierende lernen mit Modellen umzugehen, bevor sie überhaupt wissen, was ein Modell und was sein Zweck ist.« Ihren Untersuchen zufolge handeln Lehrmodule der Mikro- und Makroökonomik zu
55 Prozent und Prüfungen zu 48 Prozent von Modellen.[88] Wir blicken in
das Standard-Lehrbuch von Hal Varian, noch auf Seite eins (!) geht es
zur Sache: »Die Konstruktion eines Modells«. Nicht Geschichte, nicht
Kontexte, nicht Definitionen, nicht Ziele: Modelle. Im Stichwortver-
zeichnis von Mankiws Bestseller-Lehrbuch *Makroökonomie* sucht man
den Eintrag »Denkweise« vergeblich, stattdessen findet man »DSGE-
Modelle«.[89]

Was sind Modelle?

Was ein ökonomisches Modell ist, ist gar nicht so eindeutig zu klären. Ein Modell ist entweder, so meinen die einen, die Vereinfachung der Realität, im Sinne einer »Landkarte« – oder aber, gemäß der »reinen Theorie«, bloß eine »Analogie« zu dieser. Schon hier beginnt es unklar zu werden. RPT Robert Lucas ist der Ansicht: »Fortschritt in der Wissenschaft ist gleichzusetzen mit immer besseren abstrakten, analogen Modellen; nicht besseren verbalen Beobachtungen der Welt.«[90] Und: »Eine ›Theorie‹ ist nicht eine Sammlung von Aussagen über das Verhalten der realen Wirtschaft, sondern ein explizites Set von Instruktionen zum Bau eines parallelen oder analogen Systems – einer mechanischen, imitierten Ökonomie.«[91] Andere sind der Ansicht, dass der eigentliche Wert von Modellen in der Prognosefähigkeit besteht. Die kritischen Ökonomen Rod Hill und Tony Myatt schreiben: »Der einzige relevante Test ist die Treffsicherheit der Vorhersagen eines Modells.«[92] Schon Milton Friedman hat sich in diese Richtung geäußert: »Es zählt nicht, ob Modelle realistisch sind, sondern ob sie präzise Vorhersagen liefern.«[93]

In einer groben Einteilung gibt es mathematische Modelle, die theoretische Annahmen in Formeln umsetzen, und ökonometrische (Statistik-)Modelle, die versuchen, aus empirischem Datenmaterial valide Schlüsse zu ziehen. Die aktuell angesagtesten Modelle, die beides miteinander verbinden können, sind die DSGE-Modelle (Dynamic Stochastic General Equilibrium Models). Nach Colander werden sie in den zentralen Makroökonomie-Kursen »fast ausschließlich« gelehrt.[94] Sowohl die Zentralbanken wie die Bank of England oder die Europäische Zentralbank als auch die EU-Kommission und der Internationale Währungsfonds (IWF) verwenden diese Modelle, um ihre wirtschaftspolitischen Empfehlungen abzuleiten.[95] US-Ökonom Varadarajan Chari meint: »Ein interessantes Modell muss ein DSGE-Modell sein (…) There is no other game in town.«[96] Vor dem US-Kongress, der in Erfahrung bringen wollte, warum die Krise nicht von den Ökonomen und ihren Modellen vorhergesagt wurde, formulierte Chari den legendären Satz:

»Wenn man ein interessantes und kohärentes Argument hat, kann man es in einem DSGE-Modell darstellen. Wenn man das nicht kann, ist das Argument nicht kohärent.«[97] Diese Aussage geht in Richtung Lucas, dass es primär um »Objektivität« im Sinne logischer Konsistenz geht, nicht primär um Realitätsnähe und Prognosefähigkeit.

Prognosefunktion

Sollen Modelle die Wirklichkeit vorherzusagen imstande sein, müssen jene Bestandteile der Realität gefunden werden, die relevant für die zu treffende Prognose sind. So beschreibt es auch Varian in seinem Lehrbuch: »Die Bedeutung eines Modells liegt im Weglassen irrelevanter Einzelheiten, was der Volkswirtin erlaubt, sich auf das Wesentliche der ökonomischen Wirklichkeit zu konzentrieren, die sie zu verstehen sucht.«[98] Es fragt sich, woher eine neoklassische Wirtschaftswissenschaftlerin wissen kann, was das *Wesentliche* ist, wenn im selben Buch weder Wirtschaftswissenschaft definiert ist noch ihr Ziel? Die Mainstream-Modelle DSGE ließen unter anderem das komplette Finanzsystem weg, weil es offenbar eine »irrelevante Einzelheit« war, deren Weglassen den männlichen Volkswirtinnen[99] erlaubte, »sich auf das Wesentliche der ökonomischen Wirklichkeit zu konzentrieren«. Dummerweise brach in genau diese »ökonomische Wirklichkeit« 2008 die Finanzkrise ein. Vor der Krise sagten 27 britische Konjunkturforscher für das Jahr 2008 ein zwei- bis dreiprozentiges Wachstum voraus. Real schrumpfte die britische Wirtschaft dann um mehr als vier Prozent.[100] Berühmt wurde die Frage der britischen Queen bei einem Besuch der London School of Economics: »Why did no one see it coming?«[101]

Sechs Monate später berief die British Academy ein Treffen mit Vertreter*innen der Banken, der City of London, den Aufsichtsbehörden, der Regierung und der Wissenschaft ein. Das Ergebnis wurde der Queen in einem dreiseitigen Brief mitgeteilt. »Die meisten von uns waren überzeugt, dass die Banken wussten, was sie taten.« Und dass es »ein Versagen der gemeinsamen Vorstellung vieler heller Köpfe war, sowohl in diesem Land als auch international, die Systemrisiken ganzheitlich zu verstehen«. Genau das ist der Grund, warum ich nicht Wirtschaftswissenschaft studiert habe: weil sie – derzeit – keine ganzheitliche Systemwissenschaft ist. Die »gemeinsamen Vorstellungen« der »hellen Köpfe« sind reine Phantasien über Märkte und Menschen, die sie in Modellen ausdrücken. Die Modelle »begünstigten« die Fehleinschätzungen, weil sie »das größere Bild aus den Augen verloren«.[102] Mit anderen Worten: totales kollektives Modellversagen. Dabei sind doch die Modelle gerade das Aushängeschild der Neoklassik. Für sie gibt es die Reichsbankpreise. Was das Establishment in seiner Antwort an die Queen unerwähnt ließ: Einer Reihe von heterodoxen Ökonom*innen gelang die Vorhersage der Krise 2008 aufgrund der Verwendung komplexer Modelle oder einfach scharfer Beobachtung und historischer Kenntnisse.[103] Der holländische Ökonom Dirk Bezemer stellte eine stolze Liste von zwölf Wissenschaftlern zusammen, welche die Krise vorhersagten[104]:

Name	Land	Jahr der Prognose	Prognose
Kurt Richebächer	USA	2001	»die neue Immobilien-Blase wird die USA in eine tiefe Rezession stürzen«
Robert Shiller	USA	2005	»weltweite Rezession«
Jakob Brøchner Madsen/Jens Kjær Sørensen	DK	2005	»große Blasen … Aussichten sehr schlecht«
Fred Harrison	UK	2005	»einzige Weg ist Krise oder Rezession«
Michael Hudson	USA	2006	»Stagnation wie in Japan oder schlimmer«
Wynne Godley	USA	2006	»anhaltend Rezession vor 2010«
Eric Janszen	USA	2006	»USA werden in Rezession eintreten«
Steve Keen	AUS	2006	»Wirtschaft wird in der Rezession sein«
Dean Baker	USA	2006	»steil abfallende Immobilien-Investitionen werden Wirtschaft in Rezession stürzen«
Nouriel Roubini	USA	2006	»Hauspreisverfall reicht aus, um die USA in eine Rezession zu stürzen«
Peter Schiff	USA	2007	»ein wirtschaftlicher Kollaps kommt«

Tabelle 1: So sieht »niemand« aus

Verteidigung der Modelle

Der US-Zentralbanker Chari verteidigt die Modell-Fangemeinde: »Ein Blick auf die US-Wirtschaftsgeschichte veranlasst Modell-Bauer zur Entwicklung von Modellen, in denen schwere Finanzkrisen die Ausnahme sind, nicht die Norm (…) Diese Methodik impliziert, dass Modelle nicht gut geeignet sind, extrem seltene Ereignisse zu berücksichtigen. Allerdings ist mir keine Methode bekannt, die für diesen Zweck geeignet ist.«[105] Dazu ist zu sagen: Zum einen sind im Kapitalismus Wirtschafts- und speziell Finanzkrisen nicht solche Ausnahmeerscheinungen, zu denen sie die neoklassische Theorie stilisiert. Karl Marx hat eine eigene Krisentheorie entwickelt, Hyman Minsky publizierte 1992 die *Financial Instability Hypotheses*, Robert Shiller brachte im gleichen Jahr *Market Volatility* heraus und legte 2000 mit *Irrational Exuberance* nach. Doch Krisentheorien passen per se nicht zum Gleichgewichtsglauben – wenn Marx aus den Lehrbüchern eliminiert wird und neuere Ungleichgewichtstheorien nicht aufgenommen werden, haben Wissenschaftler*innen auch keine Chance, von diesen vorhandenen Einsichten zu profitieren. Zum anderen würde ein eigenständiger Blick in die Wirtschaftsgeschichte Abhilfe schaffen. Die Große Depression ist vielen bekannt oder sogar in Erinnerung. Zwei Dinge hätten mindestens daraus gelernt werden können. Zum einen die manisch-depressiven Schwankungen des Kollektivgemüts der Anlegergemeinde und das daraus resultierende Herdenverhalten[106] – Beispiele wie die holländische Tulpenzwiebelpanik gehen immerhin auf das 15. Jahrhundert zurück. Zum anderen die Tatsache, dass Banken, die »too big to fail« sind, durch Kettenreaktionen eine schwere Krise auslösen können, die bis zum »global meltdown« des Finanzsystems führen können. Ein berühmtes Beispiel dafür ist der Zusammenbruch der Wiener Creditanstalt Anfang der 1930er Jahre.[107] An Vorgeschichte mangelt es also gerade nicht. Aber vor allem braucht es, um diese Gefahren zu sehen, keine Modelle!

Doch die Wirtschaftsgeschichte wurde von den »Modell-Platonisten« genauso wenig beachtet wie alternative Ökonom*innen, die vor der

Krise warnten. Das Ignorieren der Warner*innen lässt den Eindruck entstehen, dass wir es hier mit einem Meinungskartell rund um ein Methodenmonopol zu tun haben: Wo bleibt hier der »vollständige« Wettbewerb der Ideen, den die Neoklassiker so verehren und den sie ihren Modellen dogmatisch zugrunde legen? Der Mainstream der *scientific community* gleicht hier eher dem Verhalten einer sozialistischen Einheitspartei.

Hoffnungslos unterkomplex

Die Weglassung des »irrelevanten Details« der Finanzmärkte ist nur ein Beispiel. Ein anderes haarsträubendes Beispiel ist, dass sie den Klimawandel und den Verlust der Artenvielfalt ignoriert und nicht vorhergesagt haben. Bei den planetaren Grenzen handelt es sich ganz sicher nicht um »irrelevante Einzelheiten«, sondern um die Grundlagen des Wirtschaftens, die, wenn sie noch länger ignoriert werden, das Ende des menschlichen Wirtschaftens bedeuten können. Auch die Zunahme der Ungleichheit, die Verfestigung breiter Unterschichten und die zunehmende soziale Polarisierung oder die Machtkonzentration bei transnationalen Konzernen können unvorhersehbare Entwicklungen auslösen, die sämtliche Modellprognosen über den Haufen werfen können. »Unterkomplex« ist in diesem Fall nicht nur die angewandte Mathematik, sondern vor allem das Verständnis des Wirtschaftsgeschehens. Es bedarf einer ganzheitlichen Perspektive, eines breiten Geschichtsbewusstseins und des Erkennens von Analogien zwischen den Disziplinen durch holistisches Denken. Solange der Ausgangsblickwinkel von Modellen nur ein spitzer und nicht repräsentativer Ausschnitt der Realität ist, können die Modelle nicht entscheidend verbessert werden.

Verbesserung der Modelle?

Chari schreibt: »Die Welt der DSGE-Modelle ist tatsächlich sehr offen für Innovationen.«[108] Beispielsweise hätten einige Modelle nach 2008 auch die Möglichkeit von Finanzkrisen integriert. *Nach* den Finanzkrisen, wo Modelle doch primär zur *Vorhersage* gut sein sollen. Noch 2009 sagten gängige Modelle, dass auch kräftige Austerität kaum negative Folgen für Output und Beschäftigung haben würde. Die Realität ist so komplex, dass sie immer wieder vorauseilt und den ökonomischen Mainstream als Ganzes überrascht – »und wieder hat's keiner bemerkt«. Eine Lösung wäre die vollständige Abbildung der Realität, es müssten auch Artenvielfalt, Gefühle, Werte, Sinn, Demokratie und Gender-Fragen integriert werden. Auf jeder dieser Fronten könnte etwas Unvorhergesehenes passieren, auf nichts von alledem sind die Modelle vorbereitet. Daniel Mügge meint: »Wir können die [neoklassischen] Modelle nicht verbessern, weil wir dazu so viele Aspekte integrieren müssten, die heute unberücksichtigt bleiben. Wenn wir aber unvollständige Modelle verwenden, tun wir der Gesellschaft Gewalt an. Die Gewissheit, die wir von ökonomischer Wissenschaft und Analyse erwarten, ist eine Illusion.«[109] Von daher stellt sich die Frage, ob nicht systemisches Denken (auf Basis empirischer Daten) die bessere Methode ist als unvollständiges Modellieren (auf Basis objektiver Theorie).

Was spricht für die Modelle?

Die Ökonomen Offer und Söderberg fassen sarkastisch die Argumente für Modelle zusammen: »Erstens: sie sind orthodox.«[110] Andere meinen, dass sie »nicht vollkommen unplausibel« seien und nach ihrer Korrektur und Ergänzung der atemberaubend hohe Implausibilitätsgrad etwas abnähme. Thomas Dürmeier bemüht sich um Ausgewogenheit: »Ökonomische Modelle erlauben im Gegensatz zur Soziologie schnelle Prognosen und eignen sich daher besser zur Politikberatung.«[111] Das stimmt, aber um welchen Preis? Zentralbanker Chari zeigt sich uninformiert: »Ich kenne keine Methode, die für diesen Zweck geeignet ist.«[112] Na, dann sehen Sie sich einmal ein wenig um, möchte man dem TINA-Wissenschaftler nahelegen, womit diejenigen gearbeitet haben, die die Krise kommen sahen. There are many »games in town«. Tony Lawson spricht das Erlösende aus: »Why do we not just change our methods?«[113] Geben tut es sie sonder Zahl: Hermeneutik, Diskursanalyse, Archivarbeit, historische Fallstudien, Ländervergleiche, Marktanalysen, Tiefeninterviews, Feldexperimente … Der US-Ökonom Warren Samuels meint trocken: »Die Alternative besteht im Studium realer Märkte und der Institutionen, die sie prägen.«[114] Aslanbeigui und Naples empfehlen: »Wenn wir Studierende zu Techniker*innen trainieren wollen, dann sollten wir sie dazu bringen, mechanische Modelle zu memorisieren; wenn wir aber wollen, dass sie denken lernen wie Ökonom*innen, dann müssen wir ihnen alternative Denkweisen beibringen.«[115]

5. Gleichgewichtsmärchen

Eine Theorie, die nicht durch empirische Belege verifiziert ist,
hat keinen wissenschaftlichen Wert.
RPT MAURICE ALLAIS[116]

Das Herzstück der neoklassischen Erzählung bildet eine imposante Metapher: die Vorstellung eines »gleichen Gewichts« der »Marktkräfte« Angebot und Nachfrage. Das neoklassische Narrativ ist um diesen mythologischen Kern herum gewoben. Ausgangspunkt sind die Newtonschen Bewegungsgesetze: »Ein Körper ruht (ist im Gleichgewicht), bis eine Kraft auf ihn einwirkt und ihn in Bewegung setzt, die eine gleiche, aber gegenwirkende Kraft hervorruft, bis die einwirkende Kraft nachlässt, wodurch es wieder zum Gleichgewicht kommt.«[117] Dieses Bild übertrugen die Neoklassiker auf Märkte. Weil der »Marktmechanismus« (bis heute wird dieser Begriff in Lehrbüchern verwendet) so intelligent sei, dass sich das Angebot der Unternehmen und die Nachfrage von Haushalten, reguliert durch oszillierende Preise, stets die Waage hielten. Als wäre der Markt ein feinfühliges Wesen, schrieb Walras, das sich zum Gleichgewicht »taste«. Er verlieh dem anthropomorphen Wunderwesen noch göttliche Autorität, indem er einem »Auktionator«, den er bei der Pariser Börse für Rentenwerte beobachtet hatte, die Rolle zuschrieb, auf allen Märkten für »Markträumung« und damit für das Gleichgewicht zu sorgen.[118] Damit knüpfte er an Adam Smiths berühmte Metapher von der »unsichtbaren Hand« an, die ebenfalls die Aufgabe hatte, Märkte harmonisch zum Gemeinwohl zu lenken. Descartes, der wissenschaftliche Chef-Mechaniker, betrachtete das gesamte Universum als Maschine, dessen Zahnräder sich mit mathematischer Präzision drehten.[119] Auf der einen Seite formale höhere Mathematik, auf der anderen ausdrucksstarke Bilder: die klassischen und neoklassischen Ökonomen waren begabte Märchenonkel. Vielleicht macht aber gerade diese Kombination: mathematische Sprache und mythologische Anrufung einer letztverantwortlichen Autorität diese »Wissenschaft« so attraktiv. Wäre sie trockene Mathematik allein, hätte sie keinen Religionscharakter. Wenn aber die unzähligen Kurven zu Angebot und Nachfrage, welche die neoklassischen Lehrbücher durchziehen, einer koordinierenden Instanz zugeschrieben werden, ist das ganze Annahmengebäude leichter zu »glauben«: Eine Maschine läuft wie geschmiert, wir können uns entspannt zurücklehnen und dem Bewundern widmen. Genau das scheint das »Bildungsziel« der Autoren von Standard-Lehrbüchern zu sein: Statt um Erklären und Verstehen geht es um Überzeugen und Glauben. Entscheidend ist hier, dass die gebräuchlichsten Metaphern keinen erklärenden Charakter haben, sie *ersetzen* bewusstes Denken und können somit als »religiöse Technik« aufgefasst werden. Wirtschaftswissenschaftler*innen können den »Marktmechanismus«, den sie so prominent lernen, weder beschreiben noch erklären, aber sie lernen, Märkte damit zu identifizieren und daran zu glauben. Mir wurde diese Wirkung der ökonomischen »Bildung« schlagartig klar, als ich auf einem Podium eine Diskutantin, die gerade wieder einmal Märkte als effizienten Koordinationsmechanismus »erklärt« hatte, rückfragte, wer denn genau auf Märkten wie koordiniere. Sie war so baff, so eine Frage gestellt zu bekommen, dass sie nicht den Ansatz einer Antwort hatte. Das Konzept Marktmechanismus war ihr so vertraut, dass es ihr gar nicht bewusst war, dass sie es gar nicht erklären konnte. So sieht Glaube aus – oder erfolgreiche ökonomische Bildung. Samuelson verwendet im Abschnitt »Der Marktmechanismus« seines Lehrbuches auf kurzer Strecke die Metaphern »Mechanism«, »Balance«, »Balance Wheel«, »Market Equilibrium«, »Elaborate Mechanism«, »Supercomputer«, »Signal«, »Functioning« – alles Metaphern! Anstatt zu beschreiben oder zu erklären, was auf Märkten tatsächlich geschieht – das wäre die Wissenschaft vom Markt –, wird eine dichte Metaphernwolke aufgebaut, die nur als Analogie verstanden werden kann, aber eben rein gar nichts *erklärt!*[120]

Rund um die Ausgangsvorstellung eines Marktgleichgewichts spinnt sich ein Webmuster weiterer Annahmen: Alle Marktteilnehmer*innen sind gleich frei, es gibt keine Machtgefälle, es gibt nur Individuen (keine Weltkonzerne oder milliardenschwere Investmentfonds), diese entscheiden immer »rational« und maximieren ihren persönlichen (materiellen) Nutzen. Der Wettbewerb ist grundsätzlich immer perfekt, und Informationen sind grundsätzlich allverfügbar. Die »unsichtbare Hand« lenkt die Egoismen der Individuen auf wundersame Weise zum Gemeinwohl.[121] Man kann von diesem reinen Hirngespinst zunächst halten, was man will: Es ist eine vergleichsweise verständliche Erzählung – im Gegensatz zu den mathematischen Gleichungen, mit denen der Erzählstoff von den Modellierern »formalisiert« wird. RPT Herbert Simon schreibt: »Ökonomen entwickeln nicht denselben empirischen Zugang zur Theorie wie andere Sozial- und Naturwissenschaften, weil wir hatten zum Glück – oder vielleicht war es ein Unglück – das Erbe einer eingängigen Theorie. Jeder Mensch mit der geringsten mathematischen Neigung konnte nicht umhin, die neoklassische Gleichgewichtstheorie, mit Nutzenmaximierung als treibendem Mechanismus, als ein sehr, sehr schönes Gebilde anzusehen. Deshalb starten alle Ökonomen damit. Es ist die Grundlage der wirtschaftswissenschaftlichen Bildung und Ausbildung auf allen Ebenen, von den einführenden Lehrbüchern zu den fortgeschrittenen Kursen und Seminaren (…) Ökonomen sind sehr widerspenstig gegen die Anerkennung und Annahme von Fakten aus der realen Welt, die dieser schönen Theorie entgegenstehen oder ihre zugrunde liegenden Annahmen unterminieren.«[122]

Schwellenkonzept

Das Märchen handelt jedoch nicht von »der Wirtschaft« als ganzer, sondern ausschließlich von Märkten. Kontexte gibt es nicht. Dadurch gibt es kein »Außen«, keinen Vergleich mit anderen Formen des Wirtschaftens, keine Vorgeschichte und keine Anbindung an die komplexe Realität. Es ist, als würden Studierende in ein geschlossenes Labor geschickt, in dem ein Modell den Markt simuliert. Darin verbleiben sie so lange und werden so selten daran erinnert, dass es sich um einen Laborbesuch handelt, bis sie glauben, sie befänden sich in der Realität. Viele Kritiker*innen weisen darauf hin, dass die Unterscheidung zwischen Modell und Realität bis zur Unkenntlichkeit verschwimmt. Einmal wieder draußen, ist alles, worauf sie zurückgreifen können, um Märkte zu analysieren, zu verstehen oder zu prognostizieren, die Erfahrung im Labor. Ihr Denken ist durch Frames (»Wirtschaft ist Marktwirtschaft«, »Märkte sind effizient«, »Eingriffe von außen sind anmaßend und ineffizient«) strukturiert. Die Ökonomie-Studierenden »lernen, mit diesem Frame über alles in der Wirtschaft zu denken, nicht aber über den Frame zu denken«, analysiert Silja Graupe.[123] Die Neurolinguistin Elisabeth Wehling geht so weit zu sagen: »Nicht Fakten, sondern Frames sind die Grundlage unserer alltäglichen sozialen, ökonomischen und politischen Entscheidungen.«[124] So gesehen sind Ökonomen eine permanente Gefahrenquelle für die Politik. Sie sind sich dessen aber nicht bewusst, weil sie gerade das Reflektieren kaum lernen. Sie werden vielmehr durch Schwellenkonzepte konditioniert, wie z.B. »Eigennutzmaximierung«, »Effizienz«, »Wettbewerbsfähigkeit« oder »BIP-Wachstum«. Ein Schwellenkonzept verändert nicht nur das Denken, sondern die ganze Persönlichkeit, weil es den eigenen Erfahrungen, Gefühlen, Werten widersprechen kann (»kontraintuitiv« ist): Es kann den eigenen Spürsinn abtöten und damit die Persönlichkeit »brechen«. Dieser Vorgang ähnelt einer Traumatisierung. Ökonomische Standard-Lehre birgt die Gefahr, gebrochene Menschen zu produzieren, die die Welt nicht mehr mit den eigenen Sinnesorganen, mit dem eigenen Herzen und der eigenen Vernunft sehen und beurteilen, sondern mit Frames, die beim Übernehmen des Schwellenkonzepts implantiert werden. Dieser hochproblematische Bildungsvorgang ist auch eine Erklärung für die häufig allergische, fahrige und persönlich angriffige Reaktion von Ökonomen, wenn sie auf systematische Widersprüche, Fehler, Schwächen oder Ausblendungen angesprochen werden – oder auf Alternativen! Da die Reflexionskompetenz im Ökonomik-Studium mehr geschwächt als gestärkt wird, gehen viele kritisch-reflexive Gespräche ins Leere oder provozieren flapsige, launische oder zynische Reaktionen; Studierende werden in ihrer Sorge für die Welt vor den Kopf gestoßen. Alternative Sichtweisen und fundierte Kritik prallen am neoklassischen Denkrahmen, der ein teils geschlossenes Glaubenssystem ist, ab.

»Anti-Realismus«[125]

Die realitätsfremden Annahmen der neoklassischen Modelle fördern – bei Studierenden, die mit jedem neuen Modell ein bisschen mehr vergessen, dass es sich nicht um die Realität handelt – ein unrealistisches Bild der Funktionsweise von Märkten und des Verhaltens von Menschen. Die folgende Liste ist nur eine Auswahl der Annahmen, die den Modellen zugrunde liegen:

- Menschen wägen Präferenzen stets bewusst ab;
- Menschen handeln immer rational;
- Menschen sind eigennutzorientiert und nicht an anderen interessiert;
- menschliche Bedürfnisse sind unbegrenzt; mehr ist immer besser;
- die Handelnden auf Märkten werden – wie physikalische Atome – als identisch betrachtet: Sie ticken gleich, haben die gleichen Präferenzen und verhalten sich nach Schema F;
- es gibt keine Gruppen-, Peer-, Beeinflussungseffekte oder Führung;
- alle Marktteilnehmenden sind perfekt informiert und kennen jederzeit alle Preise auf allen Märkten;
- Preise enthalten alle relevanten Informationen[126];
- auf Märkten herrscht vollkommener Wettbewerb;
- »Mikrofundierung der Makro«: Das Verhalten des gesamten Systems wird durch den »repräsentativen Akteur« charakterisiert, Makroeigenschaften aus dem individuellen Verhalten abgeleitet: Das Ganze ist die Summe seiner Teile;
- die Summe aller individuellen Nachfragen »trifft« sich mit der Sum-

me aller (individuellen) Angebote bei einem Gleichgewichtspreis (dann, wenn Nachfrage- und Angebotsmenge übereinstimmen): das allgemeine Gleichgewicht;

- alle Märkte kommen gleichzeitig zum Ruhepunkt: dem Schnittpunkt der Angebots- und Nachfragekurve in den Lehrbuch-Diagrammen;
- »Handel zu Preisen im Ungleichgewicht sind ausdrücklich ausgeschlossen. Man nennt diesen Vorgang »falsches Tauschen« (false trading)[127];
- Märkte regulieren sich am besten selbst (»Effizienzmarkthypothese«);
- es gibt keine Machtgefälle, Märkte sind prinzipiell verteilungsneutral;
- mit steigendem BIP nimmt sowohl die Ungleichheit (wieder) ab (Kuznet Curve) als auch die Umweltbelastung (Ecological Kuznet Curve[128]);
- Unsicherheit existiert nicht;
- Finanz-, Human- und Naturkapital sind immer und jederzeit substituierbar;
- es gibt keine rechtsstaatlichen Institutionen;
- es gibt keine Zeit und keine Geschichte;
- es gibt kein Geld- und Finanzsystem;
- es gibt keine Hausarbeit, Fürsorge-Arbeit oder Gender-Themen;
- es gibt keine Natur …

Für Außenstehende wie mich ist es unbegreiflich, wie jemand mit so einem haarsträubenden Annahmengebäude irgendetwas Sinnvolles anstellen kann. Aber auch zahllose (Nichtmainstream-)Ökonom*innen stellen sämtliche Annahmen infrage. Der französische heterodoxe Ökonom Guerrien fragt: »Wie kann es sein, dass so intelligente Menschen so stupide Modelle präsentieren und endlos studieren können? (…) Wie kann ein Normalsterblicher irgendeinen Sinn darin finden?«[129] Ein gemeinsames Phänomen dieser Annahmen ist, dass den Ökonomen nur teilweise bewusst ist, dass es sich um Annahmen handelt, weil sie so sehr zum Common Sense der Wissenschaftsgemeinde zählen.[130] Capra schreibt: »Sie verwenden diese Annahmen in ihrer Arbeit fast unbewusst. Tatsächlich sind sie in den Köpfen vieler Wirtschaftswissenschaftler keine Annahmen mehr, sondern werden für die Wirklichkeit gehalten.«[131] Und Samuels: »Ökonomen arbeiten im Allgemeinen mit einem rein abstrakten (...) Modell der Ökonomie: Sie tendieren auch dazu, den Status quo mit dem konzeptuellen Modell zu identifizieren.«[132] Und gehen damit in die Lehre, in die Politikberatung und zu den Medien.

Dekonstruktion

Alle Elemente des Märchens sind widerlegt. Die mir bekannte vollständigste Übersicht zur Dekonstruktion der Gleichgewichtstheorie hat, neben Steve Keen (Australien), Walter Ötsch (Österreich) vorgenommen.[133] Er geht weit über die verbreitete Hinterfragung des Homo oeconomicus, des vollständigen Wettbewerbs und der vollkommenen Information hinaus und stellt die Existenz von »Angebot«, »Nachfrage« und »(freiem) Markt« infrage bzw. weist auf deren unklare Definition hin: »Alle Grundbegriffe sind undefiniert.«[134] Hier kommen die wichtigsten Kritikpunkte an den Annahmen der neoklassischen Gleichgewichtstheorie:

- Der Homo oeconomicus ist in allen Facetten widerlegt. Er stellt aus interdisziplinärer Perspektive einen Rückschritt hinter schon gewonnene Erkenntnisse über das soziale Handeln von Menschen dar. John Komlos schreibt: »Der größte Fehler der ökonomischen Theorie ist ihr zähes Festhalten an der Fiktion, dass die Marktakteure rational sind, obwohl sich alle Psychologen einig sind, dass dies völlig falsch ist.«[135]
- Weder reagieren alle Konsument*innen gleich (repräsentativer Akteur) noch gleichzeitig (zeitliche Dimension fehlt), noch weiß irgendjemand, wie alle reagieren (Interdependenz). Ganz im Gegensatz zum Freiheitsideal der Märkte beruht ihre Analyse auf Menschen als »Klone«.[136]

- »Natürlich verschwinden Macht- und Verteilungsaspekte, wenn jeder gleichzeitig auch jeder andere ist. Das ist offenkundig eine Schummelei.«[137]

- Mikrofundierungen der Makroökonomie: Schon das Verhalten eines Individuums ist nicht vorhersagbar; noch viel weniger sind es Gesamtdynamiken auf Märkten. Die Systemtheorie lehrt, dass das Ganze mehr ist als die Summe seiner Teile.[138]

- Symmetrische Information ist eine Seifenblase, für deren Platzenlassen Joseph Stiglitz den Reichsbankpreis erhalten hat.

- Marktpreise enthalten *prinzipiell* keine ethischen Informationen: die Herkunft eines Produkts, die Arbeitsbedingungen, Umweltwirkungen, Steuerverhalten des Unternehmens, seine Organisation und Verteilungspolitik. Aus ethischer Sicht sind Märkte höchstgradig intransparent.

- In der heutigen Wirtschaft ist vollkommene Konkurrenz die Ausnahme und nicht die Norm.[139] Machtgefälle sind allgegenwärtig in Märkten, deren Ausnutzung führt zu ungleichen und ungerechten Ergebnissen – sowie zum Verlust von Vertrauen und Sicherheit.

- »False Trading (Handel zu Preisen im Ungleichgewicht) ist die Regel, Gleichgewicht bestenfalls eine seltene Ausnahme.«[140]

- Es gibt keinen (bekannten) aggregierten Konsument*innenwillen. Von daher ist selbst unklar, was »Nachfrage« genau sein soll. Angebot und Nachfrage sind undefiniert.[141] Was der Schnittpunkt zwischen Angebots- und Nachfragekurve in der Realität genau bedeutet, kann nicht erklärt werden.[142]

- Niemand im Markt hat einen Gesamtüberblick, weder über alle Angebote noch alle Nachfragen – die »Koordination« und die »Ermittlung« eines Gleichgewichtspreises (durch einen Auktionator) ist reine Fiktion. Dadurch sind »falsche Preise« der Regelfall.

- Aus der soziologischen Sicht von Max Weber sind Preise nicht das Ergebnis eines Gleichgewichts von Angebot und Nachfrage, sondern das Ergebnis gesellschaftlicher und individueller Interessen und Macht.[143]

– Eine »zentrale Preisbehörde« wird in »freie« Märkte hineinprojiziert (»Koordination«, »Auktionator«), existiert dort aber genauso wenig wie eine staatliche Preisbehörde. »Das optimale System bedarf einer zentralen Lenkung«, folgert Ötsch.[144] Stefan Hopp schreibt: »Das neowalrasianische Marktmodell [muss] als vollkommen *zentralisierter* Koordinationsmechanismus interpretiert werden.«[145]

Der britische Ökonom Frank Hahn, der seine Antrittsvorlesung in Cambridge *On the notion of equilibrium in economics* gehalten hatte, kam schon in den 1980ern zum Schluss: »Die gesamte Markthypothese ist vollständig falsifiziert.«[146]

Endlose Kritik

Die Kritik an der neoklassischen Märchen- und Modellwelt ist endlos, und sie schließt viele der preisgekrönten Ökonomen mit ein. Ariel Rubinstein schreibt: »Wirtschaftstheorie sollte sich mit der realen Welt befassen. Sie ist kein Zweig abstrakter Mathematik, auch wenn sie mathematische Instrumente nützt. Da sie von der realen Welt handelt, erwarten die Menschen, dass sie sich als nützlich bei der Erreichung praktischer Ziele erweist. Aber das hat die Wirtschaftswissenschaft nicht geleistet.[147] Die Neoklassik ist nach Hermann Bruns eine »mathematische Sonderwelt«, ein »logischer Mikrokosmos«.[148] »Was Gleichgewicht heißt, ist nur die Lösung eines Gleichungssystems, unabhängig und getrennt von realen Preisen, realen Anpassungsprozessen und realen Konstellationen auf Märkten.«[149] Koblitz und Rieter schrieben bereits 1979: »Die Gleichgewichtsanalyse [ist] keine realwissenschaftliche Theorie, [sie ist] nichts, was über sie hinausgeht. Sie informiert nicht über die Beschaffenheit der Realität, sondern nur über eine imaginäre Gedanken-Kunstwelt; sie repräsentiert nichts als sich selbst.«[150] Wassily Leontief schrieb 1982: »Seite für Seite sind wirtschaftswissenschaftliche Journals gefüllt mit vollkommen willkürlichen Annahmen, die zu präzise formulierten, aber irrelevanten theoretischen Schlussfolgerungen führen.«[151] RPT Paul Romer meinte 2016: »Modelle sind ›post-real‹.«[152] Robert Clower schreibt: »Die walrasianische Theorie ist unverfälschte, reine Science Fiction, elegant und raffiniert (…), aber dennoch Science Fiction.«[153]

Falsifizierungen ignoriert

Doch egal, wie breit und zwingend die Kritik auch ausfällt, ein wiederkehrendes Muster der neoklassischen Wirtschaftswissenschaft ist, dass die Kritik abprallt und ignoriert wird.

Ökonom Guerrien berichtet von einem Gespräch mit Kollegen: »Gut, ich stimme ihnen zu, dass es keinen Sinn ergibt, die ganze Wirtschaft repräsentativ durch die (intertemporale) Wahl eines Agenten – Konsumenten oder Produzenten – darzustellen, oder durch einen einzigen Haushalt, der ein einziges Unternehmen besitzt, aber tut man das nicht, so tut man gar nichts.«[154] Außer, man kennt andere Theorien, Methoden und wissenschaftliche Arbeitsweisen. In der pluralen Schatzkiste sollte für jeden Geschmack etwas dabei sein. Kritikimmunisierung ist ein Erkennungsmerkmal von Ideologien, nicht von seriöser Wissenschaft, diese bleibt durch die Möglichkeit der Falsifizierung lebendig. Nach Karl Popper muss eine Theorie die Bedingung ihrer Falsifizierbarkeit erfüllen. Da die ökonomische Wissenschaft das Falsifizierungsprinzip selbst falsifiziert hat[155], handelt es sich nach Poppers Kriterium um keine Theorie.[156]

Während die Gleichgewichts»theorie« für Neoklassiker*innen die »Krux ihrer Ideologie« ist, haben »alle anderen wirtschaftswissenschaftlichen Theorieschulen, ebenso andere Sozialwissenschaften, die Gleichgewichtstheorie als Grundkonzept abgelehnt«.[157] Das bedeutet aber auch, dass die neoklassische Wirtschaftswissenschaft ohne das Gleichgewichtsmärchen blank wäre und keine wissenschaftliche Identität hätte.

Das ist vielleicht der Punkt: Ohne Gleichgewicht wäre die Neoklassik tot. Dieser Tod ist aufgrund der fundamentalen Mängel absehbar. Es wird ein organischer Tod sein, und dann wird die Neoklassik eine eher kuriose Episode in der Geschichte der Wirtschaftswissenschaft sein; so wie die Newton'sche Mechanik einst das Nonplusultra der Physik war. Heute steht die Physik woanders.

6. Positivismus

Der Buddhismus lehnt eine Trennung
von Fakten und Werten ab.
KARL-HEINZ BRODBECK[158]

Neoklassische Ökonom*innen verstehen sich als »positive« Wissenschaftler*innen. Das bedeutet zunächst, dass sie »das beschreiben, was ist« (deskriptiv) – nicht »das, was sein soll« (normativ). Hier kommt schon der erste Einwand: Einer der zentralen Kritikpunkte an der dominanten Wirtschaftswissenschaft ist, dass sie gerade *nicht* die Realität beschreibt, was aber so wichtig wäre, um die aktuellen Herausforderungen Artenverlust, Klimawandel, Ungleichheit, Machtkonzentration, Sinnverlust oder Demokratie- und Werte-Erosion meistern zu können. Wie kann es sein, dass die Wirtschaftswissenschaft den epistemischen *Anspruch* hat, die Realität zu beschreiben, wie sie ist, und gleichzeitig so massiv an ihr vorbeiforscht? Die Antwort könnte so aussehen: Das wissenschaftliche Objektivitätsideal (die Welt losgelöst von der Realität zu erkennen) steht im Widerspruch zur positiven Wissenschaftsmethode, die Realität zu erfassen. »Objektiv« und »positiv« schließen einander a priori aus. Prägnant hat es der britische Ökonom Ely Devons formuliert: »Wenn Ökonomen ein Pferd studieren wollen, würden sie nicht hinausgehen und Pferde beobachten. Sie würden in ihren Studierzimmern sitzen und sich fragen: ›Was würde ich tun, wenn ich ein Pferd wäre?‹ Und sie würden rasch entdecken, dass Pferde ihren Nutzen maximieren.«[159]

Dennoch können »objektiv« und »positiv« eine – fatale – Verbindung eingehen. Nämlich dann, wenn sie zuerst Annahmen über die Realität treffen (z. B. freie Märkte sind effizient), um sie dann mit genau diesem *Vorurteil* zu überprüfen (deduktive Methode). Anstatt zuerst auf die Realität zu blicken (vorhandene Daten, Debatten und Aussagen zu Ungleichheit sammeln und analysieren), um darauf eine Theorie aufzubauen (induktiv). Die deduktiven Theoretiker*innen überprüfen ihre Annahmen mittels empirischer Untersuchungen. Bestätigen sich diese, wurde eine Wahrheit gefunden, ein (positives) Faktum, ein *Marktgesetz*! »Wissen« ist gebildet, und »Fakten« können gelehrt werden. Ein Beispiel: Nachfrage und Angebot sind immer im Gleichgewicht. Sinkende Preise führen zu steigender Nachfrage. Höhere Steuern verringern die Effizienz der Volkswirtschaft. Oder: Gott war Betriebswirt und hat den Homo oeconomicus nach seinem Vorbild geschaffen.

Das nächste Problem: *Positivistische* Ökonomen glauben an unverrückbare Wahrheiten wie Naturgesetze, die im Universum verborgen schlummern, um von brillanten Wissenschaftler*innen entdeckt zu werden. Samuelson und Nordhaus schreiben in ihrem Lehrbuch-Klassiker 2016: »Das Verständnis der dauerhaften Wahrheiten, welche die Ökonomie bereithält, ist für das Leben des Einzelnen und ganzer Nationen wichtiger denn je (…) Wir haben daher beschlossen, uns auf die Kernthesen der Volkswirtschaftslehre zu konzentrieren – auf jene dauerhaften Wahrheiten, die im neuen Jahrhundert dieselbe Bedeutung haben werden wie im alten.«[160] Ein solches »Wahrheitsverständnis«, das dem erfolgreichsten wirtschaftswissenschaftlichen Lehrbuch aller Zeiten zugrunde liegt, lässt einer Soziolog*in, Psycholog*in oder Wissenschaftsphilosoph*in die Haare zu Berge stehen. Die Sozialwissenschaften arbeiten prinzipiell nicht mit der Vorstellung von »Wahrheiten«, selbst in den Naturwissenschaften bedeutet dieses Thema Glatteis.

Anstatt jedoch hier eine Klärung ihres Wissenschaftsverständnisses vorzunehmen, lassen die Lehrbuch-Autoren die Studierenden im Unklaren. Das in Deutschland am meisten verwendete Einführungslehrbuch in die V W L von Olivier Blanchard und Gerhard Illing ist laut einer Studie von Helge Peukert »bar jeder wissenschaftstheoretischen Fundierung«.[161] Joachim Schellnhuber befürchtet: »Die meisten Ökonomen beschäftigen sich gar nicht mit Epistemologie.«[162]

Stattdessen machen die Mainstream-Lehrbücher etwas anderes: Sie treffen eine scharfe Unterscheidung von »positiven« und »normativen« Aussagen: »Bei der Behandlung ökonomischer Fragen müssen wir sorgfältig zwischen Fakten und Wertvorstellungen unterscheiden«, fahren Samuelson und Nordhaus fort. »Die positive Ökonomik beschreibt die Fakten, während sich die normative Ökonomik mit Werturteilen befasst.«[163] Eine solche Trennung ist in der zeitgemäßen Wissenschaftstheorie ähnlich umstritten wie »objektive« Erkenntnisse, es ist strittig, ob es überhaupt »positive« Fakten und Fragestellungen gibt. Denn: »Werte dringen unaufhaltsam in die sogenannte positive Wirtschaftswissenschaft ein, zumal es unsere Werte sind, die bestimmen, welche Fragen wir stellen, welche Daten wir verwenden und wie wir Probleme darstellen.«[164] Die beiden US-Philosophen Hilary Putnam und Vivian Walsh führen aus, dass die Fakt-Werturteil-Trennung »in Trümmern« liegt. Womit man es in der Wissenschaft zu tun habe, sei stets ein Kombipack aus Fakten, Werten und Konventionen, »wertfreie« Wissenschaft existiere nicht.[165] Ein einfaches Beispiel: Die »positive« Frage nach dem Anteil der in einem Land unter der Armutsgrenze lebenden Menschen setzt die Klärung voraus, wer als arm gilt. Das zu entscheiden ist ein Werturteil. Oder: Um eine ökonomische »Nutzenfunktion« beschreiben oder messen zu können, muss zuerst »Nutzen« definiert werden – eine reine Wertentscheidung. (Mehr noch: eine Anmaßung, dass Ökonomen abstrahieren und pauschalieren, was Nutzen für alle Menschen bedeutet, ohne diese zu fragen.)

Wissenschaftliche Selbstreflexion würde solche Probleme offenlegen, das ist genau das, was sich viele Studierende wünschen. Stattdessen verankern die Mainstream-Lehrbücher die »Positiv-normativ-Dichotomie« mit einfachen Beispielen wie: »Mindestlohnbestimmungen verursachen Arbeitslosigkeit« als Beispiel für eine »positive« Aussage und »Man sollte die vorgeschriebenen Mindestlöhne erhöhen« als »normative« Aussage.[166] Mit solchen Beispielen kann einerseits die »Denkweise« unbedarfter Studierender so gerichtet werden, dass sie glauben, Fakten und Werte sauber voneinander trennen zu können. Um sodann die persönliche Meinung der Lehrbuch-Autoren als »Faktum« zu verkaufen, wie es Mankiw ausgerechnet mit seinem Lehrbuch-Beispiel tut: eine doppelte Manipulation!

Die Ökonomen Hill und Myatt, Autoren des alternativen Lehrbuchs *The Economics Anti-Textbook*, schreiben: »Die Hoffnung, dass die Wirtschaftswissenschaft eines Tages eine positive Wissenschaft werde, die auf der Evidenz bestätigter oder widerlegter Theorien beruht, hat sich bis heute als vergebens erwiesen.« Es gebe langandauernde Uneinigkeit über die Auswirkungen von relativ einfachen Politikentscheidungen, wie z. B. die Anhebung des Mindestlohns: Wie wirkt sie sich auf die Arbeitslosigkeit aus? »Viele wissenschaftliche Texte behaupten, dass unter Wissenschaftler*innen ein Konsens bezüglich dieser Frage bestehe, der von klarer Evidenz getragen wird. Doch nichts ist weiter entfernt von der Wahrheit: widersprüchliche Evidenz überwiegt. Die Vorstellung, dass eine Berufung auf Evidenz wissenschaftlichen Theorie-Streit auflösen könnte, ist methodisch naiv.«[167]

In der Regel sind Fakten und Werte eng ineinander verschlungen. Hier kommen einige Erklärungen, warum der Positivismus-Ansatz grundsätzlich infrage gestellt ist.

1. Es gibt – zumindest in den Sozialwissenschaften – keine gesicherte Wahrheit, Realität ist veränderlich, und sie ändert sich allein schon durch die ganz persönliche (subjektive und normative) Brille, mit der sie eine jede Wissenschaftler*in betrachtet und erforscht. Selbst vermeintliche »Naturgesetze«, im Bereich der Naturwissenschaften, können sich verändern; je nach kollektivem Erkenntnis- oder Täuschungsstand kann sich die Sonne um die Erde oder die Erde um die Sonne drehen. Seit Aristoteles schien es offensichtlich und logisch, dass schwerere Objekte schneller fallen als leichtere, bis dieses »Naturgesetz« von Galileo widerlegt wurde.[168] Licht kann ein Teilchen oder Welle oder beides sein. Einmal sind Atome die kleinsten Bausteine der materiellen Welt, dann Protonen und Neutronen, dann Quarks oder Wirks[169], die nur noch »schillernde Wellen« auf einem »riesigen Ozean von Energie«[170] sind oder Wahrscheinlichkeitsmuster, die nur in gegebenen Momenten zu einer bestimmten Form gerinnen.[171] Zudem ist alles abhängig von Betrachter*in und Perspekti-

ve. Aktuell sind CERN-Forscher auf der Jagd nach »Dunklen Photonen«, die bisher noch nie nachgewiesen werden konnten. »Das Dunkle-Materie-Problem zeigt, dass wir nicht wissen, woraus der Großteil unseres Universums besteht«, so *Faser*-Co-Leiter Jonathan Feng von der University of California, Irvine.[172] Hans-Peter Dürr schreibt: »Materie gibt es im Grunde gar nicht. Im Grunde gibt es nur Geist.«[173] Und sollte die Urknall-Theorie zutreffen, kamen die »ewigen Naturgesetze« zu einem bestimmten Zeitpunkt in die Welt und können allein von daher schon nicht »ewig« sein. Das sind nur einige Beispiele aus der Naturwissenschaft. Bei Märkten handelt es sich um soziale Konstruktionen, hier ist der Begriff »Wahrheit« a priori vollkommen unangebracht. Das »Gesetz der Nachfrage« ist Hokuspokus: Wenn die Preise sinken, kann die Nachfrage steigen, sinken oder gleich bleiben – alles ist möglich.[174] Von »positiven« Fakten, »ewigen Wahrheiten«, »volkswirtschaftlichen Regeln« oder »Marktgesetzen« zu sprechen ist nicht nur unwissenschaftlich, sondern nachgerade manipulativ.

2. Es gibt gar keine wertfreien Fragestellungen. Ausgangsfragen entspringen einem bestimmten Kontext, zu dem ein spezifisches Denkkollektiv, ein bestimmter Diskurs, ein geografischer Fokus, Gender und ein soziodemografisches Milieu zählen können. Es macht einen Unterschied, ob fünf weiße Männer an der Eliteuniversität Chicago, die zwischen 1990 und 1995 den Reichsbankpreis erhielten, ein Thema definieren oder Frauen in Indien oder Kenia, die von der Subsistenz-Landwirtschaft leben. Je nach Kontext werden andere Fragen gestellt oder Fragen anders gestellt. Jakob Kapeller unterrichtet die Beispiel-Aussage: »Freie Märkte sind effizient.« Um so eine Aussage empirisch überprüfen zu können, müsste zunächst eine klare Definition von »freien Märkten« angeboten werden – doch die gibt es in keinem Lehrbuch der Welt. Damit kann gar nicht geprüft werden, ob »freie« Märkte effizient sind. Ebenso selten wird genau definiert, was »effizient« bedeutet. Effizient in Bezug auf welche Zielgröße? Ist mit effizient gemeint: die ökologisch schonendste Pro-

duktion, die gerechteste Verteilung, der niedrigste Preis für die Verbraucher*innen oder die höchste Rendite für die Kapitalinvestor*innen? Falls Letzteres: Durch welche Wertentscheidung wäre diese Erkenntnisfrage legitimiert?

3. Wissenschaftliche Paradigmen und der ihnen anhängende Mainstream führen dazu, dass selbst innerhalb stimmiger Erkenntnishorizonte bestimmte Fragen gar nicht gestellt werden, weil sie von der Scientific Community geächtet und sanktioniert werden. Weltbank-Ökonom Branko Milanović meinte, dass »in den letzten 20 Jahren bei der Weltbank der bloße Begriff Ungleichheit über weite Strecken politisch nicht akzeptabel war, weil er wie etwas Wildes oder Sozialistisches schien«.[175] Entsprechend kümmerlich waren die Forschungsarbeiten zu Verteilungsfragen (bis Piketty und Oxfam auf den Plan traten). Varian schreibt in seinem Bestseller-Lehrbuch zur Frage höherer Steuern auf Vermögende und hohe Einkommen: »Niemand befürwortet jedoch eine derartig radikale Umstrukturierung des Steuersystem.«[176] Helge Peukert kommentiert: »Ein Niemand namens Bernie Sanders, ein Altersgenosse Varians, entwickelte allerdings im letzten amerikanischen Wahlkampf Überlegungen zu einer radikalen Umstrukturierung des Steuersystems, um der wachsenden Spaltung der Gesellschaft entgegenzutreten – und viele junge Menschen waren begeistert von seinen Vorschlägen.«[177] Wie positiv ist die Aussage, dass es »niemanden« gibt, der etwas befürwortet, was einem Lehrbuch-Autor nicht gefällt? Handelt es sich um ein wissenschaftliches Lehrbuch oder ein Parteiprogramm? Anstatt seine persönliche Meinung als positives Faktum zu verkaufen, könnte Mankiw in die Geschichte zurückblicken und informieren, dass der Spitzensteuersatz in den USA 1944 bis 1963 konstant über neunzig Prozent lag (ab einem Einkommen von 200 000 US-Dollar; in Kaufkraft von 2015 entsprach das 1,5 bis zwei Millionen US-Dollar[178]). Er könnte erzählen, wieso es über einen so langen Zeitraum nicht nur jemanden gab, der eine »derartig radikale Umstrukturierung des Steuersystems« befürwortete, sondern dass und warum dies sogar Gesetz war.[179]

Abbildung 2: Spitzensteuersatz USA 1913 bis 2013

4. Die Akzeptanz oder Verwerfung von Hypothesen, aufgrund ihrer höheren oder geringeren *Plausibilität, Konsistenz* oder *Relevanz*, sind Werturteile. Wer entscheidet, wie logisch, plausibel oder wahrscheinlich die Richtigkeit einer Hypothese ist? Es ist die Wissenschaftler*in mit dem ihr zur Verfügung stehenden Werturteilsvermögen. Richard Rudner hat dies 1953 dargelegt: »Werturteile sind essenziell in den Vorgang des wissenschaftlichen Arbeitens involviert (…) Wissenschaftler*innen treffen als Wissenschaftler*innen Werturteile (…) Bei der Annahme einer Hypothese muss eine Wissenschaftler*in die Entscheidung treffen, dass die Beweise ausreichend stark oder dass die Wahrscheinlichkeit ausreichend hoch ist, um die Akzeptanz der Hypothese zu gewährleisten.«[180] Rudner war sich bewusst, dass diese Sicht eine kleine Revolution im Umfeld positivistischer Kolleg*innen bedeutete, weshalb er als »ersten Schritt« an die bewusste Selbstreflexion der Wissenschaftler*innen appellierte. Jedoch war ihm klar: »Die Etablierung einer solchen Wissenschaftsethik ist eine Aufgabe von gewaltiger Größe und wird wahrscheinlich erst in vielen Generationen gelingen.«[181]

5. Das persönliche Wertesystem der Fragesteller*in beeinflusst nicht nur die Ausgangsfragestellung, sondern auch die Auswahl der Fakten, nach denen gesucht wird. Wenn unter »Wohlstand« das Pro-Kopf-Einkommen verstanden wird, wird jenes Land als das »wohlhabendste« bezeichnet, in dem das durchschnittliche Pro-Kopf-Einkommen das höchste ist – und nicht jenes, in dem das Durchschnittseinkommen zwar etwas niedriger liegt, aber viel gerechter verteilt ist und das deshalb frei von Armut und Obdachlosigkeit ist; oder dasjenige, in dem die Menschen subjektiv am glücklichsten sind. Wenn Armut von der Weltbank mit 1,90 US-Dollar Tageseinkommen definiert wird, kann es sein, dass viele Millionen Menschen, die durch Umweltzerstörung, Krieg oder Landgrabbing von ihrer Heimaterde vertrieben wurden, auf der sie sich mit dem Lebensnotwendigen versorgen konnten, nun in städtischen Slums leben und sich als Tagelöhner*innen verdingen und knapp *über* zwei US-Dollar verdienen, davon aber *nicht* leben können. Die Weltbank-Ökonomen jubeln hingegen, weil sich »die Armut« verringert habe, was »positiv« bewiesen wurde. Was mit einem Federstrich dazu dient, extreme Ungleichheit, die Bevorzugung bestimmter Eigentumsformen und eine bestimmte Form der kapitalistischen Globalisierung zu legitimieren. Die Armut in US-Dollar Tageseinkommen zu messen ist aber nicht »wissenschaftlicher« als ganzheitlicher danach zu fragen, wie »frei« die Menschen (im Sinne von Amartya Sen) oder glücklich (im Sinne des Gross National Happiness) sind oder ob ihre Grundbedürfnisse gedeckt sind (nach der Definition der Weltgesundheitsorganisation). Die gewählte günstige Entwicklung der 1,50- und jetzt 1,90-US-Dollar-Armut kommt übrigens auch dadurch zustande, dass die Weltbank das Referenzjahr änderte und die Schwelle erhöhte. Dennoch gab es selbst damit in einer Reihe von Weltregionen gar keine Reduktion, sondern eine Erhöhung der Armut.[182]

6. Die Subjektivität der Wissenschaftler*in – ihre Biografie, ihr Wertesystem, die Frames in ihrem Bewusstsein – beeinflusst die Interpretation der Fakten: Die Forscher*innen finden mitunter jene Fakten,

die sie finden *wollen,* z. B. einen positiven Zusammenhang zwischen Freihandel und Wachstum. Diese Werthaltungen und Frames müssen ihnen nicht bewusst sein, sie können mitunter sogenannte »tiefsitzende Frames« sein, die ihnen ihrerseits via ökonomische Ausbildung eingepflanzt wurden. »Frames« strukturieren Denkgewohnheiten, wenn sie einmal »sitzen«, dann prallen frame-fremde Fakten, z. B. »Freihandel verringert Wohlstand«, oftmals ab.[183] Ist der Frame »Mindestlöhne sind ein Eingriff der Regierung in freie Märkte, der zu Ineffizienz führt« etabliert, haben es Studien, die einen positiven Zusammenhang zwischen Mindestlöhnen und Beschäftigung zeigen, schwer. Nach Untersuchungen der Ökonomen Hill und Myatt gaben Lehrbücher an, dass über siebzig Prozent (Parkin und Bade 2006) oder sogar 79 Prozent (Mankiw 2002) der Ökonomen der Ansicht zustimmten, dass Mindestlöhne die Arbeitslosigkeit *erhöhten.* Doch die Überprüfung der zitierten und zweier weiterer auffindbarer Studien zum Thema ergab, dass die Zustimmung im Zeitverlauf von 68 (1979) über 56,5 (1992) auf 45,6 Prozent (2003) gesunken war. Mankiw hatte die Studie von 1992 zitiert, jedoch zu den 56,5 auch jene 22,4 Prozent hinzugerechnet, die nur »unter bestimmten Voraussetzungen« der Aussage zustimmten – unter *anderen* Voraussetzungen der Aussage hingegen *nicht* zugestimmt hätten, was 2003 mit der Methode Mankiws zu einer Mehrheit von Befragten führen würde, die nicht zustimmten.[184] Dieses Ergebnis deckt sich mit der dritten großen Ökonom*innen-Umfrage in Deutschland: Ein Drittel der tausend Befragten befand den aktuellen Mindestlohn von 8,50 Euro pro Stunde für gut und nicht zu hoch. Ein weiteres Fünftel ist grundsätzlich für einen Mindestlohn, wenn auch nicht in dieser Höhe. »Zusammengerechnet« (Mankiw-Methode) ist das die Mehrheit.[185] Bei so veränderlichen Ergebnissen kann man nicht von »Fakten« sprechen, sondern lediglich von Ergebnissen einzelner Studien. Bei ökonomischen Studien ist es *generell* so, dass Ergebnisse schwer wiederholbar sind – in drei von vier Wiederholungsstudien können zentrale Aussagen der Grundstudie nicht bestätigt werden.[186]

7. Unsichere Kausalitäten. Es ist denkbar, dass die Armut mit wachsendem »Freihandel« (Handelsvolumen gemessen am BIP) sinkt. Doch das muss nicht ursächlich mit mehr Handel zu tun haben, es kann auch andere Ursachen für den Rückgang der Armut geben, wie z. B. Wachstum der Binnenwirtschaft. Hierzu behaupten die Lehrbuch-Ökonom*innen, es gäbe *Konsens* in Bezug auf die positiven Wirkungen des Freihandels auf Wirtschaftswachstum.[187] Oft wurden Freihandelsabkommen mit Prognosen über angebliches zukünftiges zusätzliches Wachstum politisch legitimiert und durchgesetzt – und dann war das reale Wachstum geringer! In Mexiko ging das Wachstum des Pro-Kopf-Einkommens in den ersten zehn Jahren nach der NAFTA-Errichtung auf 1,8 Prozent zurück. Zwischen 1948 und 1973 lag es bei 3,2 Prozent.[188] Im größeren historischen Bild sehen die Zahlen noch ernüchternder aus: Von 1960 bis 1980, vor der großen »Liberalisierung«, wuchs das reale Pro-Kopf-Einkommen in 116 Staaten jährlich um 3,1 Prozent; zwischen 1980 und 2000, nach der großen Liberalisierung, nur noch um 1,4 Prozent. In Lateinamerika ging es 1960 bis 1980 jährlich um 2,8 Prozent voran; zwischen 1980 und 1998 nur noch um 0,3 Prozent. In Afrika, südlich der Sahara (durch die Bank WTO-Mitglieder), fiel der jährliche Zuwachs des Pro-Kopf-Einkommens von 1,6 Prozent jährlich 1960 bis 1980 sogar auf minus 0,8 Prozent pro Jahr zwischen 1980 und 1998.[189] Belege für die wachstumsfördernde Wirkung von Freihandel sind das keine. Das formuliert auch ein Bericht der Weltkommission für die soziale Dimension der Globalisierung im Auftrag der ILO: »Dieses Ergebnis entspricht zumindest nicht den optimistischeren Vorhersagen in Bezug auf die wachstumsfördernde Wirkung der Globalisierung.«[190]
Leon Podkaminer vom WIIW bestätigt in einer Langzeitstudie 1960 bis 2016, dass 1. das »reale Wachstum des Pro-Kopf-Einkommens seit den 1960er Jahren konstant sinkt«; 2. »Handel nicht das globale Wachstum angetrieben hat«; 3. genau umgekehrt »zunehmender Handel das globale Wirtschaftswachstum verlangsamt haben könnte«.[191] Potztausend. Wie kontrafaktisch, wie antipositiv ist das denn?

Ein »Pseudowissenschaftler« womöglich? Podkaminer, der regelmäßig für die Weltbank arbeitet, zitiert zwei Metastudien, die über hundert Studien zum Zusammenhang zwischen Handel und BIP-Wachstum untersucht haben, beide mit dem Ergebnis: Es lässt sich kein eindeutiger Zusammenhang nachweisen. Seine eigene Studie kommt zum Ergebnis: Es besteht eine leicht negative Korrelation zwischen expansivem Handel und Wirtschaftswachstum. Der Grund dafür sei die »Globalisierung selbst«. Konkret: wachsende *Instabilität* (der Handelsbilanzen und Finanzmärkte) sowie wachsende *Ungleichheit* (die zu sinkender Massenkaufkraft führt). Podkaminer kommentiert speziell an die Adresse Deutschlands, dass im »Exportweltmeisterland« diese Befunde kontraintuitiv wirken könnten, zumal die Exporte als »Wirtschafts- und Jobmotor« gelten, aber: »Es darf nicht vergessen werden, dass für jedes Land, dessen BIP-Wachstum von der Erhöhung der Netto-Ausfuhren abhängt, es andere Länder geben muss, deren Netto-Ausfuhren negativ sind – und damit das BIP-Wachstum drücken.«[192] Podkaminers Fazit: Progressive Handelsliberalisierung und die Ausweitung des internationalen Handels sind möglicherweise die wichtigsten Ursachen für die Abschwächung des globalen Wirtschaftswachstums seit den 1960ern. Man könnte nun die Argumentationskette schließen: Die Reduktion der (1,90-US-Dollar-)Armut erfolgte *trotz* zunehmendem Handel und geringerem Wachstum, nicht *wegen* zunehmendem Handel. Oder eben: Ohne Freihandel wäre die Armutsreduktion stärker ausgefallen! Die Lehrbücher stellen solche alternativen Kausalitäten *nicht* dar. Sie dozieren »Konsens«, der *erfunden* ist. Statt positiver Fakten verbreiten sie Fehler.

8. Nichtakzeptanz von Falsifikation. Haben Chang, Podkaminer und die ILO-Kommission nun die Hypothese der wachstumsfördernden Wirkung von Freihandel *falsifiziert*, oder haben sie gar die Hypothese der wachstumshemmenden Wirkung von Freihandel *verifiziert*? Einige Ökonom*innen argumentieren mit Karl Popper, dass Hypothesen nur falsifiziert, aber nicht verifiziert werden. Das würde wie-

derum – mit Blick auf Paul Samuelson – bedeuten, dass es bestenfalls einen vorläufigen Wissensstand gibt, der heute noch nicht falsifiziert wurde, morgen aber falsifiziert werden könnte. Das einfache Beispiel des Wechsels vom geo- zum heliozentrischen Weltbild gilt auch hier: Die Meinung, dass sich die Sonne um die Erde drehe, war nie *verifiziert* – sie war nur bis Kopernikus *noch nicht falsifiziert*. Das Auffällige an der Freihandel-bringt-höheres-Wachstum-Hypothese ist, dass sie multipler Falsifizierung standhält. Sie ist offensichtlich unfalsifizierbar. Ist sie un*fehl*bar? Die Vorstellung von »dauerhaften Wahrheiten« und positiven »Naturgesetzen« wäre zumindest eine Erklärung für das fatale Falsifizierungsversagen.

Samuelson sagte an anderer Stelle: »Wenn wir wirklich eine neue Theorie für den internationalen Handel bräuchten, würde ich sie selber schreiben. Aber wir brauchen sie nicht.«[193] Ganz abgesehen von ihrer Hybris zeigt so eine Aussage deutlich, dass er die positiven Wirkungen des Freihandels für *verifiziert* hält, weshalb sich weiteres Nachdenken und Forschen erübrigen. Es ist eine Abwandlung der Idee vom »Ende der Geschichte« oder vom »Ende des Konjunkturzyklus« – alles Mitglieder der »TINA«-Familie: There is no alternative! Die Freiheit des Denkens und Forschens wird damit beendet. Wer den Status quo für alle Zeiten festschreiben will, ist Besitzstandswahrer und Ideologe, aber kein Wissenschaftler.

Das sind acht Gründe, die gegen den Positivismus als wissenschaftstheoretische Grundlage sprechen. Doch erneut: »Trotz dieser Entwicklungen in der Wissenschaftstheorie halten einführende Ökonomik-Lehrbücher an der positivistischen Erkenntnistheorie fest«, schrieben Aslanbeigui und Naples – vor bald einem Vierteljahrhundert.[194] Das ist genau der Punkt: Nichts von dem hier Angeführten ist neu, aber die Mainstream-Lehrbücher ignorieren die Fortentwicklung der Wissenschaft. Durch so undifferenzierte Verwendung werden positive Aussagen von einer wissenschaftlichen Methode zur politischen Waffe.

7. Wertfreiheit versus Normativität

Economics is essentially a moral science.

JOHN MAYNARD KEYNES[195]

Ein Wesenszug der »positiven« neoklassischen Wissenschaft ist, dass sie sich als »wertfrei« versteht. Die Klassiker waren sich ihrer moralischen Gefühle noch bewusst und standen dazu. Adam Smith setzte auf »Sympathie« und »universelles Wohlwollen«.[196] Erst mit dem sogenannten Werturteilsstreit in der Wiener Szene der Soziologie und Nationalökonomie setzte sich die Idee einer wertfreien Ökonomik durch. Max Weber vertrat die Ansicht: »Eine empirische Wissenschaft vermag niemanden zu lehren, was er soll, sondern nur, was er kann.«[197] Lionel Robbins schrieb 1935: »Ökonomik ist vollkommen neutral in Bezug auf Ziele.«[198] Und: »Die Ökonomik handelt von feststellbaren Fakten; Ethik von Bewertungen und Verpflichtungen. Die beiden Forschungsfelder befinden sich nicht auf der gleichen Ebene des Diskurses.«[199] RPT Milton Friedman schrieb 1953 – im gleichen Jahr, in dem Rudner den Positivismus generell infrage stellte – in einem berühmten Aufsatz: »Positive Wirtschaftswissenschaft ist grundsätzlich frei von irgendeiner bestimmten ethischen Position oder einem normativem Urteil. Wie Keynes sagt, handelt sie davon, ›was ist‹ und nicht davon, ›was sein soll‹ (…) Positive Wirtschaftswissenschaft ist oder kann eine ›objektive‹ Wissenschaft sein, in der genau selben Bedeutung wie jede physikalische Wissenschaft.«[200] Bei Mankiw und Taylor ist Friedman heute erfolgreicher angekommen als Rudner. Doch nach der Auffassung anderer Sozialwissenschaften und der zeitgenössischen Wissenschaftstheorie ist die Vorstellung einer wertfreien Wissenschaft gleich obsolet wie der Positivismus. Komlos schreibt: »Die Wirtschaftswissenschaft kann heutzutage nicht wertfrei betrieben werden (…) Unsere politischen, moralischen und philosophischen Sympathien beeinflussen unsere Grundannahmen und damit, wie wir unser Denken und Verständnis der Welt um uns herum strukturieren. Unsere Schlussfolgerungen sind weitgehend von Annahmen, Intuitionen, Introspektion, Meinung und ja, von der Ideologie abgeleitet.«[201] Helge Peukert kommt zum Schluss: »Die Volkswirtschaftslehre ist keine wertfreie, sondern eine zwangsläufig wertebasierte Wissenschaft.«[202] Fritjof Capra schrieb vor 35 Jahren: »So etwas wie eine wertfreie Gesellschaftswissenschaft kann es nicht geben (…) Jede ›wertfreie‹ Analyse von Gesellschaftsphänomenen beruht auf der stillschweigenden Annahme eines bestehenden Wertesystems, das in der Auswahl und Deutung von Daten von vornherein einbezogen ist. Wer in der Sozialwissenschaft die Frage nach den Wertbegriffen aus dem Weg geht, ist daher nicht wissenschaftlicher, sondern weniger wissenschaftlich, weil er es versäumt, die seinen Theorien zugrunde liegenden Annahmen deutlich zu machen.«[203]

Wertesystem der Neoklassik

Die Normativität der Neoklassik beginnt damit, dass sie sich weder von anderen Theorieschulen berühren lässt noch von anderen Disziplinen, dass sie sich von der Geschichte abkoppelt und von der Realität: lauter Wertentscheidungen. Eine weitere Wertentscheidung besteht darin, dass sie auf ein eingeschränktes Forschungsfeld blickt – den Markt. Alle anderen Wirtschaftsformen, über die wesentliche menschliche Bedürfnisse befriedigt werden, werden ausgeblendet. Adelheid Biesecker sieht in der »Trennungsstruktur kapitalistischer Ökonomien« den Kern des Problems: »Dass das eine als ›produktiv‹ und das andere als ›reproduktiv‹ angesehen wird, liegt nicht in der Sache begründet, sondern in einer Zusammenhängendes auseinander reißenden Trennungsstruktur.«[204] Kate Raworth schreibt: »Als Adam Smith niederschrieb, dass ›es nicht vom Wohlwollen des Metzgers, Brauers oder des Bäckers abhängt, dass wir unser tägliches Abendbrot erwarten‹, vergaß er das Wohlwollen seiner Mutter, Margaret Douglas zu erwähnen, die ihren Sohn allein von

Geburt an großzog (...) Im Alter von 43 Jahren, als er sein Opus ›Der Wohlstand der Nationen‹ zu schreiben begann, zog er zurück zu seiner altehrwürdigen Mutter, von der er täglich sein Abendbrot erwarten durfte. Aber ihre Rolle in dem Ganzen erhielt nie eine Erwähnung in seiner Wirtschaftstheorie, und blieb folglich für Jahrhunderte unsichtbar.«[205] Die vielleicht größtmögliche aller Wertentscheidungen ist jene, dass Ethik in der Wirtschaftswissenschaft keine Rolle spielen *soll*. Wesensmerkmal einer solchergestalt *normativen* Neoklassik ist das Hinausdrängen aller qualitativen Werte und die Fokussierung auf quantitative Größen wie: Preise, Löhne, Profite, Renten, Vermögen. Claus Dierksmeier schreibt:»Das Ideal einer ›wert-freien‹ Wissenschaft brachte somit, vielleicht gegen die Intentionen seiner Proponenten, die Ökonomik unter die Herrschaft bestimmter (materialistischer) Werte.«[206]

Wertesystem des Kapitalismus

Um genau zu sein: unter das Wertesystem des Kapitalismus. Denn die Neoklassik verkörpert mit ihrer Ausrichtung auf finanzielle Kennzahlen, mit dem Homo oeconomicus, dem Wettbewerbsdenken und dem einseitigen Freiheitsverständnis perfekt das kapitalistische Wertesystem, das sie legitimiert. Das Sozialpsychologen-Team um Tim Kasser schreibt:»Der Kapitalismus trägt dieselben Gesichtszüge wie alle breiten sozio-kulturellen Organisationen, die das psychologische Leben der Menschen prägen. Nehmen wir z. B. die Religion als eine sozio-kulturelle Organisation: Jede Religion muss, um sich langfristig erhalten und überleben zu können, ein Set aus *Institutionen* errichten, das die Wahrscheinlichkeit, dass Individuen an das *Wertesystem,* welches die Religion trägt, *glauben,* erhöht; Institutionen und Wertesystem erhöhen die Wahrscheinlichkeit, dass Menschen sich an Handlungen beteiligen, die die Religion erhalten.«[207] Was für Religionen Gebetstempel, Rituale und Heilige Schriften sind, sind im Kapitalismus die »Konsumtempel«, Börsen, Privateigentum und Mainstream-Lehrbücher. Gleich wie Religionen beruht der Kapitalismus auf einem Wertesystem, ohne das er nicht funktionieren würde. Es kann mit den fünf Kernwerten Eigennutzenmaximierung, Streben nach finanziellem Erfolg, Wettbewerb, Konsum und grenzenloses Wachstum zusammengefasst werden. Es wohnt in jeder Faser der neoklassischen Wirtschaftstheorie wie der kapitalistischen Praxis. Doch offenbar ist es der Disziplin unangenehm, zu diesen Werten zu stehen, sie transparent zu machen und zu argumentieren. Stattdessen versteift sie sich darauf, bloß etwas zu beschreiben, was – von Natur aus – »ist«. (Das wirkt bisweilen ziemlich komisch, wenn dem Argument, dass Egoismus, Wettbewerb und Wachstum »natürlich« und in der Menschennatur, sprich in unseren Genen, angelegt seien, das Argument, dass diese Anlagen äußerst vorteilhaft für das Gemeinwohl seien, nachgeschoben wird. Wenn eins zuträfe, wäre zwei gar nicht mehr nötig: Die Neoklassik versucht sich gleichzeitig im Naturalismus und als »Just World Theory«.)

Vielleicht steht die Neoklassik auch deshalb nicht offen zu ihrem Wertesystem, weil kapitalistisch-materialistische Werte im Konflikt zu zeitlosen Grundwerten stehen, die menschliche Beziehungen und Gemeinschaften gelingen lassen.[208] Eine beträchtliche Reihe von (sozial-) psychologischen, pädagogischen und neurobiologischen Studien zeigt, dass materialistische und kapitalistische Werte negativ auf Beziehungs- und Gemeinschaftswerte wirken: die Sorge für das Umfeld und die Welt, stabile Beziehungen, Selbstwert oder Glück. Je einseitiger die Werte materieller Reichtum, Erfolg, Image oder Wettbewerb das Leben der Menschen bestimmen, desto geringer ist ihr gesamthaftes Wohlbefinden.[209] Gerade die Freiheit, der höchste Wert, mit dem das kapitalistische System verkauft wird[210], leidet unter dem systemischen Leisten-Müssen, Sich-durchsetzen-Müssen, Nach-finanziellem-Erfolg-streben-Müssen, Lange-und-viel-arbeiten-Müssen, Erfüllung-und-Lebenssinn-in-Konsum-und-Zurschaustellung-von-Status-finden-Müssen sowie im Haben statt Sein. Aus psychologischer Sicht sind das keine selbst gewählten (autonomen) Werte, sondern fremdbestimmte (heteronome) Werte, diese machen Menschen unfrei. Im Unterschied zu den *Behauptungen* der wirtschaftswissenschaftlichen Theoretiker*innen und ihrer Lehrbücher handelt es sich hier um übereinstimmende Ergebnisse von *empirischen Studien*[211], gegen die sich die neoklassische Schule hermetisch abschottet, indem sie sich auf die Position zurückzieht, dass ihre Wissenschaft wertfrei sei. Gleichzeitig zitieren die Neoklassiker*innen keine (alternativen) Studien, die empirisch beweisen, dass die kapitalistischen Werte Menschen sozialer, glücklicher und freier machen. Zum Freiheitsversprechen passt auch nicht die Tatsache, dass in dem Land, das dem neoklassischen Marktideal am nächsten kommt, die Gefängnisse stärker bevölkert sind als irgendwo sonst: In den USA leben fünf Prozent der Welt-, aber 24 Prozent der Gefängnisbevölkerung.[212] Auch die astronomischen Raten von Kaufsuchtgefährdung bei Jugendlichen in Industrieländern sind ein Hinweis darauf, dass Konsum ab einem gewissen Maß nicht frei, sondern abhängig macht.

Dichotomie Markt – Staat

Der nächste Trick, um das eigene Tun als wertfrei hinzustellen: Die Neoklassiker spalten das Wirtschaftsgeschehen rhetorisch in ein wertfreies, »positives« Reich des *Marktes* und ein »normatives« Reich des *Staates*. Der freie Markt ist im Namen der Effizienz und der Freiheit zu schützen vor den normativen Anmaßungen und autoritären Eingriffen des ineffizienten Staates. Dieses Schwarz-Weiß-Bild ist hochgradig ideologisch und manipulativ. Zum einen, weil Märkte selbst *staatliche* Einrichtungen und das Ergebnis einer Vielzahl normativer Entscheidungen sind. Der Schutz von privatem Eigentum durch Gesetz, Gerichte und Gefängnisse ist eine normative Entscheidung; ebenso sind das Privatrecht, die Unternehmensfreiheit, die Freiheit des Handels und des Kapitalverkehrs »Interventionen« des (Rechts-)Staates in das Zusammenleben der Menschen auf Basis politischer Entscheidungen. Der Staat errichtet eine bestimmte Wirtschaftsordnung. Wenn der Markt tatsächlich frei von staatlicher Einmischung wäre, würde das nackte Faustrecht regieren – Privatmilizen würden richten, Falschgeld umlaufen, Verträge wären das Papier nicht wert. Die neoklassische *Ideologie* (statt Wissenschaft) ist daran erkennbar, dass sie an keiner Stelle präzisiert, was ein »freier Markt« genau sein soll. Oder: wie viel Staat – und damit *gesellschaftliche Wertentscheidungen* – der freieste Markt der Welt enthält. Der »freie Markt« funktioniert nur als rhetorische Waffe, solange er nicht definiert ist.

Zum anderen unterhalten die neoklassischen Ideolog*innen das geradezu akrobatische Paradoxon, dass sie »staatliche Eingriffe« und Wirtschaftspolitik einerseits prinzipiell ablehnen und schlechtreden – und gleichzeitig mantrahaft und mit Nachdruck ganz bestimmte wirtschaftspolitische Maßnahmen einmahnen: Freihandel, freier Kapitalverkehr, strengerer Eigentumsschutz, niedrigere Steuern, Abschaffung von Mindestlöhnen und Mietobergrenzen, Privatisierung des Gesundheits- und Bildungssystems, Liberalisierung der Finanzmärkte: alles staatliche Steuerungsmaßnahmen. Mit CETA kamen 1598 Seiten neues, einklagbares Völkerrecht – kein Hauch von Skepsis, Kritik oder Zurückweisung von so viel staatlichem Zwang und Bevormundung seitens der Neoklassik. Aufgabe der Wissenschaft wäre es, derart widersprüchliche Argumentationsmuster neoliberaler Politiker*innen sichtbar zu machen und nachzuweisen. Stattdessen wird diese widersprüchliche Argumentation von der neoklassischen Wirtschaftswissenschaft selbst produziert und aufbereitet – und dankbar von neoliberalen Politiker*innen übernommen. Thatcher und Reagan waren die Verkünder*innen der Botschaft, Hayek, Friedman und von Mises ihre Generatoren.

»Märkte nicht verstanden«

Die Stilisierung des – staatlich errichteten – Marktes zum Naturwunder erlaubt den neoklassischen Marktverstehern, jenen anderen, die ihre Annahmen nicht teilen, vorzuhalten, sie hätten »die Märkte nicht verstanden«. Damit bringen sie zum Ausdruck, dass Märkte natürliche Ereignisse sind und wie ein Ökosystem verstanden werden *können* – von kompetenten Naturwissenschaftlern, im Gegensatz zu unwissenschaftlichen Non-Economists. Zuletzt hielt mir das Gabriel Felbermayr, aktuell Präsident des Instituts für Weltwirtschaft in Kiel, in einem Streitgespräch für das Wirtschaftsmagazin *trend* über Welthandel vor.[213] Im Ifo-Schnelldienst schrieb er zeitgleich: »Felber versteht offenbar das Funktionieren von Märkten nicht.«[214] Felbermayr respektierte meine andere Meinung nicht, er argumentierte auch nicht, dass er sich wünscht, dass Märkte nach seinen Vorstellungen funktionieren *sollen*, oder dass er dafür eintritt, dass die politischen Rahmenbedingungen so gelegt werden *sollen*, dass Märkte seinen politischen Präferenzen entsprechen (beides käme Werturteilen und politischer Parteinahme gleich), sondern er baut darauf, dass »Märkte« ganz allgemein auf eine bestimmte Weise funktionierten, die er, der kompetente Ökonom, verstanden hätte und ich, der normative Non-Scientist, eben nicht. Das ist die *politische* Strategie der »wissenschaftlichen« Marktversteher. Sie funktioniert erstaunlich gut, weil der Frame des »freien, effizienten und wertneutralen Marktes« so tief verankert ist, dass das kampfrhetorische Muster wertfrei versus normativ von vielen Medienkonsument*innen gar nicht erkannt wird.

Wertfreie versus normative Aussagen

Ein ähnliches Beispiel: René Schmidpeter von der Cologne Business School unterstellt mir, dass »[Felber] Arbeitsteilung ablehnt, indem er mit weitreichendem Unverständnis sich über die Dinge äußert, die er nicht im Ansatz verstanden hat«.[215] Zunächst: An keiner Stelle lehne ich Arbeitsteilung rundweg ab, ich zitiere bloß Adam Smith: »Mit fortschreitender Arbeitsteilung wird (...) die Masse des Volkes (...) so stumpfsinnig und einfältig, wie ein menschliches Wesen nur eben werden kann.«[216] Damit unterstütze ich mein – seit jeher unverändertes – Argument, dass Arbeitsteilung und Handel keine Selbstzwecke sein, sondern höheren Zielen wie den Menschenrechten, dem sozialen Zusammenhalt oder dem Klimaschutz dienen sollen. Wörtlich schreibe ich beispielsweise: »Arbeitsteilung und Effizienz sind eine Möglichkeit, aber keine Ziele. Sie können in einigen Fällen sinnvoll sein, in anderen kontraproduktiv und destruktiv.«[217] Anstatt meine andere Position zu Handel zu würdigen (und sie korrekt wiederzugeben), unterstellt er mir »weitreichendes Unverständnis« der Materie – ein persönlicher Untergriff – und kritisiert die Gemeinwohl-Ökonomie mit dem Normativitätsvorwurf: »Die Konzeption von Christian Felber ist durch und durch von einer normativen Setzung durchzogen (...) In der von ihm vorgeschlagenen Gemeinwohlbilanz handelt es sich um völlig beliebige Forderungen, die rein normativem Denken entspringen.«[218] Here we go again: *Jedes* Wirtschaftsmodell ist normativ. Schmidpeter möge ein »wertfreies Wirtschaftsmodell« vorlegen. Seine »wissenschaftstheoretische Begutachtung« der GWÖ ist eine politische Kampfschrift. Und sein Argumentationsmuster wurde von der Wirtschaftskammer Österreich dankbar aufgegriffen und sinngleich wiederholt: »Die Grundannahmen, auf denen die Konstruktion der Gemeinwohlökonomie aufgebaut wird, sind großteils wertende Aussagen und Überlegungen, die die grundlegenden Erkenntnisse und Prinzipien der Volkswirtschaftslehre ignorieren.«[219] Man möchte meinen, man hätte es mit der Kammer für den Schutz der reinen Volkswirtschaftslehre zu tun. Das Muster wiederholt sich: Hier die wertfreien Fakten und Wahrheiten der VWL, da der *wertende* Andersmeinende mit seinem *normativen* Zugang, der *kein Verständnis von VWL* hat. Der Trick ist: Sie müssen sich gar nicht auf eine sachliche Diskussion einlassen, wenn sie eine andere inhaltliche Position mit dem Vorwurf der Unwissenschaftlichkeit abwehren können. Hier die sachliche Wissenschaft, da die Andersmeinenden, die nichts von Ökonomik verstehen. Mit einer Wirtschaftswissenschaft, die die Illusion Wertfreiheit verbreitet, haben die *politischen* Verteidiger des Status quo leichtes Spiel. Das Tarnkleid der Wertfreiheit ist das Wertvollste, was die Wirtschaftswissenschaft dem herrschenden System schneidern kann.

Die Medien spielen mit

Dieselbe Dichotomie »wertfreie Wissenschaft« versus »umstrittene Meinung« wird von den Medien häufig unkritisch übernommen. Ein Beispiel: Die Austria Presse Agentur, die eigentlich neutral gegenüber diversen Wirtschaftsvorstellungen sein sollte, leitete eine Agenturmeldung am 20. März 2019 mit folgendem Satz ein: »Christian Felber präsentiert das von ihm entwickelte und in Fachkreisen umstrittene Wirtschaftsmodell der ›Gemeinwohl-Ökonomie‹ vor der UN-Organisation UNECE als Vorzeigemodell.«[220] Bei rascher Lektüre fällt vielleicht gar nichts auf. Hängen bleibt jedoch, dass die Gemeinwohl-Ökonomie »umstritten« ist. Erst im Nachgang dämmert die Frage: Welches Wirtschaftsmodell ist denn *nicht* umstritten? Wenn es allein 25 verschiedene Wirtschaftstheorien gibt, kann streng logisch gar keine unumstritten sein, zumal es ja 24 andere aus Prinzip anders sehen. Wieso wird es dann bei der Gemeinwohl-Ökonomie dazugesagt und bei der kapitalistischen Marktwirtschaft nicht? Entweder die Redaktion macht Politik statt Journalismus. Oder eine unbedachte Journalist*in erliegt unbewusst der Dichotomie, die kapitalistische Marktwirtschaft sei »objektiv« und »wissenschaftlich« und alle Alternativen dazu nicht. Die zweite Option funktioniert nur, wenn die Schwarz-Weiß-Folie, dass es *ein wert-freies, unumstrittenes* Wirtschaftsmodell gebe, so tief in den Köpfen der meisten Journalist*innen verankert ist, dass es ihnen gar nicht auffällt, wenn dieser – unbewusste – »Frame« bedient wird.

Beispiel Luks: keine Theorie

Ein letztes Beispiel: Eine weitere Spielart desselben Arguments ist die rhetorische Unterscheidung zwischen »Wissen« (positive Fakten, Wahrheit) und »Meinung« (normative Aussagen, Werturteile). Der damalige Leiter des Kompetenzzentrums Nachhaltigkeit an der Wirtschaftsuniversität Wien, Fred Luks, meint unter der Überschrift *Meinung oder Wissen* in einem medialen Debattenbeitrag: »So wenig Felber die Gemeinwohlökonomie erfunden hat, so wenig hat er eine Wirtschaftstheorie (…) Engagierter Aktivismus wird mit theoretischer Leistung verwechselt. Felber hat nichts Theoretisches vorzuweisen.«[221] Luks führt dabei weder an, wer denn seiner *Meinung* nach sonst die Gemeinwohl-Ökonomie erfunden hätte, noch, nach *welchem* Theorieverständnis diese aus seiner Sicht keine Wirtschaftstheorie sei. So kann die Leser*in nur raten: Vielleicht versteht er sich als positiver Ökonom? Dann hätte er recht. Denn die Gemeinwohl-Ökonomie hat nicht den Anspruch, ökonomische Wahrheiten oder Gesetze zu entdecken, weil sie dieses Theorieverständnis nicht teilt. Sie ist auch keine »konstruktivistische« Theorie, die als idealistische Vorstellung geboren wird, sich jedoch nicht an der Realität bewähren muss. Die Bewährung an der Realität ist unser ausdrücklicher Anspruch: Nur wenn Unternehmen, Gemeinden, Städte, Landkreise und Bildungseinrichtungen von der Schule bis zur Universität die Gemeinwohl-Ökonomie »annehmen«, indem sie sie lehren, beforschen, weiterentwickeln und – vor allem – *anwenden*, ist sie eine – *pragmatistische* – Theorie. So wie die Fürsorge-Ökonomie, die Soziale und Solidarische Ökonomie, die Commons, der Faire Handel oder Ethische Banken. Sie alle *existieren*. Mehr als fünfhundert Organisationen haben bereits eine Gemeinwohl-Bilanz erstellt, Universitäten haben sie in das Lehrprogramm aufgenommen, es gibt einen Lehrgang »Angewandte Gemeinwohl-Ökonomie«, einen Lehrstuhl Gemeinwohl-Ökonomie an der Universität Valencia, und kurz nach Erscheinen dieses Buches findet an der FH Bremen die erste zweitägige wissenschaftliche Konferenz zur Gemeinwohl-Ökonomie statt. Sie ist somit praktizierte Realität und in dieser Form – ganz positiv – nachweisbar. Eine empirische Studie an 206 Unternehmen mit Gemeinwohl-Bilanz hat eine positive Wirkung der Gemeinwohl-Bilanz sowohl auf die ethische Performance von Unternehmen als auch (in schwacher Form) auf ihre finanzielle Performance gezeigt.[222] Unisono mit einer weiteren empirischen Studie aus Deutschland[223] bescheinigt sie der Gemeinwohl-Ökonomie den Status einer »sozialen Innovation«. Nach der von den Studienautor*-innen verwendeten Definition von Wolfgang Zapf sind soziale Innovationen »(…) neue Organisationsformen, neue Regulierungen, neue Lebensstile, die die Richtung des sozialen Wandels verändern, die Probleme besser lösen als frühere Praktiken, und die es deshalb wert sind, nachgeahmt und institutionalisiert zu werden«.[224] Die Gemeinwohl-Ökonomie wird nach Claus Dierksmeier »dem Verständnis einer pragmatistischen Theorie vollauf« gerecht. Dierksmeier empfiehlt, »das positivistische Theorieverständnis gestriger Ökonomik durch ein pragmatistisches zu ersetzen. Dabei gelten als Theorien sodann: zur Lösung von drängenden Problemen sich als tauglich erweisende mentale Modelle; ein Theorieverständnis, das heutigen Ökonomen angesichts der ungeheuren Probleme sozialer und ökologischer Nachhaltigkeit durchaus gut zu Gesicht stünde.«[225] Das mentale Modell muss sich an der Realität bewähren: Das ist ein konkretes wissenschaftstheoretisches Kriterium. Die Effizienzmarkthypothese von RPT Eugene Fama kann das – nach dem Finanz-GAU von 2008 – *nicht* von sich behaupten, erhielt aber den Reichsbankpreis. Hingegen schreibt der Sozialphilosoph Harald Welzer in seinem aktuellen Buch: »Die Gemeinwohl-Bilanz bildet einfach nur mehr vom Stoffwechsel des Lebens ab als die rein monetäre Dimension des Wirtschaftens und ist damit realistischer.«[226] Die Aussage des leitenden Funktionärs der Wirtschaftsuniversität Wien, die Gemeinwohl-Ökonomie sei keine Theorie, war seine *politische Meinung*, für die er kein Kriterium offengelegt hat. Die Unterscheidung von Wirtschaftsmodellen oder -verständnissen einerseits, die auf (objektivem) »Wissen« basieren, und anderen, die auf (subjektiven) »Meinungen« aufbauen, ist nicht haltbar. Alle Wirtschaftsvorstellungen und -modelle beruhen auf Wertesystemen, die Frage ist nur, ob sie transparent gemacht werden. Die Gemeinwohl-Ökonomie legt von Beginn an offen, dass ihr Ziel ist, die Marktwirtschaft auf Beziehungswerte (Respekt, Empathie, Vertrauensbildung, gegenseitige Hilfe oder Teilen) und Verfassungswerte (Menschenwürde, Gerechtigkeit, Nachhaltigkeit, Solidarität und Demokratie) auszurichten; anstatt auf kapitalistische Werte wie Eigennutzenmaximierung, Materialismus, Konkurrenz, Effizienz oder immerwährendes Wachstum. Tomáš Sedláček bringt es auf den Punkt: »Es ist paradox, dass ein Gebiet, das sich vorwiegend mit Werten beschäftigt, wertfrei sein will.« Die Ökonomen Offer und Söderberg schließen: »So wie die sowjetische Kommandowirtschaft, enthalten auch die neoklassischen Modelle die Träume und Werte ihrer Designer.«[227]

8. Theoretischer Monismus

In der Volkswirtschaftslehre (VWL) hat sich seit Mitte
der 1970er Jahre mit der Neoklassik ein dominierendes
theoretisches Paradigma etabliert, welches das ökonomische
Denken im Wesentlichen bis heute prägt.

CHRISTIAN GRIMM, JAKOB KAPELLER,
STEPHAN PÜHRINGER[228]

Nur eine Schule

Ein weiteres Kernproblem der Neoklassik besteht darin, dass sie die Standard-Lehrbücher mit teils absoluter Dominanz beherrscht und die meisten anderen Theorieschulen systematisch verdrängt – obwohl es derer gut zwei Dutzend gibt. Hier eine Auswahl: Ökologische Ökonomik, institutionelle Ökonomik, Verhaltensökonomik, marxistische Theorie, feministische Ökonomik, historische Ökonomik, Komplexitätsökonomik, Postkeynesianismus, Österreichische Schule, Radicals, Commons-Theorie, Postwachstumsökonomik. Ihr gemeinsames Problem: Sie werden meist gar nicht und in keinem Fall gleichwertig gelehrt mit der Neoklassik.» Während in anderen Disziplinen Vielfalt selbstverständlich ist und sich widersprechende Theorien als gleichberechtigt gelehrt werden, wird die Volkswirtschaftslehre häufig dargestellt, als gäbe es nur eine theoretische Strömung mit eindeutigem Erkenntnisstand«, kritisiert das Netzwerk Plurale Ökonomik.[229] Die Cambridge-Studierenden berichten: »Die große Mehrheit der Studenten der Wirtschaftswissenschaft schließt ab, ohne jemals mit der Tatsache in Berührung gekommen zu sein, dass es mehr als nur eine Form der Ökonomik gibt.«[230] In anderen Wissenschaften wäre so etwas unerhört. Niemand würde einen Abschluss in Psychologie ernst nehmen, der sich nur mit Freudianismus beschäftigt, oder ein politikwissenschaftliches Studium, in dem nur der Leninismus auftaucht.[231] Ich kann mich selbst noch gut an die Lehrveranstaltung »Menschenbilder in der Psychologie« erinnern. In dieser lernten wir acht unterschiedliche Menschenbilder diverser psychologischer Theorieschulen kennen; hinzu kamen Menschenbilder aus anderen Disziplinen. In der Wirtschaftswissenschaft hat der Homo oeconomicus dagegen ein Monopol inne. Studierende der Eliteuniversität Harvard schrieben 2003: »Wir sind der Ansicht, dass die Universität Harvard, indem sie nur ein ökonomisches Modell vermittelt, darin versagt, kritische Perspektiven oder alternative Modelle zur Analyse der Wirtschaft und ihrer sozialen Wirkungen zu vermitteln.«[232] Die französischen Postautist*innen kritisierten in einem ihrer Manifeste: »Von den bestehenden Ansätzen, mit denen man an wirtschaftliche Fragen herangehen kann, wird uns im Allgemeinen nur einer aufgezeigt. Dieser soll nun durch einen rein axiomatischen Prozess alles erklären, als ob dies die ökonomische Wahrheit wäre. Einen solchen Dogmatismus lehnen wir ab.«[233]

Gründe für die Einheitslehre

Wie kann es sein, dass in den Wirtschaftswissenschaften »konkurrierende Ansätze kaum eine Rolle spielen«?[234] Einer der möglichen Gründe ist pragmatisch: »Die meisten Ökonomen verstehen sich als Neoklassiker.«[235] Laut einer Bestandsaufnahme deutscher Professoren sowie VWL-Fakultäten durch Christian Grimm, Jakob Kapeller und Stephan Pühringer waren rund drei Prozent als »heterodox« einzustufen und etwa fünf Prozent als »pluraler Mainstream«, in dem Sinne, dass diese sowohl in heterodoxen Zeitschriften als auch in Mainstream-Zeitschriften publiziert haben. Diese als »heterodox« oder »plural« eingestuften Lehrstuhlinhaber konzentrierten sich zudem auf einige kleinere Standorte, während von den regulären 94 Professuren an den größten VWL-Fakultäten Bonn, Frankfurt, München und Mannheim nur ein einziger Seniorprofessor der Heterodoxie zugeordnet wird.[236] Am Department

für Volkswirtschaft der Wirtschaftsuniversität Wien gibt es ein hetero-
doxes Institut, worunter alles zusammengefasst wird, was nicht der vorherrschenden Lehre entspricht. An diesem arbeiten drei Forschungs-
und Lehrkräfte. Dem stehen rund siebzig Anstellungen an den restlichen Instituten des VWL-Departments gegenüber.[237]

Ein Forscherteam an der Universität Kassel analysiert für Deutschland: »In der gegenwärtigen Ökonomik wird die Reflexion ihrer ge-
schichtlichen Gewordenheit und damit auch ihrer gegenwärtigen historischen Relativität zunehmend marginalisiert. Insofern ist es nicht überraschend, dass für viele ÖkonomInnen die gegenwärtig vorherrschende
Ökonomik ›die‹ Ökonomik schlechthin darstellt und sich die Identi-
fikation unterschiedlicher Strömungen insoweit erübrigt.«[238] Mancher
Vertreter der Neoklassik streitet das gar nicht ab, sondern findet den
Verzicht auf Paradigmenvielfalt gut. Michael Wickens schreibt in der
Einleitung seines Lehrbuchs *Macroeconomic Theory. A Dynamic General Equilibrium Approach*: »Der Student beschwerte sich, er wisse, dass
es viele makroökonomische Theorien gebe. Warum ich dann nur eine
unterrichtete? Meine Antwort war, dass er nur eine Theorie brauche,
um die Wirtschaft zu analysieren, und dass es einfacher sei, sich nur eine
allumfassende Theorie zu merken als eine Vielzahl verschiedener Theorien.«[239] Man stelle sich die Situation in umgekehrten Rollen vor: Der
Professor wird bei einer Prüfung gefragt, welche ökonomischen Theori-
en er kenne, und gibt dann diese Antwort …

Kanonisierung der Lehre

Eckhard Hein schreibt: »Die Mehrzahl national und international füh-
render Lehrbücher (z. B. Felderer/Homburg) stellen die Ökonomik bzw.
die Makroökonomik als einheitliche Lehre dar, in der es eine linear auf-
steigende Erkenntnis über den Gegenstand des Faches gibt und abweichende Positionen bestenfalls in theoriegeschichtlichen Exkursen
vorkommen.«[240] Auch andere Autoren orten einen »Verengungs- und

Überformalisierungsprozess«[241] rund um einen »engen, konzentrierten theoretisch-disziplinären Kern«.[242] Johannes Jäger, Autor eines alternativen Lehrbuchs, schreibt: »Mit der Kanonisierung eines Wissensgebietes wird definiert, was überhaupt dazugehört und wogegen man sich abgrenzen muss.« Ein Beispiel: »Im Standard-Lehrbuch von Samuelson/Nordhaus wurde Marx stark ausgedünnt – und einseitig dem Sozialismus und der Planwirtschaft zugeordnet, obwohl sein Hauptverdienst in der Analyse des Kapitalismus liegt (…) Im führenden Lehrbuch von Mankiw/Taylor findet Marx erst gar keine Erwähnung. Die Verbreitung von Wissen bzw. das Verschweigen von Zugängen – insbesondere im Bereich der Wirtschaftswissenschaft – kann als Ausdruck gesellschaftlicher Machtverhältnisse begriffen werden.«[243] Der Punkt ist, dass es sich dann aber eben nicht um Wissenschaft handelt, sondern um Politik unter dem Anschein von Wissenschaft. Freie Wissenschaft wäre, Marx neben vielen anderen Denker*innen zu erwähnen und zur Reflexion und Kritik seiner Ideen anzuregen, gleich wie zur Reflexion und Kritik aller anderen Ansätze. Wieso muss ich – als Außenstehender – solche Zeilen überhaupt formulieren?

Auswirkungen

Dieser »theoretische Monismus« hat verschiedene Auswirkungen. Zum einen ist es »in der aktuellen Situation für einen Forscher, der die Ökonomik nicht in der vorgeschriebenen Weise betreibt, schwierig, Anerkennung für seine Forschung zu erlangen«.[244] An den britischen Universitäten wurden nichtneoklassische Ökonom*innen »systematisch von den wirtschaftswissenschaftlichen Fakultäten quer durch das Land ausgeschlossen«.[245] In einem offenen Brief der Universität Kansas »an alle wirtschaftswissenschaftlichen Fakultäten« heißt es: »Kritisch denkende Ökonomikstudierende scheinen nur die unglückliche Wahl zu haben, entweder ihr wissenschaftliches Interesse aufzugeben, um beruflich vorwärts zu kommen, oder gleich der gesamten Ökonomik zugunsten anderer, für Reflexionen und Innovationen offenerer Fachrichtungen den Rücken zuzukehren.«[246] Das Autor*innen-Team um Marion Fourcade schreibt: »Wenn Du nicht bestimmte Regeln befolgst, bist Du keine Ökonom*in. Das bedeutet, dass Du die Art und Weise, wie Menschen sich verhalten, von der Nutzenmaximierungstheorie ableiten musst (…) Das Gegenteil [vom axiomatischen Arbeiten] bestünde darin, anhand von Beispielen zu argumentieren. Das darfst Du nicht tun (…) Dafür gibt es einen Begriff. Es heißt dann, das sei ›anekdotisch‹ (…) Die aktuelle Formel, die verwendet wird, lautet: ›Es ist nicht identifiziert‹. Lieber Gott, wenn Dein Fallbeispiel nicht identifiziert ist, das ist Dein Ende.«[247] Die einseitige Besetzung von Lehrstühlen führt zwangsläufig dazu, dass diese nicht kritische (Selbst-)Reflexion anbieten, sondern unkritische Reproduktion. Studierende für eine menschliche und verantwortungsvolle Wirtschaftswissenschaft an der Universität Harvard schreiben: »Wenn nicht ein echter Markt für ökonomische Ideen angeboten wird, scheitert Harvard daran, Studierende dazu anzuregen, kritische Denker und engagierte Bürger zu werden (…) EC 10 ist die einzige Einführungsveranstaltung, die zurzeit in Harvard angeboten wird (…) Studierende, die mit dieser Veranstaltung unzufrieden sind, haben keine Alternative zum Besuch dieser Einführung (…) Da EC 10 jedoch nur das neoklassische Modell darstellt, bekommen die Studierenden die falsche Vorstellung, dass es keine anderen Modelle im Fach Volkswirtschaft gibt (…) Die Vorlesungsabschnitte werden einheitlich unterrichtet und gewähren keinen eingeplanten Zeitraum für eine tiefere Diskussion (…) Von den Studierenden wird einfach erwartet, die dargestellte Information wieder auszuspucken, ohne sie zu hinterfragen.«[248]

Zum anderen bedeutet die Verengung auf eine Schule einen Verlust an ökonomischem Wissen in Bezug auf die Methoden, Theorien und Ziele alternativer ökonomischer Forschungsansätze.[249] Theoretischer »Monismus« hat auch sehr problematische demokratiepolitische Folgen, weil die Wirtschaftswissenschaften über Forschung, Lehre, öffentlichen Diskurs und Politikberatung auf die gesamte Gesellschaft ausstrahlen. Der schwedische heterodoxe Ökonom Peter Söderbaum schreibt:

»Indem man die Ökonomik auf ein Paradigma begrenzt, hebt man *eine* ideologische Orientierung auf Kosten aller anderen hervor. Eine solche Haltung ist mit der gängigen Vorstellung von Demokratie nicht vereinbar. Wirtschaftswissenschaftliche Institute sollten keine politischen Propagandazentren sein. *Mehrere* Paradigmen als Teil einer pluralistischen Strategie würden die ideologische Vielfalt in einer demokratischen Gesellschaft besser widerspiegeln.«[250] Edward Fullbrook formuliert: »Eine Sozialwissenschaft, die dem Antipluralismus zum Opfer fällt, wird gezwungenermaßen ideologisch (…) Wird nur ein konzeptueller Rahmen zugelassen, ist die Folge, dass nur dieser den Bürgern und ihren Führungskreisen eingeschärft wird (…) So werden freie Diskussion und offener Diskurs, die das Fundament einer jeden Demokratie bilden, stillschweigend unmöglich gemacht.«[251]

Posivitismus führt zu Monismus

Vielleicht die Schlüsselerklärung: Monismus hängt auch mit dem naturwissenschaftlichen Selbstverständnis der Neoklassik zusammen, weil es von einer naturwissenschaftlichen Erklärung der Welt, ihrer Natur- und Marktgesetze, immer nur eine geben kann. Es ist ziemlich undenkbar, dass zwei gleich plausible positivistische Paradigmen koexistieren. Zwischen dem geozentrischen und dem heliozentrischen Weltbild müssen wir uns entscheiden. Wir können uns auch entscheiden zwischen dem Glauben an den Markt und diesbezüglicher Agnostik, für eine Natur- oder eine Sozialwissenschaft. Das macht die Sache ungleich: Der positivistische Theorieansatz verschafft dem naturwissenschaftlichen Paradigma einen Wettbewerbsvorteil – er wird assoziiert mit den Qualitäten exakt, messbar, wissenschaftlich, objektiv und »Wahrheit«. Hingegen haften dem sozialwissenschaftlichen Zugang immer schon die Attribute subjektiv, weich, wertend, normativ und sogar »politisch« und »unwissenschaftlich« an. Der Fachbereich Ökonomie an der Universität Harvard lehnte einen neuen Ökonomie-Einführungskurs ab, »weil sie glauben, dass die Ökonomik wie die Physik ist, wie eine Wissenschaft, in der es eine korrekte Version gibt (…) Das wäre dann so, als würde man einen alternativen Physikkurs zulassen«, berichtet Harvard-Ökonomik-Professor Stephen Marglin, der den Kurs nun ohne institutionelle Unterstützung in eigener Initiative anbietet.[252]

Das von Thomas Kuhn so prominent eingeführte »Paradigma« ist eher ein Konzept, das sich für positivistische Wissenschaftsansätze eignet, sein Buch handelt ja von den Naturwissenschaften. Kritiker*innen von Kuhn meinen, dass er damit das Entweder-oder-Schema des Kalten Krieges auf abstrakter Ebene abgebildet habe – es kann nur eins obsiegen und alle anderen durch »Revolution« zerstören.[253] Der Begründer des Marktfundamentalismus, Ludwig von Mises, arbeitete genau auf dieser Linie: »Keine andere wirtschaftspolitische Ideologie lässt sich mit der Wissenschaft der Katallaktik irgendwie vereinbaren.«[254] Mit Katallaktik meint er die pure Marktwissenschaft, also die Neoklassik. Verräterisch ist das Wörtchen »andere« – damit bezeichnet er die neoklassische Marktwissenschaft selbst als »wirtschaftspolitische Ideologie«. Nur andere lässt er nicht gelten. Würde man das – positiv klingende – Paradigma in der Analyse Kuhns durch »Ideologie« ersetzen, sähe die Welt schlagartig anders aus, und Pluralität wäre die zu bevorzugende Variante.

Aus sozialwissenschaftlicher Perspektive könnte die Antwort lauten: Die friedliche und einander befruchtende Koexistenz pluraler Theorie-Ansätze ist sogar Voraussetzung für wissenschaftlichen Fortschritt, während ein hegemoniales Paradigma, das sich an »dauerhafte Wahrheiten« festkrallt, diesen blockiert – genau das ist gegenwärtig der Fall: An den Rändern sprießen und gedeihen die »heterodoxen« Ansätze in großer Zahl, doch im Zentrum herrscht kaum Bewegung oder Stillstand. Um Pluralität, Offenheit und Dezentralität im Lehr-, Forschungs- und Beratungsbetrieb zu gewährleisten, müssten nach Heise »alle ökonomischen Paradigmen, die sich den Anforderungen an deduktive Stringenz und empirische Überprüfung stellen, mit ökonomischem (Professuren, Mitarbeitern, Zugang zu öffentlichen Fördermitteln etc.), sozialem (unkompromittierter Zugang zu den Fachjournalen und -organisationen der Disziplin) und symbolisch-institutionellem Kapital (wissenschaftlichen Ehrungen, Mitgliedschaften in Beiräten oder dem Sachverständigenrat für Wirtschaft etc.) ausgestattet werden«. Sein Fazit:»Die Entwicklung der Disziplin weist während der letzten zwei bis drei Dekaden in genau die entgegengesetzte Richtung.«[255]

	Orthodoxie (Neoklassik)	Heterodoxie (ca. 25 Schulen)
Wissenschaftsgattung	Naturwissenschaft	Sozialwissenschaft
Ziel	effizienter Einsatz knapper Mittel	Bedürfnisbefriedigung, Gemeinwohl, Glück, Nachhaltigkeit, Well-Being
Wissenschaftstheorie	Objektivität + Positivismus	Empirie, Realismus, Pragmatismus
Analyseverständnis	Illusion der »Wertfreiheit«	transparent normativ (unvermeidlich)
Analysebrille	Anwendung reiner Theorie, Auffinden positiver Fakten, Regeln und Gesetze	empirische Analyse und systemisches politisches Design
Erkenntnisziel	(naturgesetzliche) Märkte verstehen	Aufzeigen der Optionenvielfalt, wie Wirtschaft – einschließlich von Märkten – gestaltet werden kann
Metaphorik	Mechanik (Gleichgewicht, Marktkräfte), Religion (Koordinator, Auktionator), Ökosystemforschung (Selbstregulierung und -heilung)	Gestaltung nach Vorbild von Ökosystemen (positive Rückkoppelungen) und unter Rücksichtnahme auf »planetary boundaries«

Tabelle 2: Orthodoxie – Heterodoxie

9. Interdisziplinaritätsresistenz

A person is not likely to be a good political economist
who is nothing else.

JOHN STUART MILL[256]

Angesichts des bisher Gesagten ist es nicht besonders überraschend, dass sich die ökonomische Theorie vor befruchtenden Einflüssen aus anderen Disziplinen abschottet – denn durch die Verbindung mit ganzheitlichen Erkenntnissen würde das Gleichgewichtsmärchen unweigerlich zerstört, es »funktioniert« nur in einer isolierten geistigen Blase. In Berührung mit »echter« Wissenschaft würden die Annahmen reihenweise einknicken und das gesamte Gebäude – das »neoklassische Gesamt-Gespinst« – in sich zusammenstürzen. Die Theorie-Blase würde platzen.

Die progressive Einkapselung der Wirtschaftswissenschaft und ihre Abschottung von ihren Kontexten, die mit dem Aufstieg der Neoklassik einhergeht, ist die Grundlage des »Autismus«-Vorwurfs, der 2000 zur Bewegung der »Postautistischen Ökonomen« in Frankreich führte. Die Cambridge-Rebellen formulieren: »Die Disziplin hat sich im Laufe der Zeit von einem breiten, vielfältigen Feld, das eng mit Politik, Philosophie und Ethik verbunden war, zu einem abgetrennten und geschlossenen Wissenssystem entwickelt. Das Ergebnis ist, dass Wirtschaftsexperten, die nur in dieser Denkweise ausgebildet wurden, nicht über die Kenntnisse oder Fähigkeiten verfügen, um die komplexe, sich verändernde moderne Wirtschaft angemessen zu verstehen.«[257]

Eins gibt das andere: Die intensive Beschäftigung mit naturwissenschaftlichen Methoden begründet den Führungsanspruch der Ökonomik unter den Sozialwissenschaften, und dieser wiederum ihre übermäßige Selbstbezogenheit. Ergebnis ist eine zunehmend »autistische« Disziplin und konsequente Interdisziplinaritätsverweigerung. Kyle Siler von der Universität Utrecht schreibt: »Ökonomen sind im Allgemeinen immun gegen interdisziplinäre oder zeit/räumlich bezogene Studien.«[258] John Komlos schreibt: »Alternative Theorien und Fakten aus anderen Disziplinen werden nicht berücksichtigt.« Dies sei für eine naturwissenschaftliche Praxis inakzeptabel: »Ist es in der Chemie erlaubt, relevante Ergebnisse aus der Physik in ihrer eigenen Forschung zu unterdrücken? Sicherlich nicht! Doch Ökonomen missachten regelmäßig Ergebnisse aus der Psychologie, der Soziologie, den Politikwissenschaften und anderen Schwesterdisziplinen.«[259] Einer Studie zufolge ist die Ökonomik die einzige Disziplin, deren Anhänger*innen mehrheitlich die Aussage »Interdisziplinäres Wissen ist im Allgemeinen besser als Wissen aus nur einer wissenschaftlichen Disziplin« ablehnen. Während 68 Prozent der Historiker*innen, 73 Prozent der Soziolog*innen und 79 Prozent der Psycholog*innen zustimmen, lehnen sie 57 Prozent der Ökonom*innen ab.[260]

Auf diese wunden Punkte angesprochen, reagieren Mainstream-Ökonomen häufig mit Verweis auf die Verhaltensökonomik und Daniel Kahneman. Der Psychologe hat als einer der wenigen Nicht-Ökonomen den Reichsbankpreis erhalten – für die Widerlegung des Homo oeconomicus: Menschen handeln üblicherweise nicht rational. Die Verhaltensökonomik, eine Schnittstelle von Psychologie und Entscheidungstheorie, sei ein klares Beispiel für die Fähigkeit der Wirtschaftswissenschaft, sich anderen Disziplinen gegenüber zu öffnen.

Doch zum einen fehlt die Behavioral Economics in den Ökonomie-Lehrbüchern immer noch weitgehend, oft werden nur ein bis zwei Kapitel weit hinten – alibihaft – dazu geklebt, nachdem der Homo oeconomicus im »disziplinären Kern« ausführlich abgehandelt und als Norm installiert wurde. Bisweilen wird der »Nachzügler« dann auch noch relativiert.[261]

Zum anderen bewegt sich die Behavioral Economics noch weitgehend innerhalb der Rational Choice Theory und stellt keine interdisziplinäre Widerlegung und Kontrastierung des Homo oeconomicus dar. Kahneman hat starke Argumente geliefert, aber noch kein ganzheitliches Menschenbild, das den Stand der Forschungen und der ethischen Traditionen zusammenfasst. Drittens gibt es so viele schwerwiegende »Systemfehler« in der neoklassischen Ökonomik, dass die Ausbesserung eines einzelnen eher zum Haareraufen als Frohlocken ist, wenn dies als Beweis für die Offenheit der Disziplin gelten soll. Allein die Psychologie hat bedeutend mehr Erkenntnisse zu einer ganzheitlichen Wirtschaftswissenschaft beizutragen als die Einsichten Kahnemans. Gleiches gilt für eine Fülle weiterer Disziplinen. Hier kommen nur einige Beispiele:

- Die Wissenschaftstheorie hat Objektivitätsideal, Positivismus und das Postulat der Wertfreiheit überholt, sie sind obsolet. Weder ist Theoriebildung von subjektiver Erfahrung eindeutig zu trennen noch Fakten von Werturteilen. Frames übertrumpfen Fakten, und selbst in den Naturwissenschaften wackeln die Gesetze – es bedarf einer anderen Haltung beim wissenschaftlichen Arbeiten.
- In der Soziologie wird seit Max Weber eine Kategorisierung von Entscheidungs- und Handlungsmotiven vorgenommen: 1. zweckrational, 2. wertrational, 3. traditionell (Gewohnheiten und Traditionen), 4. affektiv (durch Gefühle, spontane Impulse und Intuition). Seit hundert Jahren liegt ein viel breiteres und realistischeres Menschenbild vor als der eindimensionale Homo oeconomicus. Wieso macht die Wirtschaftswissenschaft einen solchen Rückschritt? Wieso blendet sie Kern-Errungenschaften anderer, in diesem Falle sogar einer benachbarten Disziplin aus?
- Eigennutzenmaximierung oder Gier als Handlungsmaxime, die analytische Stereotype der Wirtschaftswissenschaft, »steht im Widerspruch zu grundlegenden moralischen Werten in praktisch allen menschlichen Gesellschaften«, schreiben Wang, Malhotra und Murnighan. Warum kümmert die Ökonomen das nicht? Warum machen sie ihr Analyse-Modell zur Norm: »Für mich ist Gier die nobelste aller menschlichen Motivationen (…) Unter Gier verstehe ich, danach zu trachten, so viel wie möglich für sich selbst zu bekommen und sich nicht um das Wohlergehen anderer zu kümmern«, schreibt der Ökonomie-Professor an der Universität Fairfax, Walter E. Wil-

liams.[262] Immer wieder fallen neoklassische Ökonomen damit auf, dass sie ein konträres Wertesystem zum Rest der Gesellschaft haben und dieses schamlos verbreiten.

- Der Wahn vom immerwährenden Wachstum der Wirtschaft leitet sich theoretisch von der Annahme der Unbegrenztheit menschlicher Bedürfnisse ab. Diese Annahme der Ökonomik wird von anderen Disziplinen nicht nur nicht geteilt, sondern wurde vielfach widerlegt. Das Kern-Ideologem der Neoklassik ist so aufgebaut: Menschliche Bedürfnisse sind grenzenlos. *Dadurch* entsteht Knappheit bei den Mitteln (die zur Produktion der Güter nötig sind, welche die – unersättlichen – Bedürfnisse nie befriedigen können). Knappheit ist also eine *Folge der Annahme,* dass Menschen chronische Nimmersatts sind. Nimmersattheit ist aber eine Pathologie und keine conditio humana, sie schlägt sich mit einem aufgeklärten, mündigen, reflektierten, verantwortlichen, reifen und weisen Sozialwesen namens Mensch. Mit dieser Annahme macht die Ökonomik alles zunichte, was Theologie, Philosophie, Ethik, Psychologie, Neurobiologie und Glücksforschung gemeinsam erkannt und empirisch belegt haben. Der Mensch ist anders oder kann zumindest ganz anders sein. Der Mensch kennt Sättigung, Zufriedenheit, Glück, Harmonie, Gleichgewicht (im Sinne des »genug«), Suffizienz, Frugalität und Maßhalten. Letzteres ist ein Leitwert durch alle Kulturen. Dieser Gesamtbestand an Einsichten, ethischen Leitlinien und Forschungsergebnissen wird von der Ökonomik hermetisch ignoriert, um das perverse kapitalistische grenzenlose Wachstumsmodell aufrechterhalten zu können.
- Aus der Ökosystemforschung und den Erdsystemwissenschaften wissen wir, dass es in der Natur kein unendliches Wachstum gibt, sondern alle Lebewesen nach Erreichen ihrer optimalen Größe sich stabilisieren, um danach wieder zu schrumpfen und zu vergehen. Auch die Erde wird nicht immer dickleibiger. Weder nimmt die Energie, die von der Sonne kommt, zu, noch wächst die Erdoberfläche. Zyklisches statt linearem Denken könnte die Ökonomik aus ihrem Wachstumswahn befreien.

- Aus der Systemtheorie könnte die Ökonomik lernen, dass das Ganze mehr ist als die Summe seiner Teile.[263] Die sogenannte »Mikrofundierung der Makroökonomie« und der »methodische Individualismus« betrachten die Volkswirtschaft als Sandhaufen, der aus Sandkörnern – den Individuen und ihren identischen Entscheidungen – besteht. Hayek benützt das Bild von sich ausrichtenden Metallspänen in einem Magnetfeld[264] – was für eine Freiheitsvorstellung! Mit der Systemtheorie steht ein so viel besseres Werkzeug zur Verfügung, die Mikro- mit der Makroebene zu verbinden: Das Ganze ist demnach mehr als die Summe seiner Teile, aufgrund emergenter Eigenschaften, die sich aus der komplexen Interaktionsdynamik von Lebewesen ergeben. Es besteht kein Anlass, in der VWL am linearen nichtsystemischen Denken festzuhalten. Schon Goethe hatte formuliert:»So ist jede Kreatur nur ein Ton, eine Schattierung einer großen Harmonie, die man auch im großen und ganzen studieren muss, sonst ist jedes einzelne ein toter Buchstabe.«[265] Ein Schelm, wer hier an Buchstabenrechner und ihre toten Ketten denkt.

- Damit zusammenhängend verzichtet die neoklassische Ökonomik auf eines der Fundamentalwerkzeuge der Systemwissenschaft: negative (balancierende) Rückkoppelungen. Tendenzen in eine bestimmte Richtung – Erderwärmung oder Reichtumskonzentration – müssen durch gegenläufige Tendenzen ausgeglichen und dadurch das Gesamtsystem im Gleichgewicht gehalten werden. Andernfalls kommt es zum Kollaps des Systems. Die Neoklassik verschmäht das Fundamentalwerkzeug der Systemtheorie, weil sie der Phantasie aufsitzt, dass Märkte von selbst zum Gleichgewicht streben, sei es in Bezug auf die Ungleichheit (Kuznet Curve), den Umweltverbrauch (ökologische Kuznet Curve), die Handelsbilanzen (Ricardianismus) oder das Kredit- und Geldmengenwachstum (Effizienzmarkthypothese). Die Realität zeigt immer wieder, dass die Annahme der Selbststabilisierung der Märkte *nicht* zutrifft. Von daher müssten intelligente Designelemente in der Marktwirtschaft für Stabilität, Verteilungsgerechtigkeit und Nachhaltigkeit sorgen. Diese »Denkweise« findet sich jedoch nicht in den gleichgewichtsgläubigen neoklassischen Lehrbüchern – zum Schaden aller, die von den Auswirkungen ihres Weltverständnisses und ihrer Politikberatung betroffen sind.

– Aus der Pädagogik, Sozialpsychologie sowie der Evolutions- und Neurobiologie ist bekannt, dass Kooperation Menschen stärker motiviert und damit effizienter ist als Konkurrenz – weil sie Menschen stärker intrinsisch und über gelingende Beziehungen motiviert als extrinsisch und über Angst. Nach dem Neurobiologen Gerald Hüther ist »Wettbewerb weder Grundlage noch Voraussetzung unserer Weiterentwicklung«.[266] Der Physiker und Universalwissenschaftler Fritjof Capra schreibt: »Übersehen wird, dass jeder Kampf in der Natur innerhalb eines größeren Zusammenhangs stattfindet.«[267] Der Mathematiker und Evolutionsbiologe in Harvard Martin Nowak geht noch einen Schritt weiter: »Die Kooperation ist die Chefarchitektin der Evolution.«[268] Was von alldem haben die Ökonomen beherzigt und in ihre Theorie integriert?

– Die Neoklassik verbreitet ein bestimmtes Gerechtigkeitsverständnis, die sogenannte Pareto-Effizienz. Sie besagt, dass eine Verteilungssituation paretooptimal – und damit eine Gesellschaft gerecht – ist, wenn durch einen Zuwachs an Wohlstand niemand schlechtergestellt wird. Ein einfaches Beispiel zeigt, wie zynisch dieses »Gerechtigkeitsverständnis« ist: Wenn in einem Land die halbe Bevölkerung hungert, aber der einzige Milliardär seine Milliarde verdoppelt, ist diese Entwicklung der Vermögensverteilung »paretoeffizient«: Jemand wurde bessergestellt, ohne dass jemand schlechtergestellt wurde. »Paretoineffizient« wäre hingegen, wenn alle Armen reicher würden und der Superreiche dabei auch nur einen Dollar verlöre – es darf ja niemand schlechtergestellt werden.[269] Das Absurde an dieser Gerechtigkeitsvorstellung ist, dass sie die einzige ist, die in den neoklassischen Lehrbüchern vorgestellt wird. Weder der »Klassiker« John Rawls, der seit Anfang der 1970er Jahre »das Feld beherrscht«[270], noch der »capabilities«-Ansatz von RPT Amartya Sen oder Martha Nussbaum, John Atkinson oder aktuell Michael Sandel pflegen mit ihren alternativen

Ansätzen vorzukommen. Den didaktischen Prinzipien Kontroversität und Aktualitätsbezug entsprechend müssten auch neuere Ansätze in den Lehrbüchern vorkommen. Eine interessante Diskussionsfrage wäre, wie *unterschiedliche* Gerechtigkeitsvorstellungen von den Studierenden bewertet werden.

Fritjof Capra notierte vor 25 Jahren: »Die Wirtschaftswissenschaftler erkennen im Allgemeinen nicht, dass Wirtschaft nur ein Aspekt eines umfassenden ökologischen und gesellschaftlichen Gewebes ist – ein lebendiges System aus Menschen, die in ständiger Interaktion miteinander und mit ihren natürlichen Hilfsquellen stehen, von denen die meisten ihrerseits lebende Organismen sind. Der grundlegende Irrtum der Sozialwissenschaften besteht darin, dieses Gewebe in Stücke aufzuteilen, von denen man annimmt, sie seien selbständig und könnten in separaten akademischen Fachbereichen behandelt werden (…) Kritische Wirtschaftswissenschaftler, welche die wirtschaftlichen Phänomene so untersuchen wollten, wie sie wirklich sind – nämlich eingebettet in die Gesellschaft und das Ökosystem –, und die deshalb den zu engen Rahmen [des Mainstreams] ablehnten, wurden jedoch praktisch gezwungen, sich außerhalb der Wirtschafts›wissenschaft‹ zu stellen.«[271] Wie wahr: Das gilt für John Kenneth Galbraith, Kenneth Boulding, Herman Daly, Joan Robinson, Hazel Hendersen, Karl Marx und viele andere mehr.

Die Abschottung der Ökonomik gegen interdisziplinäre Befruchtung macht die Ökonomik nicht nur zunehmend eingekapselt und versponnen in ihren eigenen »disziplinären Kern«, sondern sie leistet auch der immer weiteren Spezialisierung Vorschub. Dadurch wird die Wissenschaft irrelevanter, weil die immer dünneren Zweige den Anschluss an das große Ganze verlieren; sie vergessen, dass sie nur das letzte Ende eines Baumes sind. Diese Entwicklung gilt für alle wissenschaftlichen Disziplinen, jedoch in stärkerem Maße für die Interdisziplinaritätsverweigerer: »Der beschleunigte Prozess der Spezialisierung und das wachsende Wissensvolumen haben dramatische Konsequenzen für die

Wissenschaftswelt. Die Anzahl von Fachzeitschriften und anderen Veröffentlichungen ist dramatisch gestiegen. Gleichzeitig durchläuft die Wissenschaft gerade einen endlosen Prozess der Unterteilung in eine immer größere Anzahl an Subdisziplinen. Damit wird es zunehmend schwieriger, sich auch nur in einer der Subdisziplinen geschweige denn einem ganzen Fachgebiet auf dem Laufenden zu halten. Daraus folgt, dass breit angelegte, kritische Reflexion und interdisziplinärer Dialog zunehmend verhindert werden (…) Da heute ein Gesamtblick noch schwieriger zu erlangen ist, werden die großen Fragen einfach missachtet (…) die grand vista ist verloren.«[272] Wie etwa in den DSGE-Modellen der Notenbanken, die die Krise übersahen.

Angesichts der wachsenden Komplexität globaler Herausforderungen braucht es nicht Spezialisierung, sondern Integration. Für die Zukunft bedeutet die Verbohrung im eigenen Loch zunehmende Irrelevanz und sinkende Resilienz. Womöglich könnte die neoklassische Ökonomik dadurch zu einem »dead end« werden, während gleichzeitig das Nachdenken über Wirtschaft von anderen – interdisziplinäreren und ganzheitlicheren Wissenschaftsansätzen – absorbiert wird. Vielleicht wäre so ein Ende mit Schrecken besser als die endlose »Schreckensherrschaft der Buchstabenrechner und Betriebswirte«. Ein bisschen »Disruption«, »schöpferische Zerstörung« und »wissenschaftliche Revolution« wird oft als gesunde Innovation angesehen, warum sollte das nicht auch für die Neoklassik gelten? Für die Menschheit wäre die Schließung der Gleichgewichtsschule ein großer Gewinn!

10. Lehrbücher oder Parteiprogramme?

*Die gesamte ökonomische Ausbildung
ist eine Bankrotterklärung für das,
was gesellschaftlich gebraucht wird.*

UWE SCHNEIDEWIND[273]

Die ökonomische Bildung ist heute weltweit in einem Ausmaß standardisiert, das zumindest für die Sozialwissenschaften einmalig ist. In den USA sind es jährlich über eine Million College-Studierende, die verpflichtende einführende Ökonomie-Vorlesungen belegen mussten, in Deutschland waren im WS 2017/18 insgesamt 535 000 Studierende in den Fächern (Internationale) BWL, VWL, Wirtschaftswissenschaften, Wirtschaftsingenieurwesen, Management und Wirtschaftspädagogik inskribiert, das sind 6,5 Prozent der Bevölkerung![274] Silja Graupe schreibt: »Mittlerweile besteht weitgehend Konsens darüber, dass die Standardisierung der ökonomischen Bildung an Hochschulen maßgeblich über die Vereinheitlichung des verwendeten Lehrmaterials, besonders der ökonomischen Lehrbücher erfolgt und dies vor allem die einführenden Lehrveranstaltungen betrifft.«[275] In den USA sind die Studierenden häufig verpflichtet, die jeweils aktuellsten Versionen der häufig aktualisierten Lehrbücher zu verwenden, diese kosten oft zwei- bis dreihundert US-Dollar, was einen gigantischen Lehrbuchmarkt hervorgebracht hat – auf dem die fundamentalen Marktgesetze außer Kraft gesetzt wurden: Die Studierenden können sich die Lehrbücher nicht aussuchen.[276] An den einführenden Lehrbüchern zeigt sich wie an keiner anderen Stelle der Ökonomik der Geist des herrschenden Paradigmas, der Mainstream-Theorieschule. Das beginnt mit einer extremen Marktkonzentration, die wenige Autoren (mir ist kein einziges Mainstream-Lehrbuch einer weiblichen Autorin untergekommen) begünstigt. Zunächst war Paul Samuelson jahrzehntelang »Marktführer«, sein Einführungsbuch

Economics erschien in neunzehn Auflagen und in 41 Sprachen und wurde millionenfach verkauft.[277] Als Nachfolger wurde Gregory Mankiw, der ökonomische Chefberater von George W. Bush war, aufgebaut. Für seine *Principles of Economics*, bisher in sieben Auflagen erschienen und über zwei Millionen Mal verkauft, verdiente er Berechnungen zufolge mehr als vierzig Millionen US-Dollar[278], allein der Vorschuss soll 1,4 Millionen US-Dollar betragen haben.

Mankiw führt als neuer Star die weltweiten Bestsellerlisten an – obwohl sein Lehrbuch im wissenschaftlichen Qualitätscheck am schlechtesten abschneidet, er bei der Ideologie-Prüfung regelrecht durchgerasselt ist und es just in seinem ECON-Einführungskurs an der Universität Harvard zu einem – bisher einzigartigen – »massive walk out« kam: Siebzig Studierende verließen aus Protest die Vorlesung, »weil wir uns in Economics 10 in der Hoffnung eingeschrieben haben, ein breites Fundament ökonomischer Theorien zu erwerben, das uns in verschiedenen intellektuellen Bestrebungen und Disziplinen behilflich ist, von Ökonomik über die Politikwissenschaft bis zur Ökologie und anderen; stattdessen fanden wir uns in einem Kurs wieder, der eine bestimmte – und eingeschränkte – Sicht der Wirtschaftswissenschaft vertritt, welche die problematische und ineffiziente Ungleichheit in unserer Gegenwartsgesellschaft perpetuiert.«[279] Mankiw rechtfertigte sich in der *New York Times*: »Der Kurs, den ich unterrichte, gibt eine breite Übersicht über die Mainstream-Ökonomik (…) Das Material ist ähnlich dem, das an den meisten anderen Universitäten auch unterrichtet wird.«[280] Genau das könnte der Kern des Problems sein. Der dritte Star, Hal Varian, ist gleichzeitig Chefökonom von Google. Auch bei Nummer vier, Robert Pindyck, der mit Daniel Rubinfeld eines der meistgenutzten Mikro-Lehrbücher geschrieben hat, gibt es Interessenskonflikte: Sein Lehrstuhl am MIT wird von einer japanischen Großbank (teil)finanziert.[281] Alle fünf sind weiße Männer aus den USA, die ihre Abschlüsse an teuren Eliteuniversitäten erhalten haben.

Kritik an den Lehrbüchern

Über die meistverwendeten Lehrbücher liegt breites Feedback von der Kolleg*innenschaft vor, das zumindest bis in die 1980er Jahre zurückreicht. Doch es scheint, je mehr wir uns der Gegenwart nähern, desto düsterer fällt die Bilanz aus. Bei der folgenden Zusammenfassung der wichtigsten Kritikpunkte baue ich auf den Ergebnissen von Helge Peukerts Forschungsprojekt für die FGW auf und ergänze sie.[282]

1. Radikale Kontextlosigkeit: Der Studiengegenstand wird nicht in seine größeren sozialen, kulturellen und ökologischen Kontexte eingebettet und die Beziehungen zu diesen geklärt (Kontext im geistig-materiellen *Raum*). Noch werden die Wirtschaft und ihre Wissenschaft im historischen Kontext verortet (Kontext in der *Zeit*), sei es in Form eines Abrisses der Wirtschaftsgeschichte oder der Theoriegeschichte.

2. Die Lehrbücher bieten keine klare wissenschaftstheoretische Einbettung der Ökonomik an. Sie streben die der Mathematik eigene Objektivität mit apriorischer Theoriebildung an, ohne diese Denkweise zu explizieren und im Kontext der Sozialwissenschaften zu problematisieren. Sie arbeiten mit der Dichotomie positive versus normative Aussagen, ohne dies kritisch zu reflektieren, die Obsoletheit des Positivismus in der Wissenschaftstheorie transparent zu machen oder Alternativen vorzustellen.

3. Die Lehrbücher geben die Ökonomik als Quasinaturwissenschaft aus, anstatt sie unmissverständlich als Sozialwissenschaft zu positionieren und von den Naturwissenschaften abzugrenzen. Das ist der schwerstmögliche Kategorienfehler und für sich genommen ausreichend, von der Verwendung solcher Lehrbücher Abstand zu nehmen.

4. Wirtschaft und Wirtschaftswissenschaft werden nicht eindeutig definiert, die Ziele werden nicht eindeutig geklärt. Es ist aber ein fundamentaler Unterschied, ob die Wissenschaft auf den effizienten Einsatz von Finanzkapital oder das universale Gemeinwohl abzielt.

5. Häufig wird nur eine einzige Theorieschule vorgestellt – die neoklassische. Andere Theorieschulen werden gar nicht behandelt oder im günstigen Fall nur am Rande erwähnt. Selbst Grenzbereiche wie die Verhaltensökonomie werden relativiert und haben keinen Einfluss auf die sonstigen Ausführungen, oder sie werden sogar infrage gestellt. Eine Tabelle oder Übersicht zu den wichtigsten Theorieschulen kommt in keinem führenden Lehrbuch vor.

6. Auch die Kritik am Mainstream wird nicht transparent und fair wiedergegeben, häufig ganz unterschlagen. Ein markantes Beispiel ist die Cambridge-Cambridge-Debatte aus den 1960ern, in der nachgewiesen wurde, dass das neoklassische Standardmodell auf extrem restriktiven und dadurch unhaltbaren Annahmen beruht.[283] Hansjörg Herr hat fünf Standard-Lehrbücher von Olivier Blanchard und Gerhard Illing, Bernhard Felderer und Stefan Homburg, Gregory Mankiw als Solist, Mankiw und Mark Taylor sowie Paul Samuelson und William Nordhaus untersucht – in keinem wird diese Debatte auch nur erwähnt![284]

7. Wissen wird als »finales« Wissen dargestellt im Sinne der endgültigen »Entdeckung von Naturgesetzen« oder »dauerhaften Wahrheiten«[285] und dem »Ende der Geschichte«[286]. Märkte werden als »ausgeforscht«[287] betrachtet. Diese Perspektive auf die Wirtschaft verstärkt das naturwissenschaftliche Selbstverständnis und unterläuft kritische Reflexion und innovative Diskussion.

8. Analog zum theoretischen Monismus kultivieren sie eine Methoden-Monokultur in Form von mathematischen Modellen, die ebenso umstritten wie dominant sind: Sie verkürzen die Realität um wesentliche Elemente, was zur Unvorhersagbarkeit wesentlicher Risiken führt, die mit anderen Methoden (z. B. Lernen aus der Geschichte oder aus anderen Disziplinen) verhütet werden könnten.

9. Die Lehrbücher konstruieren unter realitätsfremden Annahmen einseitig Normalfälle und nehmen Generalisierungen vor. »Für die meisten Aussagen werden keine empirischen Belege geboten.«[288] Die Annahmen, die der Konstruktion der Modelle zugrunde liegen, wer-

den von kritischen Ökonom*innen als »anti-real«, »post-real«[289] und »pure science ficition«[290] klassifiziert. Gleichzeitig changieren die Lehrbuch-Aussagen zwischen Modellannahmen und Realität. Den fließenden Übergang vom *Modell* (Arbeitshypothese) zum *Model* (reales Vorbild) bringt Tomáš Sedláček auf den Punkt: »Wir (Ökonomen) lehren nicht, dass Menschen egoistisch sein *sollen* – das wäre fair [jedoch normativ, Anm.]. Wir lehren, dass Menschen egoistisch *sind*. Und dass sich das nicht ändern lässt. Das ist verkappte Ideologie.«[291]

10. Während Studierende das halbe Studium in einer fiktiven Modellwelt gefangen sind, kommen sie mit der komplexen wirtschaftlichen Realität kaum in Berührung. Das birgt einerseits die Gefahr, dass konformistische Student*innen eine Verachtung realer Menschen und ihrer Bedürfnisse entwickeln. Und führt andererseits zur Frustration kritischer und engagierter Studierender.[292]

11. Sie verwenden eine mächtige, aber fachfremde naturwissenschaftliche Metaphorik (»Gleichgewicht«, »Marktgesetze«, »Koordinationsmechanismus«, »Selbstregulierung« …), die weder im Bereich der Quelldomäne (Mechanik) noch in der Zieldomäne (Ökonomik) *realistisch erklärt* wird.[293] Damit wird das tiefe und tatsächliche Verstehen der Materie unmöglich.

12. Schlüsselmetaphern wie die »unsichtbare Hand« (Smith) oder der »Auktionator« (Walras) rufen eine religiöse Instanz an, der die Letztverantwortung für die Marktlenkung zugesprochen wird – wie in einer göttlichen Planwirtschaft. Sie sprechen von »Überraschung« (Samuelson), »bewundern« (Ricardo[294]), »Zauber« (Mankiw/Taylor[295]) und »Transzendenz« (Hayek[296]), wenn sie die Wirkungsweise von Märkten lehren. Bewundern, Sich-überrascht-Zeigen und Sich-verzaubern-Lassen sind aber keine wissenschaftlichen Arbeitsweisen, sondern sprachliche und emotionale Manipulationen, die Studierende dazu bringen sollen, Dinge zu glauben, die sie gar nicht richtig verstanden haben.

13. Wenig Raum für kritische Reflexion. Es wird beklagt, dass die ökonomische Standard-Lehre das »Wissen« abfüllt und unreflektiert re-

produzieren lässt, anstatt das kritische Hinterfragen der Annahmen, Methoden, Theorien und des epistemologischen Ansatzes zu ermutigen. Die Harvard-Studierenden schreiben: »Von den Studierenden wird erwartet, dass sie die dargebotene Information unkritsch wiederkäuen.«[297] Die Cambridge-Ökonomen berichten: »Kritisches und unabhängiges Denken wird demotiviert (…) Während in der Ausbildung Erfolg eintritt, wenn der Student gelernt hat, was der Lehrer gelehrt hat, tritt Erfolg in der freien Bildung ein, wenn der Student den Lehrer zu einer fundamentalen Hinterfragung des Gelehrten gebracht hat.«[298]

14. Antiaufklärung. Ökonomische Standardbildung fördert bei den Studierenden nach Silja Graupe nicht die »bewusste Urteilsbildung«, sondern »zielt darauf ab, dass sie Bereiche ihres kognitiven Unbewussten umbilden«, um zur »ungeprüften Übernahme bestimmter, dezitiert nicht wissenschaftlich untermauerter Vorstellungen zu verleiten«. Diese »unbewusste Beeinflussung« kann die »Freiheitsmöglichkeiten der Lernenden deutlich reduzieren«. Die ökonomische Standardlehre versucht »Menschen nicht nur zum Nichtgebrauch ihrer Freiheit anzuleiten, sondern noch grundlegender zum Nichtgebrauch ihres Verstandes und ihrer Vernunft insgesamt«.[299]

15. Indoktrinierung. Mankiw und Taylor schreiben im Lehrbuch *Grundzüge der Volkswirtschaftslehre*: »Obwohl Ökonomen über politische Fragen oft uneins sind, besteht beim Freihandel Einigkeit (…) Sie sollen nunmehr vom Nutzen des Lebens in einer offenen und interdependenten Volkswirtschaft überzeugt sein.«[300] Ein sozialwissenschaftliches Lehrbuch, dessen Ziel es ist, die Studierenden zu »überzeugen«, sollte vom Markt genommen werden.

16. Noch schlimmer ist Manipulation, weil sie »jene Art der Fremdbestimmung darstellt, die Absicht und Ziel der Beeinflussung nicht erkennen lässt« (Cordula Krüger). Silja Graupe schreibt, dass über »troublesome knowledge« (persönlichkeitsveränderndes Wissen, das bisherige Meinungen und Werte untergräbt), Gebrauch von Metaphern und die Knüpfung semantischer Netzwerke rund um diese

ein Großteil der Erkenntnisleistung »gleichsam ins Unbewusste ab-
rutscht (...) die Ebene bewusster Verstandesleistung wird kaum
mehr erreicht.«[301] Auch Peukert meint: »Die Mainstream-Lehrbücher manipulieren die Studierenden auf zum Teil sehr subtile Art und
Weise.«

17. Beschämung ethischer Gefühle. Studierende, die kritische Fragen
stellen, werden häufig auf andere Disziplinen verwiesen, als »Gutmenschen« diffamiert und ihrer Gefühle beschämt. Maja Göpel erhielt als »Antwort« auf ihre Frage, ob Globalisierungsverlierer*innen
so mir nichts, dir nichts, die Branche wechseln könnten: „»Oh dear, a
warm heart speaking.«[302]

18. Marktprozesse erfolgen in einem institutionellen Vakuum. Bei Varian z. B. findet sich auf den ersten zweihundert Seiten kein Hinweis
auf Institutionen. Im Register fehlt der Begriff, im Unterschied zu
Mickey Mouse oder DSGE-Modelle; bei Pindyck/Rubinfeld kommt
das Adjektiv »sozial« nicht vor. Wolfram Elsners Fazit: Die unter-
suchten Lehrbücher sind institutionentheoretisch blind.«[303]

19. Sie beziehen einseitig Partei für den Markt und setzen ihn in
einen manichäischen Gegensatz zum Staat. Eine Analyse von neun
Lehrbüchern von David George sieht die Ursache für das extreme
Bias pro Markt und anti Staat im »Überhandnehmen von Markt-
werten im Verhältnis zu demokratischen Werten«.[304] Staat und Gewerkschaften treten in den Büchern fast ausschließlich negativ, in
der Rolle dysfunktionaler, Marktprozesse durcheinanderbringender
und Wohlfahrtsverluste produzierender Störenfriede auf (»Staatsineffektivitätshypothese«). Kapitel 21 bei Blanchard und Illing trägt
gar den Titel (!): »Sollen Politiker in ihrer Entscheidungsfreiheit beschränkt werden?«[305]

20. Die Lehrbücher enthalten zudem mehrere Demokratie-Unmöglich-
keitstheoreme, die den Sinn demokratischer Verfahren grundsätzlich infrage stellen.[306] Gleichzeitig stilisieren sie die Märkte, auf
denen Kaufkraft- und Machtbeziehungen vorherrschen (one dollar,
one vote), zu demokratischen Institutionen und Verfahren (»Konsu-

mentendemokratie«, »Aktionärsdemokratie«), was die obige Dichotomie nochmals verstärkt.

21. System-Legitimation: »Ein Großteil der Lehrbuch-Ökonomie neigt dazu, den Status quo zu rechtfertigen, indem sie z. B. aussagt, dass Märkte in der Regel optimale Ergebnisse produzieren, Unternehmen nicht mehr Macht als Menschen haben, die Konsument*innen souverän sind, Arbeitnehmer*innen gemäß ihrem Grenzprodukt bezahlt werden, Menschen natürlicherweise wettbewerbsorientiert und selbstinteressiert sind und Gleichheits-Effizienz-Zielkonflikte ein Hindernis für Umverteilung darstellen.«[307]

22. Darüber hinaus stellen sie die aktuelle Wirtschaftspolitik oft als alternativlos dar, anstatt Alternativen aufzuzeigen und kontrovers zu diskutieren. Blanchard und Illing erklären in ihrem in Deutschland meistverwendeten Makroökonomie-Lehrbuch zur Eurokrise, dass der »einzige« Lösungsweg in der Senkung von Löhnen und Preisen in Griechenland bestand. Alternative Lösungsvorschläge, die von den politischen Eliten ignoriert wurden, wie z. B. eine solidarische Schuldenlösung, die Einbeziehung der Eigentümer*innen und Gläubiger*innen oder eine Parallelwährung für Griechenland, werden nicht erwähnt: There was no alternative![308]

23. »Die Finanzmarktkrise ist an den Lehrbüchern spurlos vorübergegangen.«[309] Selbst nach der Krise warnen Mankiw und Taylor vor der demokratischen Regulierung der Finanzmärkte: Bei Reformvorschlägen »sollte man jedoch sehr vorsichtig und wohlüberlegt vorgehen. Es könnten ja auch positive Motivationen und erwünschte Resultate zerstört werden. Vielleicht genügen die vorhandenen Regeln, sofern sich alle Beteiligten danach richten.«[310] In einem Beitrag in der *New York Times* meinte er überdies: »Trotz des Ausmaßes der jüngsten Ereignisse bleiben die ökonomischen Prinzipien weitgehend unverändert. Studenten müssen sich weiterhin hauptsächlich mit dem Nutzen von Freihandel, Angebot und Nachfrage, der Effizienzeigenschaft von Marktergebnissen und so weiter beschäftigen. Diese Themen bleiben der Kerninhalt von Einführungskursen.«[311]

24. Aktuelle ökologische und soziale Fragestellungen, die vielen Studierenden unter den Nägeln brennen, spielen teils gar keine Rolle. Bei Blanchard und Illing »kommen ökologische Fragestellungen überhaupt nicht vor«.[312] Im Lehrbuch von Varian kommen »das Wort und die Tatsache der Erderwärmung nicht vor«, ebenso wird kein Wort über (sich konzentrierende) Vermögen verloren.[313] Auf externe Effekte kommt Varian nach 730 Seiten erstmals zu sprechen. In den Wiederholungsfragen heißt es suggestiv: »Die explizite Abgrenzung von Eigentumsrechten eliminiert das Problem externer Effekte: Richtig oder falsch?«[314]

25. Selbst inhaltlich inzwischen als technisch falsch erwiesene Darstellungen, wie z. B. der Geldschöpfungsmultiplikator oder die Idee der Geldschöpfung durch die Zentralbanken und die Darstellung von Banken als Finanzintermediäre, werden nicht korrigiert, sondern die Falschdarstellungen beibehalten.[315]

Schlussfolgerungen

Fünf zentrale didaktische Prinzipien in der Politik-, Ökonomie- und Geografie-Didaktik sind 1. Multiperspektivität, 2. Kontroversität, 3. Wissenschaftsorientierung, 4. Handlungs- und Lernenden-Orientierung sowie 5. Aktualitätsbezug. Anhand der bisherigen Analysen wird klar, dass führende wirtschaftswissenschaftliche Lehrbücher diesen fachdidaktischen Kriterien nicht genügen.

So auch Peukerts Fazit: »Die die Lehrbücher durchziehenden Manipulationsstrategien widersprechen den ethischen Grundsätzen der Wissenschaft. Die Lehrbücher verdienen insgesamt die Note ungenügend.«[316] Silja Graupe, die Manipulation in ökonomischen Lehrbüchern nach aktuellen Erkenntnissen der Kognitionswissenschaft und Neurolinguistik untersucht hat, schreibt: »Ein weiterer unkritischer Gebrauch solcher Lehrbücher (…) erscheint mir (…) kaum zu verantworten zu sein.«[317] George kommt zum Schluss, dass die politische Linie, die sich durch die wichtigsten Lehrbücher zieht, durchgängig »libertär-konservativ« ist.[318] Das entspräche in Deutschland einer Kombination aus dem marktradikalen Flügel der CDU und der wirtschaftspolitischen Linie der FDP. Mehrheitsfähig ist so eine Partei wohl nirgends, in den Lehrbüchern stellen sie aber die absolute Mehrheit. Das ist ein veritables Demokratieproblem. Niemand hat dies offener auf den Punkt gebracht als Paul Samuelson selbst: »Es ist mir egal, wer die Gesetze einer Nation schreibt (…) solange ich die Ökonomie-Lehrbücher schreiben kann.«[319] Der Machtanspruch, den er damit – zumal als Marktführer im Lehrbuchsegment – stellt, spricht jedem Demokratieverständnis hohn. Aber auch jeder *Wissenschaftlichkeit*, weil es nicht Aufgabe der Wirtschaftswissenschaft ist, die *demokratischen Gesetze* einer Nation zu unterlaufen. Es scheint so, als seien die Lehrbücher von echten Homines oeconomici geschrieben, die alle faulen Tricks anwenden, um ihren Eigennutzen und den ihrer Interessensgruppe zu maximieren – dabei aber weder das Wohl der Studierenden noch der Gesellschaft, noch der Freiheit der Wissenschaft vor Augen haben. Wie kann die Gesellschaft und wie können die Studierenden vor solchen Lehrbüchern geschützt werden?

11. Bildung von Egoisten

Mit Kritik an ihrem unrealistischen Menschenbild konfrontiert, reagieren viele Ökonomen oft händeringend, dass die Kunstfigur des Homo oeconomicus doch nur ein Modell sei, dass Ökonomen aber nicht glauben, dass Menschen tatsächlich so seien. Beispiel gefällig? Gordon Tullock, Mitbegründer der Public-choice-Theorie und Co-Autor von RPT James Buchanan, meinte: »Ein durchschnittlicher Mensch ist zu ungefähr 95 Prozent egoistisch in der engeren Bedeutung des Wortes.«[320] Kate Raworth kommentiert: »What has started as a model of man turned into a model for man.«[321] Claus Dierksmeier schreibt: »Wenn menschliches Verhalten nach dem (hochunrealistischen, weil extrem reduktionistischen) Homo-oeconomicus-Vorbild modelliert wird (…), tendieren Student*innen zum Glauben, dass Menschen im realen Leben sich wie im Modell verhalten – und passen ihr Verhalten entsprechend an.«[322] Der Professor für Sozialökonomie an der Universität Duisburg-Essen Till van Treeck berichtet: »Es gibt klare Anzeichen dafür, dass in der Vergangenheit Studierende im Laufe eines Ökonomie-Studiums egoistischer geworden sind und ihre Fähigkeit zu kooperativem Verhalten verloren haben.«[323] Wenn das tatsächlich zutrifft, eine Frage, der wir in diesem Kapitel nachgehen, dann müsste die Gesellschaft den Zweig der wirtschaftswissenschaftlichen Lehre, der solches bewirkt, auf Schadenersatz klagen – wie kommt eine freie und solidarische Gesellschaft, zu der öffentliche Bildung und Freiheit der Wissenschaft zählen, dazu, mit Steuergeld die Lehre von Verhaltensweisen zu subventionieren, die dieselbe solidarische und demokratische Gesellschaft untergraben und atomisieren?

Dasjenige Theorie-Element, das vermutlich den größten gesellschaftlichen Schaden anrichtet, ist das Menschenbild der neoklassischen Ökonomie. Die Kombination aus Dauerrechnen (»Rationalität«), Eigennutzenmaximierung, Materialismus und Konkurrenz-Haltung kann als soziales Gift betrachtet werden. Die Verbreitung dieses Menschenbildes hat zur Folge, dass sich a) rücksichtslose und asoziale Verhaltensweisen ausbreiten, b) Gemeinschaften und Beziehungen unverbindlich und brüchig werden und c) egoistische Charaktere in Verantwortungspositionen gelangen, sich dort Macht aneignen und diese missbrauchen. Nach den Untersuchungen von Robert Hare sind im Durchschnitt der Bevölkerung ein Prozent Psychopathen – mit Unfähigkeit zur Empathie; hingegen sind es in den Führungspositionen des Big Business sechs bis zehn Prozent.[324]

Wie kurz der Weg von einer wissenschaftlichen Modellannahme zu einer wirtschaftspolitischen Programmansage ist, zeigte Margaret Thatcher mit ihrem Ausspruch: »So etwas wie eine Gesellschaft gibt es nicht. Es gibt individuelle Männer und Frauen und Familien (…) [aber] so etwas wie eine Gesellschaft gibt es nicht.«[325] Ohne Homo-oeconomicus-Modell mit Eigennutzenmaximierungs- und Wettbewerbsethos hätte Thatcher keine Grundlage für so eine Aussage gehabt. Kapitalistische Gesellschaften haben sich in den letzten dreißig Jahren – seit dem Amtsantritt von Margaret Thatcher und Ronald Reagan – fortschreitend zersetzt und atomisiert: Die Realität gleicht sich den Fiktionen der Ökonomen an.

Das Menschenbild der Neoklassik wirkt zuerst auf die Wissenschaftler*innen selbst. Wer tagein, tagaus in Modellen denkt und rechnet und Jahre oder sogar ein ganzes Ökonomenleben lang mit diesem *angenommenen* Menschenbild arbeitet, wie könnte sie/er nicht zumindest tendenziell der Verlockung erliegen, die Realität mit dem Modell zu verwechseln? Wenn Kinder den ganzen Tag Gewaltspiele spielen, dann neigen sie auch in stärkerem Maße als ihre Altersgenossen, die kooperative Spiele spielen, zu Gewalt. Wer den ganzen Tag in der Natur verbringt, wird tendenziell Gärtner. Wer den ganzen Tag im reinen Modell gefangen ist … »Das Sein bestimmt das Bewusstsein«[326], der berühmte Spruch von Karl Marx, ist hier so zu wenden: Das Sein in einem bestimmten Modell-Bewusstsein (individuelle Nutzenmaximierung) verändert Menschen, bis sie selbst zum Homo oeconomicus geworden sind.

Erste Beispiele

Zur Evidenz: Eine längere Reihe von Studien hat ergeben, dass Ökonom*innen im Schnitt egoistischer sind als die Bevölkerung.[327] Die Frage, die sich auftut, lautet: Liegt es daran, dass Wirtschaftsstudien überdurchschnittlich egoistische Menschen *anziehen*? Oder daran, dass Wirtschaftsstudien überdurchschnittlich egoistische Menschen *formen*? Die Studien zeigen, dass *beides* zutrifft.

Beispiel 1: In einem Experiment von Gerald Marwell und Ruth Ames von 1981 wurden Teilnehmer*innen eingeladen, Geld auf ein privates und ein öffentliches Konto zu legen. Die Einlagen in das private Konto wurden 1 : 1 wieder ausbezahlt, die Einlagen auf das öffentliche Konto mit einem Multiplikator größer 1 vermehrt und dann zu gleichen Teilen an alle Teilnehmer*innen ausgeschüttet. Während die Teilnehmer*innen im Durchschnitt 49 Prozent ihres Spielgeldes auf das öffentliche Konto legten, waren es bei den Ökonom*innen bloß zwanzig Prozent.[328] Ein Schelm, wer von diesem Ergebnis auf die Steuermoral von Ökonomen im Verhältnis zur Durchschnittsbevölkerung schlösse. Oder auf ihr Verhältnis zur Staatsquote und ihrer Abhandlung in Lehrbüchern …

Das vermutlich bekannteste Beispiel (2) ist das Ultimatum-Spiel, ursprünglich von 1982. In einer Version von 1991 teilt eine Person zehn US-Dollar zwischen zwei Personen auf. Wenn die andere Person annimmt, wird der Betrag ausbezahlt. Verweigert die andere Person, wird nichts ausbezahlt. Nach der Eigennutz-Theorie würde ein typischer Teilnehmer den Betrag in 9,99 und 0,01 US-Dollar aufteilen, um a) den eigenen Nutzen zu maximieren (theoriekonform) und b) mit einem Cent für die andere Person sicherzustellen, dass diese nicht verweigert, weil ein Cent für sie (immer noch) einen größeren Nutzen darstellt als null. So weit die Theorie, und ihr Homo oeconomicus in Höchstform! Die Realität sieht anders aus: Die meisten Menschen verhalten sich fairer und bieten tendenziell eine Halbe-halbe-Lösung an. Die Studienleiter fanden heraus, dass sich Ökonom*innen in beiden Rollen deutlich stärker gemäß dem Eigennutzen-Maximierungsprinzip verhielten: Sie teilten ungerechter auf und waren auch stärker bereit, eine kleine Summe – und damit größere Ungerechtigkeit – in Kauf zu nehmen.[329]

In der Standard-Version des Spiels, schreibt der »Erfinder« des Spiels, Werner Güth, in einem Dreißig-Jahres-Rückblick, werden vierzig bis fünfzig Prozent vom Kuchen angeboten. Mit sinkendem »Angebot« fallen die Akzeptanzraten stark ab und nähern sich unter zwanzig Prozent der Nulllinie – ein klarer Beweis dafür, dass Ethik schwerer wiegt als »Nutzenmaximierung«.[330]

In einem anderen Experiment (Beispiel 3) schrieben die Studienautoren 1245 Kolleg*innen aus 23 wissenschaftlichen Disziplinen an, welchen privaten Organisationen sie wie viel spendeten – und erhielten 576 valide Antwortbögen. Während von den Ökonom*innen 9,3 Prozent angaben, gar nichts zu spenden, waren es unter den Berufsschullehrer*innen 1,1 Prozent und in den restlichen Disziplinen – Soziologie, Psychologie, Politikwissenschaft, Anthropologie, Computerwissenschaften, Ingenieurwesen, Physik, Chemie, Biologie, Geologie, Philosophie, Geschichte, Sprachen und Religion – zwischen 2,9 und 4,2 Prozent.[331]

Neuere Beispiele

Nach der teilweisen Infragestellung der älteren Studien, z. B. durch Yezer et al., überprüfte ein Forscher*innen-Team 2011 in gleich drei Studien die bisherigen Annahmen und wollte wissen, ob das Ökonomie-Studium Gier fördere. In Studie I (Beispiel 4), einem »Diktator-Spiel«, erhielten Probanden, Studierende der Ökonomik und der Pädagogik, zehn US-Dollar und wurden aufgefordert, diese anonym zwischen sich selbst und einer unbekannten Person aufzuteilen – und das Ergebnis zu begründen. In der ersten Variante des Versuchs war die Aufteilung gänzlich frei, in einer zweiten Variante waren nur die zwei Optionen fünf zu fünf US-Dollar oder 9,25 zu 0,75 US-Dollar möglich. Die Ökonomik-Studierenden behielten in der ersten Variante im Schnitt 7,80 US-Dollar für sich, während Pädagogik-Studierende nur 6,26 US-Dollar nahmen. In der zweiten Variante wählten 64,1 Prozent der Ökonomik-Studierenden die 9,25 US-Dollar, während nur 40,1 Prozent der Pädagog*innen sich für diese ungleiche Aufteilung entschieden.[332] Bei der Begründung verwendeten mehr als die Hälfte der Pädagogik-Studierenden (56 Prozent) den Begriff »Fairness«, während dies weniger als ein Drittel der Ökonomik-Studierenden (31 Prozent) taten. Besonders interessant war eine Diskrepanz bei Studierenden, die Wirtschaft als Nebenfach hatten. Unter ihnen behielten 61,5 Prozent derer, die gerade einen Ökonomik-Kurs hinter sich hatten, die 9,25 US-Dollar, während dies nur 7,6 Prozent derer taten, die gerade einen Pädagogik-Kurs hinter sich hatten.[333]

In Studie II (Beispiel 5) wurde nachgewiesen, dass Student*innen der Wirtschaftswissenschaft sowohl eine positivere Haltung zu Gier haben als auch das eigene gierige Verhalten positiver bewerten, während sie den Auswirkungen der Gier auf die Gesellschaft weniger Beachtung schenken.[334]

Studie III (Beispiel 6) wurde ausschließlich an Nicht-Ökonomik-Studierenden durchgeführt, um den Effekt, dass gierigere Menschen das Studium der Wirtschaftswissenschaft wählen, auszuschalten. Sie untersuchte die Wirkung von Texten mit positiven versus negativen Aussagen von Ökonom*innen über Gier. Die Probanden, die den Text mit positiver Aussage zur Gier bearbeitet hatten, hatten danach eine deutlich positivere Einstellung zu Gier als jene, deren Text eine negative Aussage zu Gier machte. Diese letzte Studie belegt nicht nur, dass das Ökonomik-Studium gieriger macht, sondern auch, dass moralische Werte formbar sind, was eine Disziplin, in der Eigennutzenmaximierung, Materialismus und Konkurrenz die Leitwerte sind, ziemlich gefährlich macht.

In Deutschland hat ein Wissenschaftler*innen-Team erstmals die Korrumpierbarkeit von Ökonomik-Studierenden mit jener der allgemeinen Bevölkerung verglichen (Beispiel 7). Die Überlegung dahinter: »Das erlaubt uns zu identifizieren, ob Ökonomen eher bereit sind, vom ›moralisch Guten‹ abzuweichen oder ob ihr Verhalten einfach darauf zurückzuführen ist, dass sie eine andere Vorstellung von Fairness oder eine andere Wahrnehmung des Verhaltens anderer Menschen haben.«[335] Das Experiment wurde an der Universität Hohenheim im Sommersemester 1997 an Besucher*innen eines Filmabends des Film Clubs durchgeführt. Der Film Club gehört dem Allgemeinen Studentenausschuss. Die Annahme war, dass ein Zweihundertmarkschein in einen Kanal gefallen war und nur eine Installateur-Firma diesen zurückholen konnte. Die Probanden konnten – anonym – aus einer Liste von zehn Angeboten zwischen zwanzig und zweihundert Euro auswählen, wobei sie einen ansteigenden Betrag zwischen null und 144 Euro »Schmiergeld« erhielten. Ergebnis: Ökonomik-Studierende wählten höhere Beträge und waren »signifikant korrupter« als Non-Economists. In diesem Experiment konnte allerdings kein Anstieg des Korruptheitsgrades im Lauf des Studiums nachgewiesen werden, die Autor*innen interpretieren diese Fakten so, dass Menschen mit entsprechendem Wertesystem das Ökonomik-Studium wählen. Ihr Fazit: »Unsere Ergebnisse unterstützten die Auffassung, dass Ökonomen dazu tendieren, ihre Eigeninteressen konsequenter zu verfolgen als andere Menschen.«[336]

Eine letzte Studie (Beispiel 8) zum Thema Kooperation: Bei einer speziellen Variante des Gefangenen-Dilemmas defektierten (= nicht kooperieren) 60,4 Prozent der Ökonom*innen im Vergleich zu nur 38,8 Prozent der Nicht-Ökonom*innen. Auch bereinigt um möglicherweise unterschiedliche Erwartungen – Ökonom*innen erwarten modellgemäß von ihren Spielpartner*innen Nichtkooperation – zeigen Ökonom*innen immer noch signifikant höhere Nichtkooperationsraten.

Den meisten Studien zufolge werden Studierende übrigens im Lauf des Studiums kooperativer – nicht so bei den Studierenden mit Hauptfach Wirtschaft.[337] Zudem verhindert der »enorme Konkurrenz- und Wettbewerbsdruck«, dem Ökonomik-Studierende ausgesetzt sind, gesellschaftliches Engagement. In Deutschland kennen fast fünfzig Prozent der VWL-Studierenden die Bewegung für eine Plurale Ökonomik, doch engagieren sich nur 6,4 Prozent. Hauptverantwortlich ist der Wettbewerbsdruck, den 56,4 Prozent der Studierenden hochschulweit beklagen. »Dieser trage dazu bei, dass sich ihr Verhalten im Studienverlauf erheblich verändert«, so die Studienautor*innen Tim Engartner und Eva Schweitzer-Krah.[338]

Schlussfolgerungen

Der Philosoph Richard David Precht resümiert: »Strenges und hartes Nutzenkalkül, Rücksichtslosigkeit und Gier sind nicht die Haupttriebkräfte des Menschen, sondern das Ergebnis einer gezielten Züchtung. ›Den Ursprung des Egoismus durch kapitalistische Zuchtwahl‹ könnte man diesen Prozess nennen in Anlehnung an das berühmte Hauptwerk von Charles Darwin.«[339] Adam Grant, Professor an der Business School der Universität Pennsylvania, schreibt: »As a business school professor, these effects worry me.«[340] Zu Recht. Es stellt sich die Frage, ob ein Ökonomik-Studium mit den Grundwerten der Gesellschaft – der Menschenwürde, der Solidarität, der Gerechtigkeit und der Freiheit, die mit Verantwortung verbunden ist – überhaupt vereinbar ist? Denn das vielleicht noch schlagendere Argument als jenes, was das Ökonomik-Studium mit den Studierenden macht, ist, dass solcherart sozialisierte bzw. verbildete Ökonom*innen dann in die Gesellschaft hineinwirken, als Manager*innen, als Lehrer*innen, als Forscher*innen oder als Politikberater*innen. Überall dorthin tragen sie ihr unethisches und radikal unsoziales Menschenbild. Die ökonomische Bildung in dieser Form untergräbt Beziehungen, Gemeinschaften und Demokratien. Das spricht gegen das Studium in seiner derzeitigen Form. Jedenfalls aber gegen das Homo-oeconomicus-Menschenbild und die Abtrennung von der Ethik.

Die Freiheit der universitären Forschung und Lehre ist wichtig, aber sie ist selbst nicht unbegrenzt, sie dient dem demokratischen Wertekanon, der über der Freiheit der Wissenschaft steht. Es dürfen deshalb ja auch keine Militärhochschulen das Morden lehren. Warum aber sollte es nicht gegen den Grundwertekanon verstoßen, Eigennutzenmaximierung ohne »universelles Wohlwollen«, Freiheit ohne Verantwortung, Konkurrenz statt Kooperation und Wachstum ohne Nachhaltigkeit zu lehren? Ist das nicht ein ähnlich gelagerter Fall, solcherart verirrte Forschungs- und Lehrdisziplinen infrage zu stellen? Müsste nicht Wissenschaftsethik verpflichtender Bestandteil aller Studien sein, und müssten nicht alle Studien darauf geprüft werden, welche Wirkung sie auf gesellschaftliche Grund- und Verfassungswerte haben?

12. Hierarchisierung-Machtbildung

The elite of economics is inclined to ignore
and even silence those who disagree.

AVNER OFFER/GABRIEL SÖDERBERG[341]

Das neoklassische Wissenschaftssystem beruht auf einer ganzen Reihe von selbstverstärkenden Rückkoppelungen, die für die auffällig lange Dauer und Invariabilität ihrer Vorherrschaft verantwortlich zeichnen. »Je bekannter eine Universität, eine Zeitschrift oder ein Forscher, desto wahrscheinlicher ist es, dass sie dem rigiden Positivismus der neoklassischen Ökonomik zuneigen«, schreibt Kyle Siler.[342] Tony Lawson, Professor für Ökonomie und Philosophie in Cambridge, beklagt:»Promotion ist das Ziel, Erfolg im Beruf, Nobelpreise, Fellowships an wissenschaftlichen Institutionen. Sie begünstigen sich gegenseitig und besetzen die Ausschüsse. Es ist ein selbsterhaltendes System.«[343] Fourcade et al. schreiben:»Hierarchie ist in der Wirtschaftswissenschaft sehr viel stärker ausgeprägt.« Im Gegensatz dazu seien Soziologie und Psychologie die am stärksten dezentralen, am wenigsten einheitlichen Disziplinen und hätten die am wenigsten stabilen Prestige-Rankings.[344]

Gender-Imbalance

Ein Hierarchie-Strang ist Gender. In Deutschland und Österreich sind 87 Prozent Ökonomik-Professor*innen Männer und dreizehn Prozent Frauen; in der Schweiz sind es 93 Prozent Männer und sieben Prozent Frauen.[345] In den USA waren 2017 87 Prozent der ordentlichen Professor*innen Männer, 77 Prozent der außerordentlichen Professor*innen und 76 Prozent der Assistenz-Professor*innen.[346] Bei den Studierenden sieht es anders aus: In Deutschland waren 2018 49 Prozent der BWL-Studierenden weiblich, 45 Prozent der Wirtschaftswissenschafts-, 35 Prozent der VWL- und 62 Prozent der Wirtschaftspädagogik-Studierenden.[347]

Die Wahrscheinlichkeit, publiziert zu werden, erhöht sich dramatisch, wenn der Wissenschaftler ein Mann ist: 2015 lag die Männer-Quote in den Top-Five-Journals zwischen 87,5 *(American Economic Review)* und 98,3 Prozent *(Econometrica)*.[348] Vor diesem Gefälle wird folgendes Faktum noch brisanter: 43 Prozent der Artikel in den vier Top-Journals wurden von Autor*innen verfasst, die mit einer der Herausgeber*innen zum Zeitpunkt der Publikation in Verbindung standen.[349]

Mathematik als Mittel der Hierarchie

Auch bei der Hierarchisierung spielt die Mathematisierung eine entscheidende Rolle: »Die Mathematik ist nicht nur ein effektives Mittel zur Schaffung von Gelehrtenhierarchien, sondern sie macht es nicht mathematischen Ökonomen auch schwierig, Arbeiten in der VWL (zumindest im Kernbereich ihrer Theoriedomäne und in ihrer formalen Sprache) zu kommentieren.«[350] Auf die Tatsache, dass schon zu Beginn der Mathematisierung nur wenige *Ökonomen* den »Texten« von Arrow-Debreu fließend folgen konnten, wies schon Amartya Sen hin.[351] Dies verleiht den am meisten fortgeschrittenen mathematischen Ökonomen weitgehende Kontrolle über die Disziplin, und isoliert und stärkt gleichermaßen die Disziplin als Ganzes.[352] Ein weiterer Verstärkungsmechanismus ist die Vorherrschaft einer kleinen Anzahl von Eliteunis, vornehmlich in den USA. 54 Prozent der Ökonomen an Universitäten mit Doktorabschluss und mehr als zwei Drittel der Betreuer von Dissertationen an den 47 höchstgerankten Programmen in den USA kommen von den Top-Ten-Universitäten (Chicago, Harvard, Standford, MIT ...) – den stärksten Befürwortern einer hochmathematisierten neoklassischen Ökonomik.[353] In der ersten Hälfte der 1990er Jahre gingen vier von fünf Wirtschaftspreisen an die Universität Chicago.[354]

Journals reproduzieren Mainstream

Auch innerhalb der publizierten Fachartikel ist ein fortschreitender Trend zur Konzentration (Nichtpluralität) zu erkennen. Parallel zu einer geradezu inflationären Zunahme wissenschaftlicher Artikel – im Jahr 2017 waren es nicht weniger als 20 000 – steigt der Anteil an allen Zitierungen, den die fünf Prozent der jeweils am häufigsten zitierten Artikel erhalten: Lag er 1960 noch bei zwölf Prozent, so ist er seitdem auf rund 32 Prozent im Jahr 2017 angestiegen. »Auf globaler Ebene kann somit eine stark zunehmende Konzentration auf einen immer kleineren Anteil der insgesamt veröffentlichten Artikel beobachtet werden«, schreibt Studienautor Ernest Aigner.[355] Andere sprechen von »Zitierkartellen«. Geografisch ist eine absolute Dominanz der USA zu beobachten. Was den Zusammenhang zwischen militärisch-wirtschaftlicher und wissenschaftlicher Vorherrschaft nahelegt, zumal die Menschen in den USA weniger glücklich sind als in anderen Staaten. In den USA ansässige Forscher*innen erhalten deutlich mehr Zitierungen aus anderen Ländern als umgekehrt: 53,8 Prozent aller Zitierungen gehen in die USA, hingegen kommen nur 30,7 Prozent aller Zitierungen *von* dort. Der Anteil US-amerikanischer Artikel unter den fünf Prozent der am häufigsten zitierten Artikel lag in den letzten zwanzig Jahren relativ konstant bei über sechzig Prozent. Zitate aus Deutschland gehen zu 47 Prozent in die USA, zu dreißig Prozent nach Westeuropa und zu 0,45 Prozent nach Osteuropa. Umgekehrt kommen nur 3,2 Prozent der Zitierungen, die deutsche Ökonom*innen erhalten, aus den USA.

In allen Disziplinen selektieren Journals mainstreamkonforme Beiträge, die Ökonomie-Journals tun dies jedoch in stärkerem Maße. Bei den im *American Journal of Sociology* publizierten Autor*innen kommen 22,3 Prozent von den fünf renommiertesten Soziologie-Departments. Zum Vergleich: Im *Quarterly Journal of Economics* kommen 37,5 Prozent der Autor*innen von den fünf renommiertesten Ökonomik-Departments.[356]

»A Journalism«

Im Unterschied zu anderen Disziplinen gilt für die Wirtschaftswissen-schaft, dass in der Community häufig nur solche Beiträge wirklich zäh-len, die in der obersten Liga der sogenannten »A Journals« veröffentlicht werden – die *American Economic Review* (AER), *Econometrica* (ECMA), das *Journal of Political Economy* (JPE), das *Quarterly Journal of Econo-mics* (QJE) und die *Review of Economic Studies* (ReStud) werden als T5, die Top-Five-Journals, gehandelt.[357] Hans Joachim Schellnhuber berich-tet: »Ökonomen werden immer gleich gefragt, in welchen A Journals sie veröffentlichen. Wer was wird und wer nicht, wird in A Journals ent-schieden. Bei Physikern ist das nie der Fall, dort wirst Du gefragt: ›Hast Du das Problem gelöst?‹ Wenn ich eine tolle Arbeit in einem B Journal veröffentliche – so what?«[358] James Heckman und Sidharth Moktan zei-gen in einer Studie die Effekte des A Journalism auf: »Die Nutzung der Top 5 bei der Suche nach der nächsten Generation von Ökonom*innen befördert professionellen Inzest und erzeugt Klientel-Effekte, wobei karriere-orientierte Autor*innen sich an den Geschmack der Herausge-ber und der politischen Linie der Journals anpassen.«[359] Der A Journa-lism ist so ausgeprägt, dass allein die Zitierung eines T5-Papers die Glaubwürdigkeit des betreffenden Artikels erhöht. Das ist auch der Grund, warum das deutsche Netzwerk für Plurale Ökonomik als eine ihrer konkreten Forderungen eine Änderung des Berufungssystems verlangt, wonach das Kriterium »Publikation in A Journals« an Gewicht verlieren soll.[360]

»Standardisierung in Form einer dominanten Orthodoxie lässt sich mit Bourdieu und Foucault als Herausbildung eines Macht-Feldes be-schreiben«, kommentieren die Ökonomen Heise, Sandner und Thieme. »Der Standard ›Mainstream‹ wird dabei zu einem so genannten Klub-gut, dessen Nutzung darin besteht, diesen Klubmitgliedern Wettbe-werbsvorteile bei Publikationsmöglichkeiten bzw. Berufungen und an-deren Jobchancen sowie Zugang zu Drittmitteln zu verschaffen. Wer seine Karrierechancen unter diesen Bedingungen nicht gefährden will, muss sich des herrschenden Paradigmas bedienen und die im Rahmen dieses Paradigmas gerade aktuellen Fragestellungen bearbeiten – sich ›prostituieren‹ wie es Bruno Frey nennt –, statt sein Erkenntnisinteresse und die als adäquat empfundene Methodik autonom zu wählen.«[361]

Berufungssystem

Aktuell stellen Publikationen in Top-Journals eines der wichtigsten Berufungskriterien für Professorenstellen an wirtschaftswissenschaftlichen Fakultäten dar – weil diese Professoren am wahrscheinlichsten Forschungsgelder anzuwerben in der Lage sind. In den USA steigt die Wahrscheinlichkeit einer Berufung mit einem Beitrag um neunzig, mit zwei Beiträgen um 260 und mit drei Beiträgen um 370 Prozent.[362] Doch um dort zu publizieren, muss man sich an die Regeln des Mainstreams halten, d. h. die »üblichen Methoden, Modelle und Annahmen verwenden.« Stephan Schulmeister schreibt: »Wissenschaftliche Artikel werden eher publiziert, wenn sie dem herrschenden Denkstil entsprechen. Da von der Publikationsliste die Karriere abhängt, passen Wirtschaftswissenschaftler sich dem Mainstream an.«[363] Claus Dierksmeier meint: »Je interessanter ich einen Artikel finde, desto geringer ist die Wahrscheinlichkeit, dass er publiziert wird.«[364] Heckman und Moktan erkennen darin System: »That is a great idea, but it will not lead to a Top Five.«[365] Ehnts und Zeddies schreiben: »Eine Veröffentlichung von heterodoxer Forschung ist daher schwierig – im Zweifelsfall einfach deshalb, weil die Journal-Herausgeber die Vorgehensweise alternativer Ansätze nicht kennen und daher gar nicht erst nachvollziehen können.« Somit entstehe »eine ausgeprägte Pfadabhängigkeit, die zusätzlich durch das Zitationssystem zementiert wird. Denn heterodoxe Ökonomen und andere Sozialwissenschaftler zitieren häufig (kritisch) den ökonomischen Mainstream, aber werden umgekehrt kaum von diesem zitiert. Dadurch führen Mainstream-Ökonomen in Zitationsrankings, während heterodoxe Ökonomen in der Regel abgeschlagen sind, was die

Persistenz des ökonomischen Mainstreams zusätzlich verstärkt.«[366] Die Cambridge-Rebellen schreiben: »Universitäten haben verstanden, dass sie Ökonomen einstellen und fördern müssen, die entweder in den bestgerateten, meist US-amerikanischen und neoklassischen Ökonomik-Journals publiziert haben oder publizieren werden, um die meisten Mittel einzubringen … Durch diese Brille ergibt es Sinn, nur neoklassische Mainstream-Ökonomen einzustellen … Damit wird ein klares Signal an junge Ökonomen gesandt, dass sie, wenn sie erfolgreich sein wollen, eine bestimmte Form der ökonomischen Forschung einschlagen müssen.«[367] Zumindest an den Universitäten scheint der Wettbewerb also nicht zu funktionieren – dort, wo es die neoklassischen Ökonomen kraft ihrer absoluten Dominanz in der Hand hätten, ihn zu beleben.

Gremien und Jurys

Systemerhaltend wirkt auch, dass sich gleichgesinnte Männer gegenseitig in Gremien, Jurys und Beiräte hieven. Ergebnis ist die einseitige weltanschauliche Ausrichtung dieser Gremien. Das prominenteste Beispiel ist das Komitee zur Vergabe des Reichsbankpreises. In den ersten zwanzig Jahren fand dort kein einziger linker Ökonom Einlass, das Komitee war streng homogen – nicht nur, was das Geschlecht betrifft. Im Verein für Socialpolitik, dem »Establishment« der Wirtschaftswissenschaft im deutschsprachigen Raum, sind rund sechzig Prozent der VWL-Professor*innen Deutschlands, Österreichs und der Schweiz Mitglied, was eine hohe Konzentration darstellt.[368] Der Sachverständigenrat in der Bundesrepublik Deutschland ist ähnlich homogen zusammengesetzt wie die wissenschaftliche Lehre in Deutschland. Meist nimmt nur das von den Gewerkschaften nominierte Mitglied – aktuell Achim Truger – eine abweichende Position ein. Seit Mitte der 1970er Jahre beobachtet Arne Heise eine »zunehmend einseitige Ausrichtung zugunsten der – auch in der akademischen Wirtschaftswissenschaft – dominanter werdenden angebotstheoretischen Lehre«.[369] Entgegen internationaler Meinungstrends befand der SVR in seinem Jahresgutachten 2014/15, dass weder der Leistungsbilanzüberschuss Deutschlands ein Problem darstelle, das Abhilfe schaffender Maßnahmen bedürfte, noch die wachsende Ungleichheit – diese hätte vielmehr »nicht weiter zugenommen«. Vielsagender Titel des Gutachtens: »Mehr Vertrauen in Marktprozesse«.[370] Das »Gegengutachten« der Memorandum-Gruppe, das vor der Finanzkrise noch stärkere mediale Resonanz erzeugt und für ein Mindestmaß an Pluralität gesorgt hatte, wird seit der Krise kaum mehr öffentlich wahrgenommen.

Eine plurale Lösung könnte darin bestehen, dass der SVR sich aus Vertreter*innen unterschiedlicher Theorie-Schulen zusammensetzen muss. Das wäre weiterhin mit dem Delegationsprinzip der größten gesellschaftlichen Machtgruppen vereinbar, nur könnte dann lediglich eine neoklassische Ökonom*in in diesem Gremium Platz nehmen – die Regel gälte für alle Theorie-Schulen. Helge Peukert schlägt vor, dass dreißig Prozent der SVR-Mitglieder per Losverfahren ermittelt werden könnten, wobei alle Professor*innen mit entsprechender Habilitation nominiert werden könnten.[371]

13. Königsdisziplin

If economists could manage to get themselves
thought of as humble, competent people,
on a level with dentists, that would be splendid.

JOHN MAYNARD KEYNES (1931)[372]

Der Wissenschaftstheoretiker Thomas Kuhn fand es »bezeichnend, dass die Ökonomen weniger als die Vertreter anderer Sozialwissenschaften über die Frage debattieren, ob ihre Disziplin eine Wissenschaft sei«.[373] An Selbstbewusstsein, viele meinen Hybris, mangelt es ihnen nicht. Fourcade et al. schreiben: »Die Wirtschaftswissenschaft nimmt eine einzigartige Stellung unter den wissenschaftlichen Disziplinen ein. Sie ist gekennzeichnet durch hohe wissenschaftliche Ansprüche durch die Anwendung formaler Methoden; dem straffen Top-down-Management der Disziplin; hoher Marktnachfrage nach Beratungsleistungen, insbesondere von mächtigen und vermögenden Parteien; sowie überdurchschnittlicher Vergütung.«[374] Alles Hinweise, dass es sich um eine »prima inter pares«, eine Gleichere unter Gleichen, handelt. Martin Leschke schreibt: »Die mathematischen und ökonometrischen Methoden sowie die Orientierung am Homo-oeconomicus-Modell machten die Ökonomik zur ›Königsdisziplin‹ unter den Sozialwissenschaften.«[375] Offenbar ganz nach dem Vorbild der »Königsdisziplin« aller Wissenschaften, der Physik. Warum ist die Ökonomik die wichtigste Sozialwissenschaft? Weil sie als einzige die Methoden der Königsdisziplin der Naturwissenschaften nachahmt. Newtons Differenzialgleichung, mit der er die Mechanik begründete, adelte die Physik zur »royal science«. Heute wird beiden Disziplinen vom schwedischen König ein »Nobel«-Preis verliehen …

Ökonomen werden öfter zitiert

Royals erfahren mehr Aufmerksamkeit als das Fußvolk. In Artikeln in der *American Political Science Review* wurden 2000 bis 2009 die 25 wichtigsten wirtschaftswissenschaftlichen Journals fünfmal so oft zitiert wie die 25 wichtigsten politikwissenschaftlichen Journals in der *American Economic Review*. In der ökonomischen Fachliteratur waren 1997 81 Prozent der Zitierten Ökonomen, während die Zitierungen innerhalb der Disziplin in der Politikwissenschaft nur 59 Prozent betrugen und in der Soziologie 52 Prozent.[376] Pierre Bourdieu, heute der in den USA am häufigsten zitierte Soziologe, wurde in der *American Economic Review* in der ersten Dekade des neuen Jahrtausends ein einziges Mal zitiert, während Gary Becker in der *American Sociological Review* im gleichen Zeitraum 41-mal zitiert wurde.[377] In der Ökonomie der Aufmerksamkeit liegt der Marktpreis der Wirtschaftswissenschaft ein Vielfaches über jenem ihrer Schwesterdisziplinen.

Ökonomen werden besser bezahlt

Dazu passt: Absolventen der Wirtschaftswissenschaften haben von allen Studienabgängern in Großbritannien die zweithöchsten Einstiegsgehälter (nach Student*innen der Medizin).[378]

In den USA werden Ökonom*innen ebenfalls besser bezahlt als Wissenschaftler*innen anderer Disziplinen. Nach Angaben des Bureau of Labor Statistics betrug das Durchschnittsgehalt für die 11 000 Ökonomie-Lehrbeauftragten an Hochschulen, Universitäten und Fachhochschulen im Jahr 2012 103 000 US-Dollar und für die oberen zehn Prozent 160 000 US-Dollar. Zum Vergleich: Der Durchschnittsverdienst der Soziolog*innen lag bei 76 000 US-Dollar, die obersten zehn Prozent verdienten 118 000 (ohne zusätzliche Einnahmequellen aus Beratung oder anderen Nebentätigkeiten). Darüber hinaus hat sich die materielle Situation der Ökonomen in den letzten zwei Jahrzehnten spürbar verbessert, insbesondere für die bestbezahlten Mitglieder des Berufsstandes, die inzwischen nur noch knapp unter den bestbezahlten Ingenieur*innen liegen; im Gegensatz dazu ist der durchschnittliche Reallohn in vielen akademischen Berufen (vor allem in den Geisteswissenschaften) und in den USA insgesamt im gleichen Zeitraum kaum gestiegen.[379]

Ökonomen sind gefragtere Berater*innen

Das Renommee der Ökonomen ist so hoch, dass sie von Regierungen extrem gefragt sind. Kein Regierungschef kommt heute noch ohne ökonomischen Berater-Stab und ohne »Chefökonomen« aus. Wie klänge es, Maja Göpel ist Chef-Ökologin von Angela Merkel? Oder: Daniel Kahneman ist Chef-Psychologe von Donald Trump? Auch die ökonomischen Berater gibt es noch nicht allzu lange. Ihr Aufstieg begann mit der Einrichtung eines Council of Economic Advisors im Weißen Haus 1946, das seither den Präsidenten der USA direkt berät. In Großbritannien wurde der Government Economic Service 1964 eingerichtet.[380] In Deutschland hatte Ludwig Erhard bereits 1958 ein »Sachverständigengremium für Wirtschafts- und Sozialpolitik« vorgeschlagen, stieß mit dieser Idee bei Kanzler Konrad Adenauer jedoch auf taube Ohren: »Erhard, woll'n Sie sich 'ne Laus in 'n Pelz setzen?«[381] 1963 war es dann so weit. Hingegen wurde der Wissenschaftliche Beirat der Bundesregierung Globale Umweltveränderungen (WBGU) erst dreißig Jahre später – 1992 – eingerichtet. Im Vergleich zu den »Wirtschaftsweisen« werden die Mitglieder jedoch nicht »Umweltweise« genannt, und entsprechend groß ist auch das Aufmerksamkeitsgefälle vom »Königsgremium« zum »Öko-Beiwagen« – Bundestag und Bundesregierung hören nicht annähernd so konsequent auf die Empfehlungen der Ökolog*innen wie auf jene der Ökonom*innen, obwohl »die Ökologie die Quelle der Ökonomie ist«.[382] Gegenwärtig sind wir dabei, mit der Ökonomie die Ökologie zu zerstören. Die Chef-Ökolog*innen müssten eigentlich einen viel höheren Stellenwert haben als die Wirtschaftsweisen. Oder die Wirtschaftswissenschaftler*innen dürften sich nur dann Wirtschaftsweise nennen, wenn sie Ökologie, Ethik und Ökonomie in eine organische Einheit bringen. Die Ökonomen Offer und Söderberg witzeln: »Wenn Homo oeconomicus zuträfe, dürfte man sich von keinem Ökonomen je beraten lassen!«[383]

Hybris

Die »Arroganz«[384] und Hybris der herrschenden Neoklassik-Kaste zeigt sich allerorts. Wenn Lehrbuch-Autoren etwa erklären, »wie die Welt funktioniert« (Pindyck/Rubinfeld), oder ihre Lehrbücher für wichtiger halten als die Gesetze einer Nation (Samuelson). Oder wenn sie feststellen, dass es keiner neuen Handelstheorie bedarf. Oder wenn Hayek sich anmaßt zu wissen, dass spontane Ordnungen »keinem Zweck« folgen.[385] Woher will er das wissen, wo doch »ein einzelnes Gehirn« nicht in der Lage ist, komplexe Ordnungen zu erfassen? Ist es *seine* Ordnung? Oder wenn sie Kritik ignorieren. Oder diskreditieren. Reiner Eichenberger, Professor für Volkswirtschaftslehre an der Universität Freiburg, wehrte die Kritik an der Mathematisierung der Ökonomik mit dem Hinweis ab, dass das »Verbalgeschwurbel anderer Wissenschaften« nichts tauge.[386] Rüdiger Bachmann, Nachwuchsbeauftragter des Vereins für Socialpolitik, bezeichnete Norbert Häring als »Internet-Troll«, nachdem er dessen Position zu DSGE-Modellen kritisiert hatte.[387] Oder wenn Olivier Blanchard und Gerhard Illing in einer Überschrift die Frage stellen, ob Politiker*innen Grenzen gesetzt werden sollen – mit welcher Autorität tun sie das?

Auffällig ist auch, dass Ökonomen gerne über »Nicht-Ökonomen« sprechen, was für andere Disziplinen äußerst ungewöhnlich wäre. Psycholog*innen würden Menschen, die nicht vom Fach sind, nicht als »non-psychologists« bezeichnen. Auch Ökolog*innen hört man praktisch nie von »non-ecologists« sprechen. Selbst von den Vertreter*innen der Königsdisziplin hat man noch nicht vernommen, dass sie über

»Nicht-Physiker*innen« sprächen. Ökonom*innen hingegen teilen die Welt oft in Fachkundige und Unwissende ein. Auf der Website der Welthandelsorganisation WTO ist über Ricardos Theorie der komperativen Kostenvorteile zu lesen: »Sie ist eine der am breitesten akzeptierten unter Ökonomen. Sie ist aber auch eine der am häufigsten missverstandenen unter Nicht-Ökonomen, weil sie mit dem Prinzip der absoluten Vorteile verwechselt wird.«[388] Der Duktus erinnert an Paul Samuelson: »Dass sie logisch wahr ist, braucht man einem Mathematiker gegenüber nicht zu begründen; dass sie nicht trivial ist, dafür zeugen die vielen Tausend bedeutenden und intelligenten Menschen, die es niemals geschafft haben, diesen Lehrsatz zu erfassen oder ihn zu glauben, nachdem er ihnen erklärt worden ist.«[389] Selbst dann nicht, wenn sie von Herrn Samuelson persönlich belehrt worden waren.

Ähnlichen Geistes ist der berühmt gewordene »Hamburger Appell« des ökonomischen Mainstreams von 2005, unterzeichnet von dreizehn Prozent aller VWL-Professoren im deutschen Sprachraum[390], der sich vehement gegen eine Nachfragesteuerung der Gesamtwirtschaft aussprach (genau die Politik, die drei Jahre später in Form von Kapitalspritzen, Konjunkturprogrammen und Abwrackprämien verhinderte, dass die Finanzkrise in einen Totalkollaps der Weltwirtschaft mündete). Die Appellierer attestierten allen Andersmeinenden »einen erschreckenden Mangel an ökonomischem Sachverstand«. Dazu folgender Hintergrund: 1981 neigte die Ökonomen-Gemeinde in Deutschland noch eher zur Ansicht, dass Konjunktur- und Fiskalpolitik sinnvoll, weil in der Lage sei, die Wirtschaft anzukurbeln; 2006 hatte sich das Blatt gewendet: Eine Mehrheit war nun skeptisch. Dieser Meinungsschwenk von einer »Nachfrage- zu einer Angebotsorientierung« zeugt jedoch nicht von einer Zunahme oder Abnahme des »ökonomischen Sachverstands«, sondern von wechselnden Moden und Paradigmen innerhalb der ökonomischen Wissenschaft. Deshalb sollten die Angebotsökonomen den Standpunkt der Nachfrageökonomen respektieren, anstatt ihnen den »Sachverstand« abzusprechen. Wenn, dann müsste man *ihnen* einen erschreckenden Mangel an Realitätssinn attestieren, weil Wirtschaftspolitik nach ihrem Geschmack in die Krise hinein- und nachfragean-kurbelnde Not- und Rettungsmaßnahmen wieder herausgeführt haben. Thomas Fricke kommentiert dieses Verhalten mit »einem Paradigma in Selbstüberhöhung«.[391]

In Zeiten zunehmender Komplexität und brennender globaler Probleme steht es keiner Wissenschaft an, einen Sonderstatus zu beanspruchen, sondern vielmehr ihren demütigen Platz im Gesamtkonzert der Disziplinen einzunehmen und zusammen mit den anderen Synergien zu schöpfen und die Stärke von Interdisziplinarität zu nützen.

Kritikresistenz

Eines der auffälligsten Charakteristika der neoklassischen Wirtschafts-wissenschaft ist, dass sie einer unglaublich breiten und tiefen Kritik ge-genüber vollkommen taub ist. Sie ist »unfalsifizierbar« und wirkt da-durch wie ein unfehlbares Dogmensystem. Das gesamte Gleichgewichts-märchen wurde systematisch dekonstruiert und widerlegt, gemeinsam mit der »unsichtbaren Hand«. Es gibt nicht nur keinen »Marktmecha-nismus«, der die Einzelegoismen zum Wohl aller zusammenführt, es gibt gar keinen »Marktmechanismus« – das ist einfach nur eine Meta-pher, die zwar unendlich oft bemüht, aber noch nie verständlich und nachvollziehbar beschrieben wurde. Erst Herbert Simon (begrenzte Ra-tionalität), dann Kahneman und Trevers räumten den Homo oeconic-mus ab. Simon und Kahneman erhielten den Reichsbankpreis. Die Cambridge-Cambridge-Debatte ist ebenso spurlos am Kernmodell vor-übergegangen wie die Tatsache, dass weder Gleichgewichtspreise noch vollkommener Wettbewerb, noch vollständige Information, noch ratio-nale Erwartungen, noch »richtige« Preise der Normalfall sind. Vielmehr sind falsche Preise, unvollständige Information, unvollkommener Wett-bewerb, Ungleichgewicht, Unsicherheit und beschränkte Rationalität die Regel. Die Erkenntnis, dass es eine wertfreie Wissenschaft nicht ge-ben kann, wird ebenso ignoriert wie die prekäre, oft unmögliche Ausei-

nanderhaltung von faktischen und normativen Aussagen. Die Finanzkrise hat weder zu einer Abkehr vom Modellfetischismus geführt noch
zu einer anderen Einstellung in Bezug auf die Wirtschaftspolitik. Die
Erkenntnisse aus anderen Schulen werden ebenso abgeblockt wie die
aus anderen Disziplinen. Historische Fakten wie die Tatsache, dass kein
heutiges Industrieland mit Freihandel groß geworden ist, werden ausgeblendet.

Auf zentrale Kritikpunkte wurde noch viel früher von Größen wir
John Maynard Keynes oder Thorstein Veblen klar hingewiesen. Es gibt
sogar Fälle, in denen die Erfinder der Grundbausteine des neoklassischen Paradigmas ihre eigenen Ideen relativiert oder diese sogar wider-
rufen haben: Walras, Arrow, Hahn, Kuznet. Die Ausnahmeökonomin
Joan Robinson schrieb 1962: »In einem Fach, in dem es keine vereinbar-
te Vorgangsweise zur Verwerfung von Fehlern gibt, haben Doktrinen
ein langes Leben.« Söder und Offenberg schreiben: »Wenn die Ökonomik eine Wissenschaft ist und Falsifikation ihr wissenschaftliches Kriterium, dann haben diese Falsifikationen durch Preisträger ihr Ziel
nicht erreicht: Falsifizierung ist selbst falsifiziert worden, auf Basis des
eigenen Kriteriums.«[392]

Psychogramm der Wirtschaftswissenschaft

Die »Autismus«-Diagnose der Ökonomik stand am Beginn der Studie-
renden-Proteste in Frankreich: Abschottung gegen alternative Schulen
und benachbarte Disziplinen, manische Fokussierung auf mathematische Formel-Wüsten. Elternvereine von autistischen Kindern bewogen
die deutsche Bewegung dazu, sich umzubenennen in »Netzwerk Plurale
Ökonomik«. Aus der Zusammenschau der Kritikpunkte hier emergiert
ein neues »Psychogramm« der Ökonomik: fortgeschrittener pathologischer Narzissmus. Das Krankheitsbild beginnt mit *mangelnder Selbst-*
kenntnis, der schwachen oder fehlenden wissenschaftstheoretischen
Grundlage und Epistemologie einschließlich der akuten Geschichtsver-

gessenheit. Aus der mangelnden Selbstkenntnis resultieren ein *schwaches Selbstwertgefühl* und geringe Wertschätzung der eigenen Stärken. Aufgrund dieses akademischen *Minderwertigkeitskomplexes* versucht sie jemand anders zu sein: eine mathematische Naturwissenschaft. *Nachahmung* war aber noch nie ein erfolgversprechender Weg zur Wiederherstellung eines labilen Selbstwertgefühls, sondern führt im Gegenteil dazu, dass dieses durch *Schmücken mit fremden Federn* – Mathematik – und *Prahlen* – Stilisierung zur Königsdisziplin – kaschiert werden muss. Von der eigenen Unsicherheit lenkt auch ab, dass sie sich als etwas Besseres vorkommt, was sich einerseits in Form höherer Bezahlung und in der privilegierten Politikberatung zeigt; andererseits durch nichtreziproke Zitierung anderer Disziplinen und die konsequente Ausblendung von deren Forschungsergebnissen. Sie bezeichnet Vertreter*innen anderer Disziplinen als Nicht-Ökonom*innen (*gesteigertes Abgrenzungs- und Distinktionsbedürfnis*) und geht auffallend *aggressiv* gegen Andersmeinende vor (Vorwurf der Unwissenschaftlichkeit, Normativitätsvorwurf, Untergriffe wie Gutmenschentum …), was jedoch mehr ein erhellendes Licht auf ihre eigenen Schwächen (mangelnde Selbstkenntnis, Realitätsfreiheit …) wirft – teilweise sind es Projektionen (Normativität).

Sie hält sich für den Superlativ der Sozialwissenschaften (Königsdisziplin) und nimmt dafür – im Unterschied zu ihren Schwesterdisziplinen – einen Preis an, der nie für sie gedacht war (schon wieder Schmücken mit fremden Federn), um Aufmerksamkeit auf sich zu ziehen und das schwache Selbstwertgefühl zu »plombieren«. Wie bei einem Individuum wird diese fragile Konstruktion nicht von Dauer sein: Der Kollaps ist vorprogrammiert, mit zwei grundlegenden Möglichkeiten: des Verschwindens der Disziplin in ihrer gegenwärtigen Form (was kein Schaden, sondern eine Erlösung wäre) oder einer tiefen und »radikalen« Selbsterkenntnis. Diese Chance ist intakt, und sie könnte damit beginnen, drei große Vergessungen aufzuheben: das Vergessen ihrer Herkunft, das Vergessen der Bedeutung ihres Namens und das Vergessen ihres Ziels.

TEIL II – RADIKALE AMNESIE

Vergessen und verdrängt I –
die Herkunft

Das Pochen der neoklassischen Wirtschaftswissenschaft auf »Wertfreiheit« und das Verkümmern ethischer Fragestellungen zu Randerscheinungen im Studium ist umso erstaunlicher, als es auf einem großen Vergessen aufbaut: Historisch entsprang die Ökonomik direkt aus der Ethik. Wenn jemand als »Urvater« der Nationalökonomie angesehen wird, dann ist es Adam Smith. Der schottische Universalgelehrte, der als der »meistzitierte und am wenigsten gelesene« Autor aller Zeiten gilt[1], hat selbst *keine* wirtschaftswissenschaftliche Ausbildung genossen. Konnte er gar nicht, weil es die reine »Ökonomik« als wissenschaftlichen Zweig zu seiner Zeit nicht gab. Das Nachdenken über ökonomische Fragestellungen war eingebettet in größere Zusammenhänge: Smith war Philosoph – mehr noch: Professor für *Moral*philosophie in Glasgow und damit, neben Theologie und Politischer Ökonomie, Experte für Ethik! Vor seinem weltberühmten Werk über den *Wohlstand der Nationen* verfasste er die *Theorie der ethischen Gefühle*. Dort führte er als Kernthese nicht die Eigennutzorientierung des Menschen aus, sondern die »Sympathy«, eine Mischung aus Mitgefühl und Einfühlungsvermögen, und widmete einen Abschnitt dem »universellen Wohlwollen«, auch »allgemeinen Wohlwollen«: »Unser guter Wille jedoch ist durch keine Grenzen eingeschränkt, sondern kann die Unendlichkeit des Universums umfassen. Wir können uns nicht die Vorstellung von einem schuldlosen und mitfühlenden Wesen bilden, dessen Glückseligkeit wir nicht wünschen würden.«[2]

Die Grundlegung des universellen Wohlwollens ist wenig bekannt, hingegen ist Adam Smiths Ausspruch über den Bäcker, Metzger, Brauer, auf dessen »Wohlwollen« wir *nicht* bauen können, weltberühmt geworden. Wie passt das zusammen? Zwar kann Adam Smith in nicht wenigen Fällen als Kronzeuge gegen Smith Adam aufgerufen werden, und das sogar innerhalb seiner Bücher, und nicht immer nur der Smith der ethischen Gefühle gegen den Smith des Wohlstands der Nationen. Jedoch, in einer Gesamtbetrachtung seines Werks war Adam Smith eindeutig ein Anwalt des Wohlwollens, und nicht ihr Entsager. Ebenso differenzierte er »selfishness« von »self-interest« und kann nicht zur Legitimation der Voranstellung des Eigeninteresses vor das Allgemeininteresse herangezogen werden: »Der Weise und Tugendhafte ist jederzeit damit einverstanden, dass sein eigenes Privatinteresse dem Interesse des Standes oder der Gemeinschaft aufgeopfert wird.«[3] Man übertrage diesen Gedanken experimentell auf den Gebrauch von Privateigentum …

Auch in Bezug auf die Gerechtigkeit hatte Smith ein geradezu antithetisches Verständnis zu jenem von Pareto, Hayek, Lucas oder Friedman, er betrachtete sie als »Grundpfeiler« der Gesellschaft. In Summe ist das Menschenbild Smiths das glatte Gegenteil eines »Homo oeconomicus«, es geht ihm um Gefühle und Werte. Die Neoklassiker möchten im Unterschied zu Smith mit Gefühlen und Werten am liebsten gar nichts zu tun haben. Gefühle haben mit menschlicher Erfahrung zu tun – sie stören das objektive Erkennen. Und Werte passen nicht in das Selbstverständnis einer »wertfreien« Wissenschaft. Versucht man, mit einem Mainstream-Ökonomen über Werte zu sprechen, kann schon einmal zurückkommen, dass man sich an die Philosophie wenden möchte. Wie vergesslich, wie geschichtslos ist das?

Abspaltung der Ethik

Die Scheidung von Wirtschaft und Ethik vollzog sich in der zweiten Hälfte des 19. Jahrhunderts: mit der Aufspaltung der Politischen Ökonomie – die »Klassiker« nach Smith: Ricardo, Mill, Marx und Malthus waren Politische Ökonomen – in Politische Philosophie und Ökonomik.[4] Der erste Lehrstuhl für Politische Ökonomie in Großbritannien wurde 1805 von Robert Malthus, der ursprünglich Pfarrer gewesen war, im englischen Haileybury eingerichtet.[5] Erst hundert Jahre später, 1903, richtete der Neoklassiker Alfred Marshall den ersten Lehrstuhl für »economics« an der Universität Cambridge ein. Auf ihn geht auch der Begriff zurück. So jung ist diese Wissenschaft! Der Rest ist Geschichte und wurde auch hier bereits beschrieben: Die Ökonomik versuchte mit der Nachahmung der Physik eine eigene, »echte« Wissenschaft zu werden. Zu diesem Zwecke begab sie sich in das quantitative Gewand der Mathematik und in den erkenntnistheoretischen Schein der Objektivität – und entledigte sich dadurch aller Gefühle, Werte und normativen Zielvorstellungen. Claus Dierksmeier schreibt: »Das mechanistische Paradigma verfängt den Geist in einen Teufelskreis: Nachdem sie, erstens, die Ökonomik als eine rein quantitative Wissenschaft definiert haben, verbannen ihre Befürworter – zweitens – alle qualitativen Werte (aufgrund ihrer nichtquantifizierbaren Natur) aus ihrem Forschungsfeld, und folgern, drittens, dass die kontrafaktische Dimension von Werten sie unzugänglich für wissenschaftliche Überprüfung macht. Sodann kommen sie, viertens, zum Schluss, dass es illegitim wäre, dass sich ihre Wissenschaft darin betätigte, individuelle Wertentscheidungen (›Ziele‹) zu überprüfen und zu kritisieren, was – fünftens – hilft, den gegenwärtigen Fokus ökonomischer Forschung ausschließlich auf Nutzenmaximierung (durch ›Mittel‹) zu rechtfertigen, das wiederum, sechstens, geeignet ist, die Vorherrschaft quantitativer über qualitative Kategorien in der Wirtschaftswissenschaft zu rechtfertigen. Quod erat demonstrandum.«[6] Die Abspaltung der Ethik war also ein sehr bewusster und systematischer Prozess. Der österreichische Satiriker Karl Kraus pflegte einen Witz zu erzählen, indem er berichtete, dass ein Student ganz aufgeregt zu ihm gelaufen kam und ihn flehentlich anrief: »Herr Kraus, Herr Kraus, was soll ich bloß studieren?« Karl Kraus erwiderte: »Hör einfach auf dein Herz.« Da entspannten sich die Gesichtszüge des Studenten, und er rief aus: »Wirtschaftsethik!« »Halt«, unterbrach ihn Kraus, »da musst du dich entscheiden!«

Weniger lustig, weil eine reale Begebenheit, ist diese Geschichte: Der London School of Economics, einer der renommiertesten Ausbildungsstätten für Ökonom*innen, wurde 1991 eine Million Pfund zur Finanzierung eines Lehrstuhls für »Business Ethics« angeboten. Die Fakultät für Wirtschaftswissenschaften lehnte ab mit dem Argument, dass sie »keine Verbindung zwischen Ökonomik und Ethik« sehe.[7] Die Angelegenheit kam an die Öffentlichkeit, weil die Universität 2011 von Gaddafis Sohn Saif eine Spende von 1,5 Millionen Pfund angenommen hatte – sechs Wochen nachdem dieser ein PhD an der LSE erhalten hatte. Der Lordoberrichter, der den Fall verhandelte, merkte an, dass dadurch der Eindruck entstand, dass der Politiker den akademischen Titel »erkauft« habe. LSE-Direktor Sir Howard Davies musste daraufhin zurücktreten.[8] Die Begründung, dass zwischen Wirtschaft und Ethik keine Verbindung bestünde, was die LSE mit der Libyen-Affäre eindrucksvoll bewiesen hat, ist für Menschen außerhalb der ökonomischen Wissenschaft schwer nachvollziehbar. Aber sie ist auch deshalb überaus erstaunlich, weil der Ethik-Professor Adam Smith im 20. Jahrhundert in keiner Weise in Vergessenheit geraten war: Das Adam Smith Institute befindet sich in London nur unweit der LSE. Hier muss man eine radikale Amnesie, wenn nicht Verdrängung diagnostizieren. Oder aber eine gezielte Entstellung und Vereinnahmung des Meisters, was mit Sicherheit für das Adam Smith Institute gilt. Mit der Hegemonie der Neoklassik hat sich eine Smith-Auslegung breitgemacht, die sein Gesamtwerk auf das Metzger-Bäcker-Brauer-Zitat sinnreduziert – ein Versuch, den Giganten für die Individualismus-Ideologie zu vereinnahmen. Will sich aber auch die LSE diesem Vorwurf aussetzen? Was auch immer ihre tieferen Motive waren, die LSE liegt mit dieser Entscheidung mitten im neoklassischen Mainstream. Eine Studie der hundert weltweit bestgerankten Business Schools (die meisten von ihnen in den USA) ergab, dass nur rund die Hälfte aller MBA-Programme Ethik verpflichtend enthalten, und nur sechs Prozent behandeln Nachhaltigkeitsthemen in ihrem Kern-Curriculum.[9] In einer Umfrage in Deutschland unter 638 Ökonom*innen an 54 Studiengängen in Deutschland 2015 gaben nur 2,8 Prozent der Befragten an, in den letzten vier Semestern »Wirtschaftsethik« unterrichtet zu haben.[10]

Wenn Ethik-Kurse Teil des ökonomischen Ausbildungsprogramms sind, dann in den meisten Fällen nur am Rande, ergänzend oder als Wahlfächer. »Studierende, die Kurse zu Wirtschaftsethik belegen, gehen aus diesen einigermaßen verwirrt heraus, weil der Inhalt den Standard-Annahmen widerspricht, die sie in allen anderen Kursen zum Homo oeconomicus als moralischem Akteur erhalten (…) Ed Freeman bezeichnet das als ›schizophrenen Effekt der Trennungsthese‹ von Wirtschaft und Ethik.«[11]

Liebe zur Weisheit?

Es wird noch ein wenig romantischer: Philosophie heißt wörtlich »Liebe zur Weisheit«. Smith war somit nicht nur Experte für Gefühle und Ethik, sondern auch professioneller Liebhaber – der Weisheit! Das lässt sich nicht nur aus obigem Zitat gut ablesen. Wer seinen Schreibstil kennt, weiß, dass er nicht nur ein sehr gebildeter, sondern auch ein feinsinniger Wissenschaftler war. Durch die Person Adam Smith war die Ökonomik breit eingebettet in: Gefühle, Werte, Weisheit. Davon ist nach der neoklassischen Revolution wenig bis gar nichts übrig geblieben. Wie weise ist es, Wirtschaft und Ethik zu trennen und keine Verbindung zu erkennen? Wie weise ist es, dass die Ökonomie heute lieber formal-mathematisch als empirisch-realistisch arbeitet, sich gegen andere Disziplinen abschottet und wesentliche Themen wie Ökologie, Ethik, Macht, Demokratie, Gender oder Gefühle aus ihrem Grundmodell ausspart? Wie weise ist es, dass Hochfrequenzhandel, Geier-fonds, Schattenbanken, Steueroasen oder »finanzielle Massenvernich-tungswaffen« achselzuckend als Preis einer »freien« Wirtschaftsord-nung akzeptiert werden? Wie weise ist es, dass die Wirtschaftswissen-schaft das monetäre BIP zu ihrem Erfolgsmaß gemacht hat und dieses den Regierungen als oberstes Ziel der Wirtschaftspolitik empfiehlt? Wie weise ist es, dass Artenvielfalt und Klimawandel in den DSGE-Model-len nicht vorkommen? Wie weise ist es, dass bisher nur eine Frau den Reichsbankpreis für die Wirtschaftswissenschaft erhalten hat? Wie wei-se ist es, ein Menschenbild zu konstruieren, das allen zeitlosen und uni-versellen Werten widerspricht? Wie weise ist es, dass ein Fondsmanager 360 000-mal mehr verdient als eine Krankenpfleger*in? Wie weise, dass er ein höheres Einkommen hat als eine stillende Mutter? Und wie weise ist es, dass die Kategorie »Weisheit« in der Ökonomik eine geringere Rolle spielt als die Kategorie »Effizienz«? Wie ahistorisch und selbstver-gessen ist das – zumal die Ökonomik eine Tochter der professionellen Liebe zur Weisheit ist?

Wiedervereinigung

Die Wiedervereinigung von Ethik und Ökonomik ist eine Mindestan-forderung an die Reparatur dieser verirrten Wissenschaft. Damit muss die Wirtschaftswissenschaft jedoch ihr Objektivitätsideal aufgeben, die positivistische Illusion überwinden – und erkennen, dass sie ein Wer-tesystem ist (Egoismus, Konkurrenz, Effizienz, Wachstum und Mate-rialismus). Auf Basis eines transparenten Wertesystems – warum sol-len in der Wirtschaft(swissenschaft) andere Werte gelten als sonst in der demokratischen Gesellschaft? – kann etwas Neues entstehen. Dann kann sie ihren Gegenstand sinnvoll beschreiben und das Ziel klar defi-nieren. Der Raum, der durch den Abwurf von mathematischem Ballast frei wird, kann mit systemischem Grundlagen-Wissen aus Ethik, Öko-logie, Psychologie, Geschichte, Gender-Wissenschaften und Demokratietheorie gefüllt werden. Nichts gegen Zahlen, aber die Welt besteht primär aus Werten!

Anzudenken ist auch ein »ethischer Eid« am Ende eines Studiums, um die erworbene Kompetenz gleich wie die geschenkte Intelligenz immer auch zum Wohl der Allgemeinheit einzusetzen, gemäß dem Motto: »Eigentum *an geistigen Fähigkeiten und Talenten aller Art* verpflichtet. Sein Gebrauch soll zugleich dem Wohl der Allgemeinheit dienen.« In der Landesverfassung von Baden-Württemberg heißt es in Artikel 1: »Der Mensch ist berufen (…) seine Gaben (…) zu seinem und der anderen Wohl zu entfalten.« Die Lehre von der Eigennutzenmaximierung spießt sich damit gewaltig!

Kate Raworth schlägt in Anlehnung an den »hippokratischen Eid« für Ärzt*innen einen Eid für Ökonom*innen vor, der folgende ethische Grundsätze beinhalten könnte: »1. Handle im Dienst der menschlichen Entwicklung in einem gedeihenden Netz des Lebens, in der Anerkennung, dass alles davon abhängt. 2. Respektiere die Autonomie der Gemeinschaften, denen Du dienst, indem Du ihre Mitwirkung und Zustimmung einholst, während Du Dir der Ungleichheiten und Unterschiede in ihnen bewusst bist. 3. Sei weise in der Gesetzgebung, versuche das Schadensrisiko zu minimieren, im Speziellen gegenüber den Verwundbarsten, im Angesicht von Unsicherheit. Schließlich, 4. Arbeite mit Demut, indem Du die Annahmen und Grenzen Deiner Modelle transparent machst, und indem Du alternative ökonomische Perspektiven und Instrumente anerkennst.«[12]

Solche Prinzipien könnten Teil eines »Ökonom*innen-Eides« werden, der von Studierenden der Wirtschaftswissenschaft am Beginn des Studiums geleistet, in der Lehre regelmäßig anhand von Beispielen referenziert und von Absolvent*innen vor dem Eintritt in das Berufsleben öffentlich geschworen wird.

Vergessen und verdrängt II –
der Name

Von der Ökonomik …

Die Wirtschaftswissenschaft hat ihre Herkunft aus der Moralphilosophie in Rekordzeit vergessen, zumal Adam Smith erst vor zweieinhalb Jahrhunderten wirkte. Die noch erstaunlichere Amnesie betrifft den Begriff »Ökonomie« selbst. Wer denkt, dass auf den Einführungsseiten der Standard-Lehrbücher seine Etymologie und Herkunft sauber erklärt wird, wird enttäuscht. Der Name *oikonomia* kommt aus dem Altgriechischen. Die Wortwurzel *oikonomos* wurde erstmals von Phokylides von Milet (530 v. Chr.) verwendet. Er meinte damit eine Hausfrau. Erste Verwendungen des Begriffs *oikonomia* geschahen durch Sokrates in einer Rede vor dem Athener Parlament und vom Dichter Sophokles in *Electra*. Xenophon (430 v. Chr.) schrieb ein erstes Buch mit dem Titel *okonomikos* (in etwa: Der Ökonom), das in Dialogform – unter anderem mit Sokrates – angelegt ist. Aristoteles (340 v. Chr.) schrieb ein Buch namens *oikonomia*, von dem nur zwei Fragmente überliefert sind. Ausführlicher behandelte er den Begriff in *Politik*.[13]

Der erste Teil *oikos* bedeutet Haus und bezieht sich auf den bäuerlichen Selbstversorger-Haushalt oder ein kleines Landgut als wirtschaftliche Grundeinheit. *Oikos* kommt aber auch in der Ökologie vor und meint dort den Naturhaushalt, der auf den gesamten Planeten Erde bezogen werden kann. Analog wird der *oikos*-Teil auf den kommunalen, regionalen, volks- und sogar weltwirtschaftlichen Haushalt übertragen. Schon Sokrates und Xenophon diskutierten darüber, ob der einzige Unterschied zwischen *oikos* und *polis* in der Größe bestand.[14] Sprachlich hat sich der Haushalt auch in den *Staatshaushalt* eingeschlichen – obwohl der Staat kein »Haus« und dieses nur eine Metapher ist; genauso wenig ist die moderne Weltökonomie ein »Haus«, aber die ursprüngliche ökonomische Einheit war eben der (bäuerliche) Haushalt. Die Ausweitung der *oikonomia* auf die Ebene von Nationalstaaten im 17. Jahrhundert spiegelt sich im Begriff »Politische Ökonomie« wider, der von den klassischen Ökonomen eingeführt wurde und der die griechischen Begriffe *oikos* und *polis* vereint. Heute könnte man sagen Mikro- und Makroökonomie, oder auch: Makroökonomie ist untrennbar gleichzeitig Politik.

Nun zum zweiten Teil, *nomos* (auch: *nemein*). Das sind die Regeln oder Gesetze, nach denen das Haus geführt wird – um ein bestimmtes Ziel zu erreichen: das gute Leben im *oikos*, das *Wohl aller* Haushaltsmitglieder (das nicht Ludwig Erhard erfunden hat, er hat die Tradition des Aristoteles weitergeführt). Es handelt sich um bestimmte Gesetze, weil ein bestimmtes Ziel – das Wohl aller; und nicht etwa das Übel aller – erreicht werden soll.[15] Diese *nomoi* sind jedoch keine ewigen Naturgesetze (logos), sondern moralische, von Menschen gemachte Gesetze, um ebendiese Ziele zu erreichen: das gute Leben aller Haushaltsmitglieder oder das Gemeinwohl. Dierksmeier schreibt, dass »die Art und Weise, in der Aristoteles über die Wirtschaft dachte, die moderne Trennung von Ökonomik und Ethik verhindert«.[16] Mit *nomos* ist die Ökonomik also per definitionem eine wertende und moralische Wissenschaft. Dieses semantische Faktum passt jedoch ganz und gar nicht zum »wertfreien« Selbstverständnis der Neoklassik, weshalb sie auch hier an akuter Amnesie leidet. Der Gedächtnisverlust könnte auch strategischer Natur sein: Wer möchte schon daran erinnert werden, dass das Selbstverständnis seiner Disziplin im Gegensatz zur ursprünglichen Bedeutung ihres Namens steht?

Weitergefragt: Wer versteht sich auf die Kunst, das Wohl aller Haushaltsmitglieder herzustellen, *üblicherweise* am besten? Genau: Mütter. Um Missverständnissen vorzubeugen: was weder heißt, dass Väter diese Kunst nicht kultivieren können. Zum Glück gibt es einen Trend in Richtung gleichberechtigter Aufteilung der Fürsorge- und Haushaltsarbeit. Noch sei damit in Abrede gestellt, dass die altgriechische Gesellschaft eine eminent patriarchale war, mit dem Vater als Haushaltsvorstand, der nicht nur seine Frau beherrschte, sondern auch Sklaven befehligte. Doch solange auf diesem Gebiet keine Gleichstellung erreicht ist und das Gros der Arbeit von Frauen verrichtet wird, sind, rein kulturgeschichtlich, Mütter die genuinen Ökonominnen. Darüber hinaus meinte die erste Verwendung von *oikonomos* durch Phokylides ausdrücklich eine Hausfrau (zwar verächtlich, aber gerade dadurch eindeutig)! Diese »Ur-Ökonomin« produzierte weder für Märkte, noch spekulierte sie an Börsen, sie arbeitete im Haushalt *(oikos)* und reproduzierte das Leben. Anstatt jedoch diese Tatsache bewusst zu machen, kommen in der Neoklassik und ihren Modellen die Haushalte, die unbezahlte (Fürsorge-)Arbeit und die Produktion des Lebens wie vieles andere Wesentliche nicht vor. Dabei hat jeder Mathematiker und jeder Ökonom eine Mutter, und vermutlich wurde keinem für die Muttermilch eine Rechnung ausgestellt. Die Werte, die im griechischen *oikos* galten, waren Wirtschaftshistorikern zufolge: Fürsorge, Zusammenarbeit, Eintracht, Mäßigung und Klugheit[17] – hat die neoklassische Ökonomik damit auch nur irgendetwas zu tun?

... über Agoranomie und Agoralogie ...

Die nächste Nichtpassung: Die neoklassischen Ökonomen wollen gar nicht den (autarken) Haushalt verstehen, sondern den arbeitsteiligen Markt. Markt heißt auf Altgriechisch aber »agora«. Von daher wäre *Agoranomie* die viel treffendere Bezeichnung für die Wissenschaft von Angebot, Nachfrage und Gleichgewicht. Die Ideale des *oikos* waren hingegen »Selbstversorgung und Autonomie«[18], oberstes Ziel war »das gute Leben in begrenzter Autarkie«[19]. Neoklassik und *oikonomia* schließen einander semantisch aus. Vermutlich würden die Neoklassiker zur Rettung des Begriffs vorbringen, dass es auch im griechischen Haushalt schon um das effiziente Management knapper Ressourcen ging. Doch auch dieser letzte Anker löst sich schon beim leisesten Anziehen: Im Unterschied zu den neoklassischen Knappheitsphantasien »glaubten die griechischen Autoren, dass die Menschen in einer Welt natürlicher

Fülle lebten, die ausreichend ist für das, was Menschen zum Leben brauchen«.[20] Anstatt materielle Güter zu maximieren, waren die Griechen froh, wenn sie genug *oikonomia* betrieben hatten, um sich schöneren Dingen – wie der Philosophie und der Politik – zuzuwenden.[21] Die Weisheit der *oikonomia* bestand nicht zuletzt darin, das Übermaß zu erkennen, Bedürfnisse von Wünschen zu unterscheiden, und den ökonomischen Aktivitäten eine Grenze zu setzen! Statt um Konsumismus, Gier und grenzenloses Wachstum ging es um Genügsamkeit und Suffizienz. Das sind gewichtige Gründe, für eine Maximierungs-Marktwissenschaft nicht den Begriff Ökonomie zu verwenden, sondern eben Agoranomie. Oder, falls sich die Marktwissenschaftler als Naturwissenschaftler verstehen sollten, noch treffender *Agoralogie*. Analog zur Naturwissenschaft Ökologie, die den Naturhaushalt verstehen möchte, wäre das die Naturwissenschaft vom Markt! Das wäre die passende Begrifflichkeit für den Wunschtraum der Neoklassik. Greg Mankiw, Chef-Agoraloge von Präsident George W. Bush, Hal Varian, Chef-Google-Agoraloge – das wär's!

Ich bin nicht der Erste, der für die Wissenschaft vom Markt eine alternative Begrifflichkeit vorschlägt. Richard Whately hat im 19. Jahrhundert »Katallaxie« vorgeschlagen: die Wissenschaft vom Tausch. Im 20. Jahrhundert hat sich dafür auch die österreichische Schule stark gemacht. Schade, dass sich dieser Begriff nicht bei den mathematischen Marktverstehern durchgesetzt hat, dann wäre ein historischer Etikettenschwindel beendet und der Name »Ökonomie« und »Ökonomik« vor unsachgemäßer Vereinnahmung geschützt worden.

Alternativ zu Agoranomie könnte die Wirtschaftswissenschaft einfach wieder zur Politischen Ökonomie der Klassiker zurückkehren, dieser Begriff war viel passender als »reine Ökonomik«, weil a) Wirtschaft und Politik nicht zu trennen sind, b) wirtschaftliche Entscheidungen immer Wertentscheidungen beinhalten, c) Mikro und Makro gleichermaßen adressiert sind. Falls diese Variante gewählt werden sollte, könnte zusätzlich eine »reine Ökonomik« beibehalten werden, doch müsste diese dann fairerweise auf die Hauswirtschaft fokussieren, das wäre der genuine Bereich der Care Economy. Beispielsweise schlägt Riane Eisler neben dem Bruttomarktprodukt ein Bruttohaushaltsprodukt vor, das die geleistete Arbeit in Haushalten *(oikoi)* inklusive Kinderbetreuung und Care-Arbeit sichtbar macht und wertschätzt. Dieses könnte der statistische Kern einer echten »Ökonomik« werden.[22]

Letzter linguistischer Gedanke: Um der Tatsache Rechnung zu tragen, dass *oikonomia* den vom Markt getrennten häuslich-landwirtschaftlichen Bereich meint, könnte auch von »Politischer Agoranomie« gesprochen werden, das wäre die treffendste Bezeichnung für eine Wirtschaftswissenschaft, die sich primär mit globalen Märkten und ihrer demokratischen Regulierung befasst. Sollte es aber daneben auch eine Agoralogie geben, bräuchte es den Zusatz »politisch« vermutlich nicht, er wäre dann vielleicht sogar redundant.

Fazit: Neoklassische »Ökonomen« haben entweder nicht die geringste Ahnung, was der Begriff bedeutet – oder sie versperren sich bewusst seiner Bedeutung. Das zeugt von geringer Selbstkenntnis und entsprechender geringer Selbstachtung, weswegen die Disziplin auch versucht hat, »eine andere« (Wissenschaft) zu werden. Eine Ökonom*in, die sich als solche bezeichnet und versteht, sollte in einfachen Worten erklären können, was der Ökonomie-Begriff ursprünglich bedeutete, in welchem sinnvollen Zusammenhang die heutige Wirtschaftswissenschaft zu dieser Ursprungsbedeutung steht – und damit diesen Namen heute noch verdient.

... zur Chrematistik ...

Leider kommt jetzt erst der problematischste Teil. Schon Aristoteles hat den ersten, namensgebenden Ökonomie-Begriff von einem zweiten begrifflich und definitorisch unterschieden. Denn eine zentrale Voraussetzung dafür, dass das Wohl aller Haushaltsmitglieder erreicht werden könne, war seiner Ansicht nach die Betrachtung und Verwendung von Geld – und Vermögen – als Mittel, nicht deren Anstrebung als Zweck.

»Reichtum ist offensichtlich nicht das, wonach wir streben.«[23] Besitz sei ein *Mittel*, um sinnvolle Zwecke zu erreichen.[24] Würden Geld und Kapital zum Zweck und Ziel wirtschaftlicher und künstlerischer Aktivitäten, wäre das *aus diesem Grund* keine *oikonomia* mehr, sondern ihr Gegenteil: *chrematistiké*.[25] Auf Altgriechisch bedeutet das die »Kunst des Gelderwerbens und Sich-Bereicherns«. Heute ist der Begriff *chrematistiké* nicht mehr gebräuchlich, wir verwenden stattdessen »Kapitalismus« – semantisch in der gleichen Bedeutung: Im Kapitalismus ist das Kapital der höchste Wert und seine Mehrung das höchste Ziel. Was nicht heißt, dass die Menschenwürde, die Gerechtigkeit oder der Klimaschutz keine Werte und Ziele wären, doch im Konfliktfall mit dem Ziel der Kapitalmehrung sind sie Letzterem untergeordnet. Ein aktuelles Lehrbeispiel sind diverse Freihandelsabkommen wie CETA: Sie beinhalten die Einklagbarkeit des Eigentumsschutzes, aber weder der Menschenrechte noch des Klimaschutzes oder des sozialen Zusammenhalts.[26] Diese Verkehrung des Geldes vom Mittel zum Zweck hat Aristoteles als »widernatürlich« bezeichnet, während er die *oikonomia* als »natürliche« und »gesunde« Form des Wirtschaftens ansah.[27] Jetzt kommt der Punkt: *Oikonomia* ist seit Aristoteles' Ausführungen eine »Gemeinwohl-Ökonomie«, weil das ihr immanente Ziel das gemeinsame Wohl nicht nur der Haushaltsmitglieder ist, sondern der gesamten *polis,* in die der individuelle Haushalt eingebettet war und zu dessen Gedeihen beizutragen er in der Mitverantwortung stand.[28]

Das nächste Rätsel: Wie kann es sein, dass die heutige Mainstream-Wirtschaftswissenschaft Ökonomie mit ihrem Gegenteil, Kapitalismus, gleichsetzt, anstatt die beiden, wie Aristoteles, als Gegensätze zu begreifen – oder zumindest diesen Gegensatz zu kennen und sich mit überzeugenden Argumenten von Aristoteles' Sichtweise zu distanzieren? Das Problem: Im Ökonomie-Unterricht kommt Aristoteles gar nicht vor. Geschweige denn seine analytischen Wirtschaftsbegriffe. Ein geschichtsfreies Wissenschaftsverständnis, das den Markt als Naturphänomen betrachtet, dessen Gesetze zu erkennen sind, kann – im Unterschied zu den Sozialwissenschaften – nicht mit zwei unterschiedlichen

Bedeutungen von Wirtschaft umgehen. Daraus entstünde ja die Wahlfreiheit, welche Form des Wirtschaftens man studieren und praktizieren möchte – bei Naturgesetzen gibt es keine Wahlmöglichkeit! Also besser Aristoteles gar nicht erwähnen und seine prägnanten Begriffsdifferenzierungen totschweigen. (Das kennen wir schon: Andere Meinungen und Perspektiven werden systematisch ausgeblendet – entgegen dem Multiperspektivitäts- und Kontroversitätsprinzip der Lehrbücher.)

Infolge der unsachlichen Gleichsetzung von Ökonomie mit Kapitalismus ist es zu verschiedensten Vorschlägen aus Zivilgesellschaft, Politik und heterodoxer Wissenschaft nach einer »sozialen«, »ökologischen«, »ökosozialen«, »solidarischen«, »nachhaltigen«, »verantwortungsvollen« oder sogar »achtsamen« Ökonomie gekommen. All diese attributiven Zusätze zum Ökonomie-Begriff sind jedoch eigentlich überflüssig, weil sie bereits im Begriff immanent enthalten sind. Ökonomie hat per definitionem ein ethisches Ziel und *ist* Gute-Leben- oder Gemeinwohl-Ökonomie – im Unterschied zur *chrematistiké*. Bloß haben die Chrematisten den Ökonomie-Begriff okkupiert, seine ursprüngliche Bedeutung verdrängt und ihn mit der entgegengesetzten Bedeutung aufgeladen. Deshalb müssen wir von *sozialer* Marktwirtschaft, *solidarischer* Ökonomie oder *Gemeinwohl*-Ökonomie sprechen! Wären die Ur-Begriffe bekannt, würden wir schlicht von »Ökonomie« sprechen – und gemeint wäre Gemeinwohl-Ökonomie. Und nie im Leben Kapitalismus! Ökonomie ist schon vom Begriff her antikapitalistisch. Und Kapitalismus ist per definitionem antiökonomisch. »Ökonomen«, die lehren, dass zuerst das Geld oder das Kapital zu vermehren sei, und wirtschaftlichen Erfolg in monetären Kennzahlen – mit Rendite, Profit und BIP – messen, sind, am Begriff gemessen, nicht Ökonomen, sondern Chrematisten. Das Problem: Viele »Ökonomen«, die eigentlich Chrematisten sind, erscheinen uns im Gewand von Ökonomen. Das ist akademisches Theater. Eigentlich ist es ein groß angelegter Etikettenschwindel nach dem Motto: Wo »Ökonomie« draufsteht, ist Chrematistik drin.

... zurück zu einer echten Ökonomik!

Das ist es: Die Chrematisten haben den Ökonomie-Begriff entführt. Es ist Zeit, dass die Gesellschaft und echte Ökonom*innen den Ökonomie-Begriff restituieren, ein wissenschaftliches Geschichtsbewusstsein aufbauen und eine echte Ökonomik, die diesen Begriff verdient, begründen. Ökonomie-Lehrstühle wären fürderhin konsequent an echte Ökonom*innen zu vergeben. Diese müssten:

- die häusliche Fürsorge-Wirtschaft und das Muttersein vollumfänglich miteinbeziehen;
- das Ziel des Wohls aller Haushaltsmitglieder (des größtmöglichen Haushalts) verfolgen;
- Geld und Kapital als Mittel ansehen, die der Erreichung der Ziele dienen;
- eine Grundhaltung der Fülle einnehmen anstelle der Knappheitsannahme;
- Mäßigung und Sättigung ins Zentrum stellen statt Maximierung und Wachstum.

Neben der echten Ökonomik oder Politischen Ökonomie kann es durchaus auch Lehrstühle für Chrematistik geben, aber sie sollten klar von der Ökonomik unterschieden und nicht länger mit diesem Begriff in Verbindung gebracht werden – und auch nicht mit öffentlichen Mitteln für die »ökonomische« Forschung und Lehre gefördert werden. Chrematistische Lehrstühle müssten ihr Verhältnis zu Verfassungen klären: »Die gesamte wirtschaftliche Tätigkeit dient dem Gemeinwohl.« (Verfassung Bayerns, Art. 151) »Eigentum verpflichtet. Sein Gebrauch soll zugleich dem Wohl der Allgemeinheit dienen.« (Grundgesetz, Art. 14) »Kapital ist nicht Zweck, sondern Mittel zur Entfaltung der gesamten Volkswirtschaft.« (Verfassung Bayerns, Art. 128) Dem strategischen Vergessen ist eine bewusste Erinnerungskultur entgegenzusetzen, welche die Ökonomie mit ihrem Namen und ihren Wurzeln verbindet, damit sie in ihre ganze Kraft kommen kann!

Name	Entstehung	Genre	Gegenstand
chrematistiké	Aristoteles	Sozialwissenschaft	Kapitalismus
oikonomia	Xenophon, Aristoteles	Sozialwissenschaft	Haus- und Landwirtschaft
Ökologie	Heckel (1833)	Naturwissenschaft	Natur(haushalt)
Politische Ökonomie	17. Jahrhundert (Frankreich)	Sozialwissenschaft	Staatshaushalt, Makro-ökonomik
(Politische) Agoranomie	2010	Sozialwissenschaft	Demokratische Markt-wirtschaft, Gemeinwohl-Ökonomie
Agoralogie (= Neoklassik)	1870 Walras, Marshall, Menger, Pareto, Jevons …	Naturwissenschaft/ Ideologie	Natürliche Marktwissen-schaft
Chrematistische Agoralogie	2010	Naturwissenschaft/ Ideologie	Naturlehre vom Kapitalismus

Tabelle 3: Begriffsklärungen

Vergessen und verdrängt III – das Ziel

Economics is what economists do.
JACOB VINER (1933)

Das dritte große Vergessen der Disziplin ist ihr Ziel. Die Ökonomen haben es bis heute nicht geschafft, Einigkeit darüber herzustellen, welchen Gegenstand sie überhaupt untersuchen – und, damit verbunden, welches das Ziel der Disziplin sein soll. Die häufigste Antwort, wenn man Ökonom*innen fragt, wie ihre Disziplin definiert sei, lautet: »Die Wissenschaft vom effizienten Management knapper Ressourcen.« RPT Gary Becker definiert Ökonomik als »das Studium knapper Ressourcen, um wettstreitende Ziele zu erreichen«.[29] Robert Pindyck und Daniel Rubinfeld schreiben: »In der Mikroökonomie geht es darum, wie man die begrenzten Ressourcen optimal einsetzen kann. Genauer gesagt geht es dabei um die Verwendung von knappen Mitteln.«[30] Diese Definition ist unterhaltsam, weil der zweite Satz ungenauer ist als der erste. Samuelson und Nordhaus schreiben unmittelbar nach einer Definition *ohne* Effizienz (siehe Tabelle 4): »Effizienz und Knappheit: Ein Zwilling kommt selten allein.«[31] Mal ist Effizienz drin, mal nicht. Einmal arbeitet die Definition mit Knappheit, dann wieder ohne. Das ist wirr!

Aus der Übersicht auf Basis der Vorarbeit von Kate Raworth[32], sowie Backhouse und Medema[33], ist ersichtlich, wie sich das Ziel der Ökonomik im Lauf der Zeit wandelte.

1776	Adam Smith	Politische Ökonomie	Zwei Ziele: für ein ausreichendes Einkommen oder für den Unterhalt der Menschen zu sorgen oder, genauer, sie zu befähigen, sich selbst mit einem solchen Einkommen oder Unterhalt zu versorgen; und zweitens, den Staat mit einem ausreichenden Einkommen für die öffentlichen Dienste zu versorgen
1803	Jean-Baptiste Say	Politische Ökonomie	Die Wissenschaft von der Produktion, der Verteilung und dem Konsum des Wohlstandes
1930er	Jacob Viner	Ökonomik	Ökonomik ist, was Ökonomen machen
1932	Lionel Robbins	Ökonomik	Ökonomik ist die Wissenschaft, die menschliches Verhalten als Beziehung zwischen Zielen und knappen Mitteln, welche alternative Verwendungen haben, studiert
1962	Milton Friedman	Ökonomik	Die Wissenschaft davon, wie eine bestimmte Gesellschaft ihre wirtschaftlichen Probleme löst. Ein wirtschaftliches Problem besteht, wenn knappe Mittel verwendet werden, um alternative Ziele zu befriedigen
2001	Gregory Mankiw	Ökonomik	Ökonomik ist das Studium, wie die Gesellschaft ihre knappen Mittel managt
2004	Krugman/Wells	Ökonomik	Ökonomik ist das Studium von Ökonomien, sowohl auf der Ebene von Individuen als auch von Gesellschaften als ganzen
2006	Gwartney/ Stroup/Sobel/ Macpherson	Mikro- ökonomik	Ökonomik ist das Studium menschlichen Verhaltens, mit einem speziellen Fokus dem Entscheiden von Menschen
2017	Samuelson/ Nordhaus	Ökonomik	Ökonomik ist die Wissenschaft vom Einsatz knapper Ressourcen zur Produktion wertvoller Wirtschaftsgüter durch die Gesellschaft und von der Verteilung dieser Güter in der Gesellschaft
2018	Pindyck/ Rubinfeld	Mikro- ökonomik	Ökonomik ist die Wissenschaft vom optimalen Einsatz knapper Ressourcen

Tabelle 4: Definitionen für Ökonomik

Konfusion

Die American Association of Economics ist ein weiteres Anschauungsbeispiel für die Verwirrung, worum es in der Ökonomik nun eigentlich geht: »Wirtschaftswissenschaft kann auf unterschiedliche Weise definiert werden: Sie ist das Studium von Knappheit, das Studium, wie Menschen Ressourcen verwenden und auf Anreize reagieren, oder das Studium der Entscheidungsfindung.«[34] Na was jetzt, fragt sich die angehende Student*in, die vor einer Lebensentscheidung steht. Wieso haben Ökonom*innen nicht klar definiert, was ihr Fach ist?

Vielleicht, weil es manchen gar kein Anliegen ist? Jacob Viner meinte 1933 launisch: »Economics is what economists do.«[35] Backhouse und Medema, die eine Übersicht über verschiedene Definitionen der Ökonomik zusammengestellt haben, sympathisieren mit Viners Definition aus zwei Gründen. Zum einen weil »Versuche, die Disziplin auf wenige Worte zu reduzieren, mit hoher Wahrscheinlichkeit zum Scheitern verurteilt sind«.[36] Doch wieso sollte dieses Argument ausgerechnet für die Ökonomik gelten? Demnach müssten wir vom Versuch Abstand nehmen, *irgendeine* wissenschaftliche Disziplin zu definieren. Zum anderen »könnte die Wahl einer bestimmten Definition die Probleme begrenzen, von denen Ökonom*innen glauben, es sei legitim, sie anzugehen, und auch die Methoden, mit denen sie ihre Lösung angehen«.[37] Dieser zweite Grund ist noch schwächer, weil, würde ihm stattgegeben, keine Disziplin in irgendeiner Form begrenzt wäre und jede Disziplin alle Probleme angehen und mit jeder Methode zu lösen versuchen könnte. Dann könnte man, und das wäre die unbeabsichtigte sinnvolle Wendung, alle Disziplinen zu einer einzigen verschmelzen, und bei der Lösung von Weltproblemen auf alle zur Verfügung stehenden Methoden zurückgreifen. Wir würden in einer Universalwissenschaft enden. Solange es jedoch Disziplinen gibt und Ökonom*innen sich als solche betrachten – und nicht einfach als Wissenschaftler*innen –, sollten sie auch die Bereitschaft mitbringen, ihr Fach zu definieren und sich zu einigen, was dessen Ziel ist.

Wie wichtig Einheitlichkeit wäre, zeigt allein der feine Unterschied, ob die Wirtschaft nun die Wissenschaft vom *effizienten* Einsatz knapper Ressourcen ist – oder nur von der *Verwendung* knapper Ressourcen: Mit dem Attribut »effizient« liegt ein *Ziel* vor: Effizienter wäre dann besser als weniger effizient – wenn auch dann erst noch zu klären wäre, was »effizient« bedeutet. Wenn nur studiert wird, wie »Ressourcen« eingesetzt werden, ist noch nichts über eine Zielsetzung ausgesagt. Wieso dann aber Wirtschaftswachstum? Oder Nutzenmaximierung?

Dekonstruktion

a) Knappheit welcher Mittel?

Sehen wir ein wenig genauer hin: Wenn eine Wissenschaft vom Management oder effizienten Management knapper Ressourcen handelt, sei es durch die Gesellschaft (Makroökonomie) oder durch Haushalte und Unternehmen (Mikroökonomie), dann interessiert in jedem Fall, mit *welchen* Mitteln sie sich beschäftigt. Das kommt praktisch in keiner der vielen Definitionen vor: Handelt es sich um Umweltressourcen wie sauberes Trinkwasser, Artenvielfalt oder Klimastabilität? Um soziale Ressourcen wie Vertrauen, Solidarität oder politische Mitentscheidungsrechte? Um »Humanressourcen« wie Wissen, Kompetenz, Fürsorge oder die Fähigkeit, andere zu begeistern? Oder um Produktionsmittel wie Kapital, Arbeit oder Muttermilch?

Es ist schon sehr merkwürdig, dass die Definitionen offenlassen, um welche Knappheit es sich handelt – die »Ökonomik« in den konkreten Ausführungen und Anwendungen dann aber fast ausschließlich von »finanziellen Ressourcen« handelt (wodurch sie zur Chrematistik wird).[38] Vielleicht passiert das in der (unbewussten) Annahme, dass ohnehin alle Welt Ökonomik mit Chrematistik gleichsetzt? Der Begriff Ökonomik scheidet jedenfalls für eine Disziplin, die primär auf den effizienten Einsatz von *Finanzmitteln* fokussiert, aus. Vielleicht *soll* gar nicht transparent diskutiert werden, dass es sich primär um *finanzielle* Mittel handelt, weil dann aufmerksame Geister auf den Gedanken kommen könnten, dass es sich gar nicht um *Ökonomik* handelt?

b) Effizienter Einsatz knapper Mittel wofür?

Wenn der effiziente Einsatz *finanzieller* Mittel das Ziel ist, haben wir es nicht nur mit einer *normativen* Wissenschaft zu tun (effizienter ist immer besser als weniger effizient), sondern mit Kapitalismus (effizienter Einsatz und Mehrung von Kapital sind das vorrangige Ziel). Erst jetzt, also nach der Festlegung dieses normativen Ziels, ist *aus wissenschaftlicher Sicht*:

- billiger immer besser;
- eine höhere Finanzrendite immer besser;
- ein höherer Finanzgewinn immer besser;
- ein höheres BIP immer besser.

Aus der Sicht eines Unternehmens (Mikroökonomie) ist es erst jetzt *effizienter*:
- die Löhne zu senken;
- Sozialleistungen zu streichen;
- Gewerkschaften kritisch zu sehen;
- die natürlichen Rohstoffe auszubeuten;
- Müll zu produzieren;
- Kosten zu externalisieren und Nutzen zu internalisieren;
- menschliche Arbeitskraft und Talente auszubeuten;
- Steuern zu vermeiden;
- nicht zu teilen, nicht großzügig zu sein, nicht mitzufühlen und nicht zu verzeihen …

Das ist etwas ganz anderes und sachlich wie normativ zu unterscheiden von *gerechten* Preisen, die das Gemeinwohl mehren (weil sie faire Löhne beinhalten und keine Umweltkosten externalisieren), *nachhaltigen* Investitionen (mit geringeren oder fallweise auch negativen Renditen), *gemeinwohlfördernden* Unternehmen (mit gegebenenfalls geringerem Finanzgewinn) oder höherem menschlichen *Wohlergehen* und *Lebensqualität* (bei gleichbleibendem oder sinkendem BIP). Wenn die Ziele Menschenwürde, Vertrauen, sozialer Zusammenhalt und Klimaschutz lauten, dann ist es effizienter:
- gerecht zu entlohnen;
- Mitsprache zuzulassen;
- fossile Rohstoffe durch erneuerbare zu ersetzen;
- Kosten zu internalisieren und Nutzen zu externalisieren;
- miteinander zu agieren statt neben- oder gegeneinander;
- zu teilen und manchmal auch zu verzeihen …

Das Ziel der Wirtschaft – und der Wirtschaftswissenschaft – ist ausschlaggebend dafür, welche Forschungsfragen gestellt, welche Methoden angewandt, welche Inhalte gelehrt, wie Erfolg gemessen und wie das Ziel in der realen Wirtschaft erreicht wird. Der Punkt ist, dass Effizienz *per se kein Ziel* ist. Effizienz dient immer einem übergeordneten Ziel. Mehr Effizienz ist schädlich und wirkt kontraproduktiv, wenn sie dem falschen Ziel dient. Der letzte Wald kann doppelt so schnell kahlgeschlagen werden, ist das doppelt so effizient? Fritjof Capra schrieb schon 1994: »Das amerikanische Agrarwirtschaftssystem ist heute das am wenigsten leistungsfähige der Welt, wenn man es am Energieverbrauch pro erzeugter Kalorie misst.«[39] Ob etwas effizient ist, kann erst beantwortet werden, wenn zuvor das Ziel definiert wurde.

c) Klärung des Ziels hat Vorrang!

Die Lösung besteht also darin, *zuerst* das Ziel zu klären. Das BIP ist bereits ausgeschieden. Claus Dierksmeier schreibt: »Von Aristoteles über Thomas von Aquin bis zu einschließlich Adam Smith bestand Konsens darüber, dass die ökonomische Theorie und Praxis sowohl legitimiert als auch begrenzt werden müssten durch ein übergeordnetes Ziel (Griechisch: telos) wie etwa das ›Gemeinwohl‹.«[40] Die Neoklassik hat versucht, den Leitstern des Gemeinwohls gemeinsam mit der Ethik aus der »puren Ökonomik« hinauszudrängen. Der Feldzug gegen das Gemeinwohl hat die gesamte Sozialwissenschaft erfasst.[41] Dieses Manöver könnte zu einem Bumerangeffekt führen und die Neoklassik als Folge ihrer ethischen Selbstverstümmelung als wissenschaftliche Disziplin verschwinden. Zukunft hat nur eine ganzheitliche Wirtschaftswissenschaft, die sich mit der Ethik wiedervereint. Zum Glück ist das Gemeinwohl-Ziel gut in vielen demokratischen Verfassungen verankert und hat die neoklassische Interimsherrschaft überdauert. (Wie ernsthaft die Lage war, zeigt das Vorhaben der österreichischen Bundesregierung seit 2017, das BIP-Wachstum erstmals weltweit als Staatsziel in der Verfassung zu verankern, das – zum Glück – bisher gescheitert ist.) Aktuell ist eine internationale Renaissance des Gemeinwohl-Wertes zu beobachten. Nachdem Herman Daly schon in den 1990ern *For the Common Good* vorgelegt hat (ohne den Begriff Gemeinwohl-Ökonomie zu gebrauchen)[42], legte 2007 Stefano Zamagni eine Aufsatzsammlung unter dem Titel *Economia del bene comune* auf Italienisch vor, in der er die *Economia civile* behandelt, die er gemeinsam mit Luigino Bruni 2004 veröffentlichte. 2010 erschien auf Deutsch die Erstausgabe der *Gemeinwohl-Ökonomie*, die mittlerweile in zwölf Sprachen vorliegt. Und 2016 legte mit Jean Tirole ein RPT eine *Économie du bien commun* auf Französisch vor. Allein der Titel besagt, dass Ökonomik und Ethik eine Einheit bilden, und dass das Gemeinwohl das übergeordnete Ziel des Wirtschaftens ist. Der St. Gallener Wirtschaftsethiker Timo Meynhardt kommt zum Schluss: »Offenkundig besitzt jede Sprache rund um den Globus ein Wort für Gemeinwohl. Zudem nenne jemand eine Gesellschaftstheorie, die ohne Gemeinwohlbezug auskommt. Es gibt sie schlicht nicht!«[43]

Das Gemeinwohl-Ziel ist weder monetär noch in einer einzigen Größe ausdrückbar: Es ist ein Set aus Subzielen – Grundwerte, Grundbedürfnisse, Freiheiten oder »capabilities« (Amartya Sen[44] und Martha Nussbaum[45]) –, die definiert werden müssen, ähnlich den Globalen Nachhaltigkeitszielen der UNO. Sehr wahrscheinlich würde sich ein demokratisch komponiertes Gemeinwohl-Produkt zusammensetzen aus:

- Deckung der materiellen Grundbedürfnisse (Nahrung, Kleidung, Wohnraum, Mobilität ...);
- Gesundheit und Bildung;
- soziale Sicherheit und Zusammenhalt;
- Vertrauen und Beziehungsqualität;
- Transparenz und partizipative Demokratie;
- subjektive Lebenszufriedenheit/Glück;
- stabiles Klima und intakte Umwelt (hohe Artenvielfalt, saubere Meere, trinkbare Flüsse);
- Frieden und abnehmende Gewalt;
- rückläufige unfreiwillige Migration.

Nach der Zielklärung ist es Aufgabe der ökonomischen Aktivitäten, der Erreichung *dieser* Ziele zu dienen, und Aufgabe der Wissenschaft, *dabei* zu helfen. Effizienz wird fürderhin daran gemessen, wie mit geringerem Aufwand/Mitteleinsatz ein Mehr dieser Ziele erreicht werden kann. Der effiziente Einsatz von *Finanzmitteln* ist kein Ziel an sich, weil Geld/Kapital keine Werte an sich sind. Sie sind Werte zweiter Ordnung oder eben bloß: Mittel. Ihre Mehrung kann der Nebeneffekt der Erreichung der eigentlichen Ziele sein, aber eben nie Selbstzweck. In der bayerischen Verfassung (Art. 157) steht: »Kapitalbildung ist nicht Selbstzweck, sondern Mittel zur Entfaltung der Volkswirtschaft.«

Umweltressourcen sind dagegen nicht nur Mittel, sondern auch Zweck: Die Biodiversität, die planetaren Ökosysteme und das Leben sind Werte an sich. Der Einsatz von Geld und Kapital muss sich am Schutz und der Förderung des Lebens und der natürlichen Ökosysteme – der Werte an sich – orientieren. Der effiziente Einsatz von Umweltressourcen ist prinzipiell wichtiger als der effiziente Einsatz von Finanzressourcen. Und ein *in*effizienterer Einsatz von Finanzressourcen (z. B. die Entwicklung einer umweltfreundlichen Technologie, die Investition in Passivenergie-Gebäudeinfrastruktur) kann *besser* sein als ihr effizienterer Einsatz, wenn damit ein echtes *Ziel*, der Schutz des Planeten oder des sozialen Zusammenhalts, erreicht werden kann.

Eine Wissenschaft, die ihren Gegenstand im effizienten Management knapper Mittel sieht, es aber gleichzeitig unterlässt zu definieren, von *welchen* Mitteln sie überhaupt spricht, ist eine *unseriöse* Wissenschaft. Eine Sozialwissenschaft, die ihr Ziel im effizienten Management finanzieller Mittel sieht, ist hingegen eine *illegitime* Wissenschaft. Weil in demokratischen Verfassungen steht, dass die Mehrung von Kapital nicht Zweck des Wirtschaftens ist, sondern Mittel.

d) Hilfswissenschaft statt Königsdisziplin

Wer sich mit *Mitteln* befasst, befasst sich mit einer *Nebensache*. Die Hauptsache sind die Ziele. Die Mittel haben immer den Zielen zu dienen. Die Wirtschaftswissenschaft kann per definitionem – solange sie sich »nur« mit den Mitteln befasst – gar keine eigenständige Wissenschaft sein. Sie kann nur eine *Hilfswissenschaft* sein – für die Ökologie, die Ethik, die Politikwissenschaft, die Psychologie und für Gender Studies. Eine eigenständige Disziplin ist nicht gerechtfertigt, schon gar keine *Königsdisziplin.* Folgerichtig müsste jede Volks- und Betriebswirt*in zugleich Ethiker*in, Ökolog*in, Psycholog*in, Staatsfrau und gendersensibel sein – nur dann ist sie überhaupt befähigt, Allround-Kollateralschäden zu vermeiden und das Ziel der *oikonomia* effektiv zu erreichen. Sie muss verinnerlicht haben, dass die finanziellen Ressourcen wertvolle Mittel sind, aber weder höchste Ziele noch Grundwerte. Erst auf dieser Grundlage können Menschen die Wirtschaftsfreiheiten verantwortlich ausüben und beispielsweise ein Unternehmen ethisch führen. Oder eine echte ökonomische Wissenschaft betreiben, die diesen Namen verdient.

PS: »Effizientes Management knapper Ressourcen« oder: das Theorem der komparativen Kaufkraftvorteile

Das erste Beispiel, das mir einfällt, wenn ich über »knappe Ressourcen« nachdenke, sind die biologischen Ressourcen des Planeten Erde. Es ist sattsam bekannt, dass die durchschnittliche Bewohner*in eines Industrielandes – »Ökonomen« würden sagen, eines ökonomisch entwickelten Landes; Ökolog*innen würden sagen, eines ökologischen Entwicklungslandes – ein Vielfaches dessen verbraucht, was ihr bei einer global nachhaltigen und gerechten Verteilung zustünde. Ebenso bekannt ist, dass die Menschheit insgesamt schon so viel verbraucht, wie nur eineinhalb Planeten nachhaltig zur Verfügung stellen könnten – der World Overshoot Day rückte 2018 auf den 1. August vor.

Also muss die Frage gestellt werden, wie diese knappe Ressource »effizient gemanagt« werden kann – in diesem Fall von der Menschheit, denn es betrifft die gesamte Menschheit. Was liegt näher, als diese »Allmende« auf alle lebenden Menschen gerecht aufzuteilen, sodass alle die gleiche Chance haben, ein gutes und erfülltes Leben zu führen? Warum kommen so naheliegende Vorschläge – wenn man die selbstgewählte Definition der Ökonomik ernst nimmt – in den Ökonomik-Lehrbüchern nicht vor? Wieso kommt bei Varian nicht einmal der Begriff »Erderwärmung« und kommen bei Blanchard/Illing ökologische Fragestellungen gar nicht vor? Hier ist ein konkreter Vorschlag, wie knappe ökologische Ressourcen effizient gemanagt werden könnten: Ausgangsbasis ist das Konzept der »planetary boundaries«, die das Stockholm Resilience Center in die globale Nachhaltigkeitsdebatte eingespeist hat.[46] Kate Raworth hat die zugrunde liegende Grafik zu ihrem berühmten »Doughnut« inspiriert, der sich aus der (inneren) sozialen Grenze und der (äußeren) ökologischen Grenze zusammensetzt – und als Designvorlage für eine sozial gerechte und ökologisch nachhaltige Weltwirtschaft dient. Das Bild des Doughnuts hat mich wiederum zur Idee der *ökologischen Menschenrechte* inspiriert.[47] Ein Pro-Kopf-Verbrauchsbudget im Ausmaß des inneren (sozialen) Limits könnte ein universales und unveräußerliches Grundrecht werden. Der »Überschuss« zwischen dem inneren und dem äußeren (ökologischen) Limit hingegen ein handelbares Verbrauchsrecht, das die Armen dieser Welt (denen die *finanzielle* Kaufkraft für den Verbrauch dieser Überschussreserve fehlt) den Reichen verkaufen könnten, denen es an *ökologischer* Kaufkraft mangelt, wodurch die Reichen weicher landen könnten und die Armen ein Zusatzeinkommen erhielten: win-win! Technologische Grundlage könnte die ökologische Preisauszeichnung aller marktförmigen Produkte und Dienstleistungen sein – sie müssten neben dem finanziellen Preis (in monetärer Einheit) auch einen ökologischen Preis (in physikalischer Währung) angeben. Bei jedem Einkauf wird der entsprechende Betrag vom Ökokonto abgebucht – solange das jährliche Guthaben darauf reicht. Bei leerem Konto können nur noch Grundbedürfnisse befriedigt werden.

Diese Idee von ökologischen Menschenrechten könnte Mainstream-Ökonom*innen auch als »Theorie der komparativen Kaufkraftvorteile« schmackhaft gemacht werden: Jede »Partei« tauscht diejenige Kaufkraft, die sie im Überfluss hat (komparativer Kaufkraftvorteil), gegen jene ein, an der es ihr mangelt (komparativer Kaufkraftnachteil). Wenn beide Parteien ihren Vorteil ausspielen, können beide gewinnen.

TEIL III – POLITISCHE ÖKONOMIE

1. Wirtschaftsnobelpreis?

Der Preis für die Wirtschaftswissenschaften ist ein PR-Coup
von Ökonomen, um ihren Ruf zu verbessern.
PETER NOBEL[1]

Ich kann mich noch gut erinnern, wie ich die »Wirtschaftsnobelpreise«
erstmals bewusst wahrnahm. Mir fiel auf, dass die naturwissenschaftlichen Preise im Paket verliehen wurden und dann, mit etwas Abstand
und großer Spannung: der Wirtschaftsnobelpreis! Ich interpretierte
diese Abfolge so, dass der Wirtschaftspreis ein besonderer, vielleicht der
wichtigste sei, weil er separat ausgezeichnet wurde. Doch weit gefehlt:
Eine weitere unschöne Facette der Gesamtanamnese der Wirtschaftswissenschaft ist der Umstand, dass es den vielbeachteten »Wirtschaftsnobelpreis« gar nicht gibt – und es hat ihn nie gegeben. Die Disziplin bezieht vom Schein eines »Nobelpreises« symbolisches Kapital – illegiti-
merweise. Als Alfred Nobel 1895 in seinem Testament den Nobelpreis
stiftete, war dieser ausdrücklich für Naturwissenschaften vorgesehen:
Physik, Chemie, Medizin. Den Friedensnobelpreis ergänzte er auf An-
regung von Bertha von Suttner, die kurzzeitig seine Privatsekretärin war
und die 1905 selbst mit diesem Preis bedacht wurde. Die zweite Ausnahme bildet der Literaturnobelpreis, der »an die Person, die das heraus-
ragendste Werk in eine idealistische Richtung hervorgebracht hat« verliehen wird.[2] Alle fünf Nobelpreise sind bestimmt für »jene, die im vo-
rangegangenen Jahr den größten Nutzen für die Menschheit gestiftet
haben«, so Nobels Wille. Ein Preis für die Wirtschaftswissenschaft war

nicht vorgesehen. In einem Brief schrieb er: »Ich habe keine Wirtschafts-
ausbildung, und ich hasse sie von Herzen.«[3] Alfred Nobel war offenbar
nicht der Ansicht, dass Ökonomen in der Lage seien, »größten Nutzen
für die Menschheit« zu stiften.

Reichsbank-Rache-Preis

Das wollen einige allerdings nicht zur Kenntnis nehmen. Die Schwedische Reichsbank ergriff anlässlich ihres 300. Geburtstages die Gelegen-
heit, eine offene Rechnung mit ihrer Regierung zu begleichen. Wie die
beiden Wirtschaftshistoriker Avner Offer und Gabriel Söderberg in ihrem Buch *The Nobel Factor* nachgezeichnet haben, stiftete die Schwedische Reichsbank den Preis, um eine bestimmte Wirtschaftstheorie
durchzusetzen: die mathematisierte marktradikale Neoklassik. Denn
die oberste Geldbehörde hatte sich in einen Kampf mit der Staatsfüh-
rung verstrickt: »Nach 1945 war es für die regierenden Sozialdemo-
kraten oberste Priorität, für Wohnungen und Vollbeschäftigung zu sorgen. Die Reichsbank lehnte diese Maßnahmen ab, weil sie fürchtete,
dass die Inflation steigen könnte. Die Regierung setzte sich durch, und
die Bank suchte nach Wegen, um sich neue Geltung zu verschaffen.«[4]
Die Strategie der Bank war, den Wert der Marke Nobel zu nutzen, um die
Autorität der Zentralbank und das Prestige marktfreundlicher Wirtschaftswissenschaft zu stärken. Entsprechend wurden die ersten Alfred-
Nobel-Gedächtnispreise an zwei Ökonometriker verliehen. Diese Entscheidung wurde klar als Anerkennung der Mathematisierung der Disziplin aufgefasst.[5] Das geht auch aus der Preisrede des Vorsitzenden des
Vergabekomitees, Erik Lundberg, hervor: »In den letzten vierzig Jahren
hat sich die Wirtschaftswissenschaft zunehmend in Richtung mathematischer Spezifizierung und statistischer Quantifizierung ökonomischer
Zusammenhänge entwickelt (…) Deshalb ist es nur natürlich, dass der
Alfred-Nobel-Gedächtnispreis der Schwedischen Reichsbank, wenn er
zum ersten Mal verliehen wird, an die beiden Pioniere in diesem For-

schungsfeld gehen soll: Ragnar Frisch aus Norwegen und Jan Tinbergen aus Holland.«[6] Interessant ist die genaue Rechtfertigung Lindbergs, dass eine nicht im Testament vorgesehene Disziplin zu den Preisen hinzukommt:»Würde irgendjemand behaupten, dass die Fortschritte auf diesem Gebiet [der Ökonomik] weniger wichtig oder dringlich sind als die Fortschritte z. B. in der Medizin, Physik oder Chemie? Ich kann natürlich verstehen, dass jemand der Ansicht ist, dass diese Themen nicht vergleichbar sind, oder sogar dass jemand findet, dass andere Umstände, wie z. B. die Schwierigkeit, Politik und Wissenschaft in diesem Feld auseinanderzuhalten, es problematisch erscheinen lassen, einen Preis für die Wirtschaftswissenschaft zu verleihen. Aber ich würde dennoch gerne glauben, dass die ökonomische Wissenschaft heute so entwickelt und als wissenschaftliche Disziplin etabliert ist, dass solche Einwände nicht entscheidend sein können.«[7]

Erben gegen Namensverwendung

Bei der Einrichtung des Preises agierte die Reichsbank gegen eine Reihe von Widerständen: In der Akademie der Wissenschaften, die für die Nominierung der Preise zuständig ist, hatten zunächst die Physiker gröbere Bedenken aufgrund des wissenschaftlichen Standings der Disziplin. Diese grundlegenden Vorbehalte gegen die Ökonomik dauern bis heute an. Der finnische Wirtschaftsphilosoph Uskali Mäki schreibt 2008:»Wenn wir uns für radikalen physikalischen wissenschaftlichen Realismus entscheiden, dann passt die moderne Ökonomik da nicht hinein.« Schließlich ließen sich die Physiker der Akademie aber von den Ökonomen überreden. Das Parlament wurde vorsorglich erst gar nicht gefragt. Der zuständige Bankenausschuss wurde am Tag vor den Feierlichkeiten, bei denen der Preis vorgestellt werden sollte, schriftlich informiert. Die Nichtkonsultierung der Auftraggeberin verstieß klar gegen ihr Mandat, was ein Anwalt monierte und eine parlamentarische Abstimmung ex post erzwang. Diese wurde von der Reichsbank gewonnen[8], was man als Schachzug werten kann. Diese Vermutung wird durch die Tatsache genährt, dass auch die Nobel-Familie erst fünf Tage vor der Dreihundert-Jahr-Feier der Reichsbank konsultiert wurde – und auch das nur in Gestalt des ältesten Familienmitglieds. Die 87-Jährige »verstand, dass Widerstand zwecklos war«, dennoch setzte sie geistesgegenwärtig durch, dass der Name dieses Preises ein anderer sein müsse. So kam es zum salomonischen Namen »Preis für die Wirtschaftswissenschaft im Gedächtnis an Alfred Nobel«. Andere Nachfahren von Alfred Nobel waren entrüstet und kämpfen bis heute darum, dass der Name ihres Urgroßonkels gänzlich aus dem Preis entfernt werde. Peter Nobel, der Urenkel von Alfred Nobels Bruder Ludwig, bezeichnete den Preis als »PR-Coup« und als »Kuckucksei im Nobel-Nest«.[9] 2001 forderte er gemeinsam mit drei Cousinen, dass der Preis in »Reichsbankpreis« umbenannt werde, um seinem Ursprung gerecht zu werden.[10] Ich komme ihrem Wunsch in diesem Buch nach. Hingegen stellten sich die Nobelstiftung und die Reichsbank taub. Der Direktor der Stiftung Michael Sohlman antwortete, das sei »kein Thema«.[11] Pikantes Detail: Die Reichsbank finanziert nicht nur den Preis in der Höhe von einer Million US-Dollar jährlich, sie entrichtet zusätzlich eine jährliche Gebühr an die Nobelstiftung in der Höhe von 650 000 US-Dollar.[12] Das riecht nach Käuflichkeit. Wie wacklig die Beine sind, auf denen der Preis steht, zeigt die Instabilität seines Namens. Seit der Stiftung 1969 wurde er nicht weniger als elfmal umbenannt.[13] Aktuell heißt er »The Sveriges Riksbank Prize in Economic Sciences in Memory of Alfred Nobel«. Nur in einem einzigen Jahr, 1971, kam der Name Alfred Nobel nicht direkt im Preisnamen vor.[14]

Strategie der Verwechslung

Gleichzeitig hat die schwedische Reichsbank »alles unternommen, damit ihre Auszeichnung möglichst genauso aussieht wie die echten Nobelpreise«, schreibt die Wirtschaftsjournalistin Ulrike Herrmann: »Sie wird gleich dotiert, zeitgleich verkündet und ebenfalls vom schwedischen König überreicht.« Das ist illegitime Aneignung von Reputationskapital. Hermann analysiert: »Die Absicht dieser Inszenierung ist offensichtlich: Die Ökonomie soll zu einer Art Physik-Variante geadelt werden, in der ebenfalls quasi Naturgesetze gelten. Es soll der Eindruck entstehen, dass die Volkswirte Wahrheiten verkünden, die fern aller Politik und Ideologie sind. Doch so unpolitisch der Wirtschaftsnobelpreis wirken sollte – er war von Anfang an ein politisches Kampfinstrument (…) denn er kehrte die Hierarchie um: Politiker wurden nun zu Befehlsempfängern der Ökonomen, denn diese hatten ja angeblich Einblick in objektive Naturgesetze.«[15] Das ist der neuralgische Punkt: Die Wirtschaftswissenschaft ist keine Naturwissenschaft, dieser Anschein wird aber durch den Preis erhärtet. Milton Friedman gab an, dass seine Dankesrede beim Empfang des Preises »primär die Absicht verfolgte, das Argument zu bringen, dass die Ökonomik eine positive Wissenschaft wie die Physik oder die Chemie war oder sein könnte«.[16]

Unstatthafte Annahme des Preises

Der wichtigste Punkt ist aus meiner Sicht, dass die – ahnungslosen? – Ökonomen diesen Preis annehmen, anstatt sich gegen eine Vereinnahmung von Alfred Nobel, der diesen Preis nie wollte, zu verwehren. Denn eine Sache ist die gefinkelte Strategie der schwedischen Reichsbank; eine andere, dass die Auserwählten diesem Weg folgen. Eine Ökonom*in mit Anstand müsste den Preis – mit der Begründung des Respekts vor dem Willen von Alfred Nobel – ablehnen, solange dessen Name benützt wird. Diese Größe haben die allermeisten Preisträger jedoch nicht. Einzig

Gunnar Myrdal, der den Preis 1974 gemeinsam mit Friedrich August von Hayek erhielt, bedauerte drei Jahre später dessen Annahme: »Ich hätte den Preis ablehnen sollen, insbesondere da ich das Geld nicht benötigte und weiterschenkte (…) Aber ich hatte das Problem nicht durchdacht (…) Die Nachricht erreichte mich frühmorgens in New York, als ich völlig außer mir war.«[17]

Myrdal schrieb diesen Brief 1976, als Milton Friedman mit dem Preis ausgezeichnet wurde. Myrdal sprach sich offen für die Abschaffung des »Nobelpreises« aus, zum einen, weil die Ökonomik eine »weiche« Wissenschaft sei, das bedeutet eine nicht exakte, mit politischen und gesellschaftlichen Werten aufgeladene Wissenschaft, im Unterschied zu den »harten« Wissenschaften wie Physik und Chemie, wo sich niemand Sorgen über die politische Einstellung der Empfänger*in machen müsse.[18] Zum anderen kritisierte Myrdal den intransparenten Vergabeprozess: »Der gesamte Prozess ist abgeschottet durch drakonische Geheimhaltungsregeln (…) Ich nehme meine Freiheit in Anspruch, das Monopol zu kritisieren, welches das Preiskomitee mit dem Vergabeprozess geschaffen hat, den es nun selbst befolgen darf (…) Möglicherweise sind in den solideren Naturwissenschaften, Physik und Chemie, diese überstrengen Geheimhaltungsregeln annehmbar. In der Wirtschaftswissenschaft sind sie inakzeptabel.«[19] Die Nominierungen werden fünfzig Jahre lang geheim gehalten. Im Erscheinungsjahr dieses Buches, 2019, werden erstmals die Nominierungen von 1969 bekannt werden.[20] Nach Offer und Söderberg war das Preiskomitee mehr als zwanzig Jahre lang fest in der Hand von marktradikalen und konservativen Ökonomen. Vier der sechs Gründungsmitglieder des Komitees waren mit dem industrienahen *Industrial Institute for Economic and Social Resarch* IUI assoziiert. Bis 1990 war kein linksorientierter Ökonom im Preiskomitee vertreten.[21]

Vergabe-Kritik

Entsprechende Kritik gibt es auch an der Vergabepraxis. Zum einen fällt auf, dass der Anteil von männlichen, weißen, US-amerikanischen und dem neoklassischen Weltbild zuneigenden Ökonomen extrem überproportional vertreten ist. Zwischen 1990 und 1995 gingen fünf von sechs Preisen an die Universität von Chicago.[22] Ist es glaubwürdig, dass vor allem Wissenschaftler aus einer Universität in den USA preiswürdig sind? Verstehen sie Märkte am besten? Oder rechnen sie am genauesten? Ist es mit seriösen wissenschaftlichen Kriterien zu rechtfertigen, dass bisher nur eine einzige Frau – Elinor Ostrom – den Preis erhalten hat? Und nur zwei nichtweiße Wissenschaftler*innen? Vieles deutet darauf hin, dass einer bestimmten Vorstellung von Ökonomik hier Prestige und Glaubwürdigkeit verliehen werden sollen, wodurch gleichzeitig alle anderen Wirtschaftstheorien diskreditiert werden. Kein einziger Preis wurde bisher an eine ökologische, marxistische oder Care-Ökonom*in verliehen. Das verfestigt den Status quo, den theoretischen Monismus, den neoklassischen Mainstream – damit richtet der »Nobelpreis« Schaden an, anstatt »zum größten Nutzen der Menschheit zu wirken«.

Leer ausgegangen

Wer wäre im Sinne Alfred Nobels preiswürdig*er* gewesen, bekam ihn jedoch *nicht*? Joan Robinson z. B., eine der ersten heterodoxen Ökonominnen, die mehrfach vorgeschlagen wurde. Oder Donella Meadows (*The Limits to Growth*) und Hazel Henderson (*The End of Economics*), zwei frühe Wachstumskritikerinnen. Seit ihrem bahnbrechenden und preisgekrönten Buch *Doughnut Economics* 2017 könnte die Britin Kate Raworth ausgezeichnet werden, vielleicht wird das noch. Im Sinne der Vielfalt hätte auch die »Geschenkökonomin« Genevieve Vaughan[23] bedacht werden können. Oder auch Riane Eisler für die Vorlage einer Caring Economy.[24] Auch fragt sich, ob Martha Nussbaums Ideenwelt die

Menschheit nicht deutlich weiter voranbringt als die eines Robert Lucas. Im deutschen Sprachraum könnte Adelheid Biesecker mit ihrem Ansatz eines vorsorgenden Wirtschaftens exemplarisch für eine Reihe von feministischen Ökonominnen gewürdigt werden (Mascha Madörin, Frigga Haug, Luise Gubitzer …). Wichtige Beiträge kommen von Barbara Muraca (Wachstumskritik), Friederike Habermann (Tauschlogikfreiheit) und Silke Helfrich (Commons). Auch die Arbeit von Silja Graupe von der Cusanus-Hochschule zur Manipulation in der ökonomischen Bildung ist preiswürdig. Der vielleicht wichtigste männliche Nicht-Preisträger ist John Kenneth Galbraith, der auch ohne Preis einer der meistzitierten Ökonomen seiner Zeit war. Doch das einseitig besetzte Komitee verhinderte seine Auszeichnung. Bezeichnend ist die Grußbotschaft des Institute of Economic Affairs, Teil des neoliberalen Netzwerks, an Milton Friedman zu dessen Verleihung 1974: »We are delighted you do not share the award with Galbraith as Heyac (sic!) did with Myrdal.«[25] Ebenso leer aus ging Herman Daly, der schon früh eine Steady-State-Economy vorschlug, was heute als visionär bezeichnet werden muss.[26] Auch der chilenische »Barfuß-Ökonom« Manfred Max-Neef hat mit seiner Unterscheidung von Grundbedürfnissen und Strategien – ganz im Sinne der *oikonomia* – Bahnbrechendes zum Wohl der Menschheit geleistet. Aus Ecuador käme Alberto Acosta, der in Deutschland Betriebs- und Volkswirtschaft studierte, infrage, weil er es als Erster schaffte, die Rechte der Natur in einer nationalen Verfassung zu verankern.[27] Aus Südostasien käme der Südkoreaner Ha-Joon Chang für seine brillante Dekonstruktion des Freihandelsmythos und andere Werke infrage.[28] Einer der wenigen Heterodoxen, die den Preis erhielten, Amartya Sen, kritisierte, dass Arbeiten zu Arbeitslosigkeit, Ungleichheit und Armut in Stockholm selten zitiert worden seien.[29] Umgekehrt beschäftigte sich »rund die Hälfte der Preisträger*innen mit intellektuellen Konstrukten, imaginären Maschinen oder einfach ›Modellen‹«.[30] So besehen könnte der Wirtschaftsnobelpreis auch schonend in Wirtschaftsmodellpreis umbenannt werden.

Rolle der MPS

Hingegen gingen gleich acht Preise in kurzer Abfolge an Mitglieder eines einzigen Netzwerks. Die Mont Pèlerin Society (MPS) wurde 1946 von Friedrich August von Hayek gegründet. Ihre Agenda ist die globale Verbreitung des Marktfundamentalismus.[31] Die Verbindungen der MPS zum Preiskomitee der Schwedischen Akademie sind vielfältig: Erik Lundberg, langjähriger erster Vorsitzender des Komitees, wohnte der Gründung der MPS in der Schweiz bei. Ein zweites Mitglied des Gründungskomitees, Bertil Ohlin, sowie das spätere Mitglied Ingemar Ståhl waren sowohl Mitglieder im Preiskomitee als auch in der Mont Pèlerin Society.[32]

Die MPS wurde von mächtigen US-Stiftungen finanziert und spann im Lauf der Jahre ein Netzwerk aus Stiftungen und Thinktanks, die gezielten Einfluss auf Regierungen nahmen. So gelang es dem Netzwerk auch, mit Margaret Thatcher und Ronald Reagan erstmals Regierungschefs in demokratischen Ländern für ihre Politik zu gewinnen. Ohne die »Nobelpreise« im Hintergrund hätte vermutlich das nötige Renommee gefehlt. Speziell Hayek saß vor dem Erhalt des Wirtschaftsnobelpreises auf dem absteigenden Ast. Einer seiner Biografen schrieb: »Es ist eine offene Frage, wo Hayeks Reputation heute stünde, wenn er nicht den Wirtschaftsnobelpreis erhalten hätte.«[33]

Ihre marktfundamentalistischen Positionen mussten Friedman und Hayek in einer Diktatur erproben. In Chile hatte General Augusto Pinochet blutig gegen den demokratisch gewählten Präsidenten Salvador Allende geputscht, der unter anderem die Kupferminen verstaatlicht hatte. Die von Friedman dem Land verordnete »Schockbehandlung« führte zu einer Schrumpfung der chilenischen Wirtschaft von fünfzehn Prozent, die Arbeitslosigkeit, die unter dem demokratisch gewählten Allende drei Prozent betragen hatte, schoss auf zwanzig Prozent.[34] Gegen die Verleihung des Preises »für jene, die den größten Nutzen für die Menschheit gestiftet haben« an Friedman gab es weltweit Proteste, selbst während der Verleihungszeremonie war ein Transparent aufgespannt mit dem Aufdruck »Nieder mit dem Kapitalismus. Befreit Chile«. Kurz nach der Verkündung des Preisträgers publizierte die *New York Times* zwei Protestbriefe, die von je zwei – echten – Nobelpreisträgern unterzeichnet waren, der erste von George Wald und Linus Pauling, der zweite von David Baltimore und Salvador E. Luria.[35]

Auch Hayek war zu Gast bei Pinochet, in einem Zeitungsinterview gab er an: »Ich würde lieber vorübergehend die Demokratie opfern als die Freiheit.« (Wieso es in einer Demokratie keine Freiheit gebe oder wie es in einer Diktatur Freiheit geben könne, erklärte er nicht. Das Doppelparadox löst sich auf, wenn wir Freiheit auf bestimmte Wirtschaftsfreiheiten reduzieren, was Hayek an anderer Stelle prominent getan hat.[36])

Der Durchbruch des »Neoliberalismus« seit Anfang der 1980er Jahre ist somit eng verknüpft mit der Einrichtung des Reichsbankpreises für die Wirtschaftswissenschaft und den personellen Verflechtungen zwischen der MPS und dem Preiskomitee. Der Schein-Nobelpreis ist ein wichtiger Puzzlestein in der organisierten Legitimation der neoklassischen Wirtschaftswissenschaft. Und diese die wichtigste Legitimationsstütze des kapitalistischen Weltsystems.

Andere Preise

Mit der Begründung Lundbergs – *Würde irgendjemand behaupten, dass die Fortschritte auf diesem Gebiet weniger wichtig oder dringlich sind als die Fortschritte z. B. in der Medizin, Physik oder Chemie?* – ließe sich in Anbetracht der globalen Umweltprobleme ein »Ökologienobelpreis« sicher leichter rechtfertigen als ein Wirtschaftsnobelpreis. Die Ökologie ist die Quelle der Ökonomie, und sie ist eine echte Naturwissenschaft. Auch das ist der Hybris der »Königsdisziplin« zuzuschreiben, dass sie eine preiswürdigere Disziplin »überholt«, ganz im Stile ihres Psychogramms. Jakob von Uexküll unternahm den Versuch, einen Nobelpreis für Ökologie und Menschenrechte einzurichten. Doch *seine* Initiative wurde im Unterschied zu jener der Ökonomen abgelehnt – ohne Begründung. Uexküll stiftete daraufhin den Right Livelyhood Award, der auch als »Alternativer Nobelpreis« kolportiert wird. Ausgezeichnet werden bevorzugt Aktivist*innen aus dem globalen Süden, die sich für Umweltschutz, Menschenrechte und soziale Gerechtigkeit einsetzen. Man könnte meinen, dass der Preis die blinden Flecken des Wirtschaftspreises sichtbar macht. Oder aber: So wie die wirklich brennenden Probleme der Menschheit in der ökonomischen Standard-Lehre außen vor bleiben, bleiben sie auch im Wirtschaftspreis unberücksichtigt und müssen von einem separaten »heterodoxen« Preis gewürdigt werden.

Abschließender Gedanke: Wenn schon ein zusätzlicher Preis, dann nicht für die »Tochter« (Ökonomik), sondern die Mutter der Wirtschaftswissenschaft: die Philosophie. Adam Smith hätte den Nobelpreis fraglos verdient – Weisheit, Ethik, Mitgefühl: Daran mangelt es in der Wirtschaft von heute, nicht an Mathematik.

2. Econocracy –
die Herrschaft der Ökonomen

Neoliberalism means you are free to do anything
as long as it involves shopping.

SLAVOJ ŽIŽEK[37]

Ökonomie betrifft alle, wir alle leben in *oikoi*, wir *leben* die Ökonomie. Was wäre so besehen die genaue Rolle der Expert*innen? Die Bedürfnisbefriedigung beginnt im Haushalt, und Mütter haben die höchste Expertise darin, in der Gestaltung eines guten Lebens für alle. Mit
mathematischen Gleichungen und Modellen kommt man hier keinen
Schritt voran. Aber auch die systemischen Fragen wie Arbeitslosigkeit, Einkommensverteilung, Kreditzinsen oder Umweltgüter treffen
die breite Masse der Bevölkerung direkt und existenziell. Umso wichtiger wäre es, dass die Welt der Ökonomie ohne Krisen funktioniert, dass
sie unsere Lebensgrundlagen nicht zerstört, den sozialen Zusammenhang nicht zerrüttet und dass sie allen Menschen nützt. Entscheidungen
wie die, ob etwas mehr Inflation oder etwas mehr Arbeitslosigkeit an-
nehmbarer wären, gehen deshalb alle an. Oder die Frage, ob zusätzliches
Wachstum die Ungleichheit vergrößert oder verringert. Ob neue Märkte die ökologischen Lebensgrundlagen schützen oder gefährden. Ob
neue Technologien die Arbeit humaner machen oder mechanischer. Ob
»Effizienz« dem Gemeinwohl dient oder dem Kapital. Die wichtigsten
ökonomischen Entscheidungen sind Wertentscheidungen, die so demokratisch wie möglich zu treffen sind – und nicht von Expert*innen
in Labors und entfremdeten Wertsystemen. Die angemessene Rolle der
Expert*innen bestünde darin, ein Spektrum unterschiedlicher Alternativen auszuarbeiten und aufzubereiten, damit die Bevölkerung dann informiert und frei wählen kann.

Genau darauf werden Studierende der Wirtschaftswissenschaft aber nicht vorbereitet. Sie werden »entführt« in dichte Nebel der Mathematik und die surreale Welt der Modelle, über die sie die Verbindung zur Realität, zu den Menschen und zur Demokratie verlieren. Sie werden über Schwellenkonzepte in aparte Gefühls- und Wertewelten entführt. Die hochmathematisierte Sprache immunisiert die Disziplin gegen öffentlichen Diskurs und Rechenschaft, sie führt zu einer steilen Hierarchie im Inneren, die sich nach außen in Form von Hybris, mangelnder Gender-Sensitivität und demokratischer Selbstreflexion zeigt. Die Cambridge-Rebellen schreiben: »Gegenwärtig werden Studierende der Wirtschaftswissenschaft trainiert (nicht: gebildet), eine Sprache zu sprechen, die außer ihnen selbst niemand versteht, und sich unhinterfragt in ein System einzufügen, in dem sie über beträchtliche Autorität verfügen, während die Bürger dies nicht tun.«[38] Der Realitätszölibat, den RPT Ronald Coase als »blackboard economics« bezeichnet[39], schafft die intellektuelle Grundlage für die Abwertung der Rolle und des Wissens (oft: der größeren Weisheit) von Nicht-Expert*innen in ökonomischen Diskussionen und Entscheidungen.[40]

Diese Entfremdung ist gegenseitig: In Großbritannien vertrauen laut einer Umfrage nur zwei Prozent (!) der Bevölkerung den Ökonom*innen »in hohem Maße« und ein Drittel »in gewissem Maße«. Hingegen ist bei einer Mehrheit das Vertrauen »nicht besonders« oder »gar nicht« vorhanden.[41] Das sind alarmierende Werte, und man fragt sich, wie das zu einer Königsdisziplin, den hohen Gehältern und dem Ansehen der Ökonom*innen bei den Eliten und Regierungen passt! Es passt überhaupt nicht, und es dämmert, dass die Volksferne und Elitennähe mit der systemstützenden Funktion zusammenhängt, die sie für die gegenwärtige Wirtschaftsordnung ausüben. Bezeichnenderweise erhält *Economics* manchmal den Spitznamen »ideology for the better-off«.[42]

NAIRU, QE und BIP

In einer Umfrage 2015 in Großbritannien gaben nur zwölf Prozent der Befragten an, dass die Art und Weise, wie Politiker*innen und Medien über Wirtschaft sprachen, leicht verständlich ist. Wenn Expert*innen, die von den Bürger*innen nicht verstanden werden, die Politik beraten, entsteht das nächste Problem: Politische Fragen werden zu – scheinbar – technischen Fragen, die dem öffentlichen Diskurs entzogen werden: »Econocracy«. Drei Absolventen der Elite-Uni Cambridge haben ein lesenswertes Buch dazu vorgelegt. In der Expertokratie der Ökonomen sind breite öffentliche Diskurse über ökonomische Alternativen genauso wenig erwünscht wie in Lehrbüchern.[43] Expertensprech wie Non-accelerating inflation rate of unemployment (NAIRU) oder Quantitative Easing (QE) weiten die Kluft zwischen der Experten-Kaste und dem Souverän. Doch NAIRU ist ein Luftschloss: Die Arbeitslosigkeit sank in den USA deutlich darunter, und die Inflation hob nicht ab. Genauso gut könnte die Bevölkerung eine Non-acceptable inequality ratio in income (NAIRI) aufstellen, mit der »objektiven Erkenntnis«, dass oberhalb derselben eine Gesellschaft zerreißt, weshalb sie keinesfalls überschritten werden darf. Eine NAIRI wäre um kein Haarbreit unwissenschaftlicher als die falsifizierte NAIRU. Der Unterschied besteht im höheren Standing der ökonomischen Politikberater*innen, und dass die politischen Eliten ihr Ohr lieber diesen leihen (»Technokratie«) als der Bevölkerung (»Wirtschaftsdemokratie«).

Quantitative Easing, so nobel es klingt, könnte man auch mit Ramschpapieraufkaufprogramm durch Notenbanken übersetzen. Die Bank of England hat selbst angegeben, dass QE in Großbritannien den fünf Prozent Reichsten am meisten zugutekam[44] – was unschwer nachzuvollziehen ist, weil diese die meisten Wertpapiere besitzen. Der Wirkungsmechanismus, der durch die QE-Maßnahme ausgelöst werden sollte, ist hingegen mehr als dubios. Zwischen dem Abkaufen von Wertpapieren von institutionellen Investoren, die sie gerne loshätten, und der erwarteten Hilfe für Arbeitslose, Obdachlose oder Häuslbauer, die ihre Hypotheken nicht bedienen können, klafft eine kausale Kluft, die mit keinem guten Argument zu überbrücken ist.

Ähnlich verhält es sich mit dem BIP. Kaum jemand hat ein tieferes Verständnis, was das BIP genau aussagt oder wie es berechnet wird. Dennoch ist es zum übergeordneten Ziel der Wirtschaftspolitik avanciert. Doch sosehr die Ökonomen es befürworten, die Bevölkerung lehnt es ab! Eine Umfrage in Großbritannien ergab, dass nur 26 Prozent der Bevölkerung der Ansicht sind, dass der Erfolg von Regierungsmaßnahmen am BIP gemessen werden soll, während dieser Wert bei »Lebensqualität« bei 36 Prozent liegt.[45] In Deutschland fragten das Umweltministerium und das Umweltbundesamt die Bevölkerung repräsentativ, ob sie der Aussage: »Wir brauchen in Zukunft mehr Wirtschaftswachstum, auch wenn das die Umwelt belastet« zustimmten. »Voll und ganz« taten dies drei Prozent! Zusammen mit den »eher« Zustimmenden kam der Wert auf maue achtzehn Prozent. Hingegen stimmten 67 Prozent der Aussage zu: »Statt des Wirtschaftswachstums (Steigerung BSP) wird die Lebenszufriedenheit der Menschen (›Bruttosozialglück‹) zum wichtigsten Ziel der Wirtschafts- und Sozialpolitik. Alle anderen Politikziele werden dem untergeordnet.«[46]

»Econocracy« bedeutet, dass die Regierung wissentlich die Ziele der Wirtschaftspolitik anders definiert, als die Bevölkerung dies wünscht, weil einflussreiche Ökonomen es ihr einflüstern. Das hohe Maß an »reputationaler Autonomie«[47], die Ehrfurcht einflößende Mathematik und der Reichsbankpreis tragen das ihre dazu bei.

Fourcade et al. argumentieren mit Sapienza und Zingales (2013): »Je mehr US-Ökonomen sich untereinander einig sind, desto weiter entfernen sie sich von den durchschnittlichen US-Bürger*innen (…) Eine beträchtliche Mehrheit der Ökonomen glaubt, dass Handelsprotektionismus wirtschaftlich schädlich ist, aber wenn sie gefragt werden, ob der Kauf von Produkten aus den USA gut für die Wirtschaft ist, stimmt die durchschnittliche US-Bürger*in zu (…) Ökonom*innen mögen Regierungen beraten, aber sie überzeugen oft nicht die Menschen.«[48] Das ist einer der Gründe, warum Trump die Wahlen gewonnen hat, wieso die

Mehrheit der Brit*innen für den Brexit gestimmt hat und wieso in Frankreich die Gelbwesten herumlaufen. Ein Kommunikations- und Vertrauensband ist gerissen: Die Regierungen sind nicht in der Lage, die Politikentscheidungen, die sie treffen, verständlich zu erklären und ihren Nutzen für die breite Bevölkerung darzustellen.

Aus neoklassisch wird neoliberal: TINA!

Vom theoretischen Monismus der Ökonomen zur Ansage der Alternativlosigkeit der Politiker*innen ist es nur ein Schritt. Margaret Thatcher wagte ihn Anfang der 1980er Jahre in Großbritannien. Entgegen dem Wesensmerkmal einer Demokratie, demgemäß es immer Alternativen (unterschiedliche Steuerhöhen, unterschiedliche Handelsöffnung, unterschiedlich große öffentliche Sektoren …) gibt, riskierte sie als Erste die Behauptung, dass es zu einer bestimmten Form der Wirtschaftspolitik – analog zu einer bestimmten Lehre der Wirtschaftswissenschaft – keine Alternative gäbe: TINA – There is no alternative. Sie leitete jene Politik ein, die nicht ganz treffend als »neoliberal« bezeichnet wird – ich ziehe »antiliberal« vor –, weil sie unterm Strich für die Mehrheit weniger Freiheit bringt, vor allem aber: eine Verlangsamung des Wirtschaftswachstums, instabilere Finanzmärkte, eine ungleichere Verteilung, und all das bei einer Zuspitzung der ökologischen Probleme. Philosophischer Überbau des Programms aus Privatisierungen, Steuersenkungen für die Reichen, Handelsliberalisierungen und Deregulierung der Finanz- und Arbeitsmärkte (bei gleichzeitiger Ausweitung des staatlichen Eigentums- und Investorenschutzes) war die Übersetzung des »methodischen Individualismus« der Neoklassik in einfache politische Botschaften: »So etwas wie eine Gesellschaft gibt es nicht.« Es gibt Männer, Frauen, Familien, aber so etwas wie eine Gesellschaft existiert nicht. Menschliche Gesellschaften existierten immer und überall, sie sind der Gegenstand der Soziologie, die ich studieren durfte. Sie existieren nur in neoklassischen Modellen nicht, und Margaret Thatcher unternahm den Versuch, die politische Realität diesen Modellen anzupassen. So wie Angela Merkel dreißig Jahre später als Erste versuchte, die Demokratie den Märkten anzupassen, indem sie einer »marktkonformen Demokratie« das Wort redete. Solche Ansagen übersetzen die ideologische Vorarbeit der »Wissenschaft« in die politische Praxis. Der Preis, den wir derzeit alle zusammen dafür bezahlen, ist die Erosion des sozialen Zusammenhalts, Entsolidarisierung, wachsende Ungleichheit, Instabilität und Unsicherheit.[49]

»Neoliberales Denkkollektiv«: die Mont Pèlerin Society

Der Chefökonom von Margaret Thatcher, Friedrich A. von Hayek, wird – neben dem bekannteren Milton Friedman, seinerseits Chefökonom von Ronald Reagan – als der »wirkungsmächtigste Ökonom in der zweiten Hälfte des 20. Jahrhunderts« gehandelt.[50] Walter Ötsch führt das auf drei Komponenten zurück: die von Hayek mitbetriebene Neugründung der Chicago School of Economics 1946, die Publikation von *The Road to Serfdom*, das unter anderem von Industriekonzernen breit verteilt wurde, sowie die Gründung der Mont Pèlerin Society (MPS) 1947. Letztere steht paradigmatisch für die globale Durchsetzung des Marktfundamentalismus. Sie wird von Philip Mirowski im Sinne des Wissenschaftshistorikers Ludwig Fleck als »das neoliberale Denkkollektiv« bezeichnet.[51] Die Vorgeschichte der MPS begann zum einen im Wiener Privatseminar von Ludwig von Mises. Hayeks Doktorvater war einer der führenden Köpfe der Österreichischen Schule der Nationalökonomie. Hier begann das strategische Netzwerken. Sie luden Lionel Robbins ein, der später Hayek eine Position an der London School of Economics verschaffte. Zum anderen wurde 1938 beim sogenannten Lippmann-Colloquium in Paris der »Neoliberalismus« begründet – eine Selbstbezeichnung der Teilnehmenden.[52] Walter Lippmann war einer der einflussreichsten US-Journalisten seiner Zeit, der seine Propaganda-Künste in den Dienst des neuen Marktradikalismus stellte. Die in Paris versammelten Personen waren sich klar, dass es zwei bis drei Generationen dauern würde, bis das politische Meinungsklima wieder zugunsten eines marktradikalen Kapitalismus umschlagen würde.[53] Anfangs war Hayek nur mäßig erfolgreich. Er nahm sich die 1884 gegründete britische Fabian Society zum Vorbild, die ihre sozialreformerischen Projekte über vielfältige Kanäle verbreitete, unter anderem über die London School of Economics, die »zur Verbesserung der Welt« eingerichtet wurde: ursprünglich ein Weltverbesserungs-Thinktank. Am 1. April 1947 erfolgte dann die Gründung der Mont Pèlerin Society, benannt nach dem Schweizer Kurort am Genfer See. 39 Intellektuelle, darunter die RPT Maurice Allais, Milton Friedman, George Stigler, Friedrich Hayek, und weiter Walter Eucken, Frank Knight, Ludwig von Mises, Karl Popper, Lionel Robbins und Wilhelm Röpke, versammelten sich. Auch einflussreiche Journalisten von der *NZZ, Le Monde, Wall Street Journal, Newsweek, Fortune* ... waren dabei. Und *eine* Frau.

Die geschlossene Gesellschaft – Mitglied werden konnte man nur auf Einladung Hayeks – setzte sich aus drei Schulen zusammen: den Austrians, der Chicago School (US) und den deutschen Ordoliberalen. Entsprechend gingen die Meinungen auseinander. »Doch der gemeinsame Kampf gegen Keynesianismus, Wohlfahrtsstaat, Gewerkschaften und Sozialisten aller Art schuf eine Solidarität, die stärker war als die wechselseitige Geringschätzung wissenschaftlicher Positionen.«[54]

Hayek hatte einen genauen Plan: Zentral war ein gemeinsames Kernnarrativ[55], das von allen ständig wiederholt würde – der freie Markt mit dem Schutz von Privateigentum und die Abwehr jeder anderen staatlichen Intervention –, darüber hinaus konnten alle ihre Theorien verbreiten. Entscheidend war noch der Ausschluss »mittlerer Lösungen« nach dem naturgesetzlichen TINA-Motto: There is no alternative! Hayek unterschied dabei »originäre Denker« (original thinkers), die »Prinzen unter den Intellektuellen«[56], von den »second-hand dealers of ideas«[57], welche wir heute als »Multiplikator*innen« oder Meinungsbildner*innen der zweiten Reihe bezeichnen würden. Hayek war sich sicher, »wenn erst der aktivere Teil der Intellektuellen zu bestimmten Glaubensvorstellungen konvertiert (sic!) wurde, dann läuft der Prozess, durch den diese allgemein akzeptiert werden, fast automatisch und unaufhaltsam ab«.[58]

Nur noch etwas Finanzierung war nötig. Hier wurde Hayek in der Großindustrie fündig. Konkreter in konservativen Kreisen in den USA, die gegen den New Deal von Präsident Roosevelt gekämpft hatten. Sie gaben das Startkapital für die MPS und finanzierten auch das USA-Treffen im September 1958. Als »Gegenleistung« lieferte das Denkkollektiv rund um die MPS die passende Ideologie, die den Geschäftsleuten maximale (Wirtschafts-)Freiheit zusicherte. Auch bestanden einige Sponsoren zum Missfallen Hayeks darauf, beim Konferenzprogramm mitzureden: »By and large, however, both the businessmen and the intellectuals understood their usefulness for each other.«[59] Geld kam unter anderem von Du Pont, der United Fruit Company, von U.S. Steel und dem Ford Motor Company Fund.[60]

Aus dieser Gemengelage von Geschäftsleuten, Wissenschaftlern und Journalisten entstanden weltweit Thinktanks. Ötsch schreibt: »Um die MPS ist ein weltweites Netzwerk von Institutionen entstanden, das ausdrücklich und gezielt für die Beeinflussung und Manipulation der öffentlichen Meinung und von politischen Prozessen errichtet worden ist.«[61] Hayek schrieb: »Wir müssen doch kühl überlegen, was mit Überredung und Belehrung erreicht werden kann.«[62]

Aufgabe der Thinktanks ist und war es, die Theorie der »Vordenker« wie Hayek, Friedman und Co. in leicht lesbaren Broschüren zusammenzufassen, aktuelle wirtschaftliche oder politische Entwicklungen zu kommentieren, Lehrstühle zu finanzieren, Veranstaltungen zu organisieren und Kontakte zu Medien und Politik zu pflegen. Wichtig ist auch die Nachwuchsförderung durch Stipendien und Preise, z.B. den »Hayek Essay Contest«.[63] Heute werden 475 »free market organizations« in 93 Staaten vom Atlas Network koordiniert – das könnte man als die »Kapitalistische Internationale« bezeichnen.

Die Tabelle zeigt eine Auswahl auf Basis von Schulmeister (2018) mit eigenen Ergänzungen:

Thinktank	Gründung	Budget	Merkmale
Hoover Institute	USA, 1919	65 Millionen Dollar	Assoziiert mit Stanford University
Institute of Economic Affairs	UK, 1955 – von Antony Fisher unter direkter Anleitung von F. Hayek		Mutter aller Thinktanks, »Wie man einen Krieg der Ideen führt«
American Enterprise Institute	Washington, D.C., 1938	35 Millionen Dollar	Von Großkonzernen finanziert, Google-Chef-Agoraloge Varian liebt es als Lehrbuch-Quelle
Foundation for Economic Education	1946, New York, by Leonard E. Read	5,7 Millionen Dollar (2018), 46 Angestellte	Schwerpunkt Schulen und Jugend; »essential readings« (Hayek, Friedman, von Mises)
Friedrich Naumann-Stiftung (seit 2007 »für die Freiheit«)	1958, Bonn, heute Potsdam	50 Millionen Euro	FDP-nahe
Liberty Fund	Indianapolis, 1960	Fondsvermögen 300 Millionen Dollar	Bücher und Konferenzen
Heritage Foundation	Washington, 1973	90 Millionen Dollar	Konvolut »Leadership for America« zwei Tage nach Amtsantritt von Ronald Reagan an mehrere Team-Mitglieder verteilt
Fraser Institute	Vancouver	50 Mitarbeiter*innen	Economic Freedom Ranking von Staaten

Tabelle 5: Marktradikale Thinktanks

Die Thinktanks verarbeiten die Theorien (»Vorleistungen«) laut Schulmeister zu markt- und politiktauglichen »Endprodukten«, den »alternativlosen« Anweisungen an die Politik. Ein besonders gewieftes Produkt war der »Wirtschaftsnobelpreis«. Ein anderes die Gründungshilfe für neue marktradikale Thinktanks. Der Gründer des Institute for Economic Affairs, der Massentierhalter Antony Fisher, half allein bei der Gründung vierzig weiterer Thinktanks. Über ihn wurde gesagt: »Ohne Fisher kein IEA; ohne IEA und seine Kopien keine Thatcher und möglicher Weise auch kein Reagan; ohne Reagan kein ›Star Wars‹ [SDI], ohne ›Star Wars‹ kein wirtschaftlicher Zusammenbruch der Sowjetunion.

Thinktank	Gründung	Budget	Merkmale
Center of Policy Research	1974		Mitbegründet von M. Thatcher, um Konservative zum Glauben an den freien Markt zu konvertieren
Cato Institute	Washington, 1977	100 Millionen Dollar	Gegründet von Charles Koch, für Privatisierung der Sozialversicherung, leugnet Klimawandel
Adam Smith Institute	London, 1977	10 Mitarbeiter*innen	Public Choice Theory, Lobbying pro Thatcher
CPI	London		Handbuch für Privatisierung
Manhattan Institute for Policy Research	New York, 1978	15 Millionen Dollar	Gegen »Kultur der Abhängigkeit« vom Wohlfahrtsstaat
Atlas Network	Washington, 1981	5,3 Millionen Dollar	Thinktank zur Gründung von Thinktanks
Austrian Economics Center & Friedrich August von Hayek Institut	Wien	Geldnahme von der Japan Tobacco und British American Tobacco; sechsstellige staatliche Subventionen 2011 und 2012[64]	Nationalbank-Vizepräsidentin Barbara Kolm ist Präsidentin des Hayek Instituts und Direktorin des Austrian Economics Center
Initiative Neue Soziale Marktwirtschaft	Köln, 2000 (aktuell Berlin)	7 Millionen Euro	Arbeitgeberverbände der Metall- und Elektroindustrie, unter anderem gegen Mindestlöhne

Was für eine Kettenreaktion, ausgelöst von einem Hühnerproduzenten!«[65] Walter Ötsch gibt Bruno Latour wieder: »In jeder Wissenschaft (selbst in den Naturwissenschaften) setzen sich nicht die ›besseren‹ Theorien durch, sondern jene, die in wirkungsmächtiger Resonanz zu anderen Teilen der Gesellschaft stehen.«[66] Schulmeister: »Heute sind sich die wenigsten dem Mainstream folgenden Professoren, Journalisten und Politiker bewusst, dass sie Akteure einer großen Inszenierung sind, die Hayek und Co. vor siebzig Jahren planten – ›Marionetten der Freiheit‹ haben Freiheitsbewusstsein, nicht Marionettenbewusstsein.«[67]

3. Lehrbuchposse

Noch einmal zum Thema Lehrbuch. Da die Gemeinwohl-Ökonomie für viele Menschen, auch für Lehrer*innen, die täglich in der Verantwortung stehen, der Generation von morgen Alternativen zur gegenwärtigen Wirtschaftsweise näherzubringen, eine attraktive Alternative darstellt, hat sie es in eine Reihe von Schulbüchern geschafft. Das war bis April 2016 auch für niemanden ein größeres Problem, ich wusste zum Teil selbst nichts davon. Doch dann wurde ruchbar, dass ich – als Entwickler der Gemeinwohl-Ökonomie – in einem Oberstufen-Lehrbuch für Geografie und Wirtschaftskunde in einer Bildergalerie mit John Maynard Keynes, Karl Marx, Milton Friedman und Friedrich A. von Hayek abgebildet war, unter dem Titel »Wirtschaftstheorien«.

Das war dann doch zu viel der Ehre. Diese Nachbarschaft führte zu heller Empörung in Kreisen von Mainstream-Ökonomen und einigen Journalisten, die aufgeregt Mails mit rekordverdächtiger Rufzeichen-Anzahl in den Betreffzeilen wechselten. Aus Kreisen der Wirtschaftsuniversität Wien, die sich der Fahndung von »Pseudowissenschaft« verschrieben haben, wurde ein Brief an die Unterrichtsministerin verfasst, in dem meine Abbildung mit folgenden Worten beanstandet wurde: »Wir teilen das Ziel, unterschiedliche Wirtschaftstheorien und Fragestellungen der Ökonomie vorzustellen, auch etwa die, in denen es um Gemeinschaftsgüter (sic!) geht. Eine geeignete Person dafür ist nach den Kriterien einer entsprechenden internationalen Bedeutung sowie weithin anerkannter wissenschaftlicher Arbeit zu wählen (…) Als Ökonomen lehnen wir die Auswahl von Christian Felber, der vorwiegend als politischer Aktivist auftritt, über keine ökonomische Ausbildung verfügt und keine wirtschaftswissenschaftliche Publikation vorweisen kann, daher ab. Die von Felber propagierte Gemeinwohltheorie erfüllt nicht die üblichen Kriterien der Wissenschaftlichkeit (…) Wir fordern Sie daher auf, dieses Lehrbuch in seiner derzeitigen Form nicht weiter für den Einsatz an österreichischen Schulen zuzulassen!«[68] Der öffentli-

Abb. 89.1: Überblick: Verschiedene Wirtschaftstheorien

Abbildung 3   Quelle: Germ / Hochreiner / Mayrhofer / Port: Geospots. Geografie und Wirtschaftskunde für die AHS (2016), Veritas Verlag, Wien.

che Brief wurde von 22 Ökonomen und vier Ökonominnen unterzeichnet, die Internet-Version kurz darauf von 122 Männern und neunzehn Frauen.[69]

Die meisten Medien reagierten eher belustigt, wenige teilten die Empörung. Die *Oberösterreichischen Nachrichten* fragten ihre Leser*innen: »Wie kann das passieren?« Bundesrat Klaus Fürlinger stellte gemeinsam mit zwei Kollegen eine parlamentarische Anfrage an die Bildungsministerin: »Haben Sie schon etwas dagegen unternommen bzw. werden Sie dagegen etwas unternehmen? Wenn ja, was werden Sie veranlassen? Beabsichtigen Sie, die Verwendung des Lehrbuchs in dieser Fassung zu untersagen?«[70] Ein weiterer Antrag von drei Nationalratsabgeordneten der FPÖ mit 45 Fragen landete beim Europaminister (!). Dieser wurde noch am selben Tag zurückgezogen, vermutlich wegen Zuständigkeitsirrtums. Der *nzz.at*-Redakteur, der »selbst Volkswirtschaft studiert« und die Causa losgetreten hatte, betrachtete meine Abbildung als »Fall von Ideologie in Schulbüchern«.[71] Auf Twitter verbreitete er: »Eine Beleidigung für alle Ökonomen.« Den kuriosesten Beitrag lieferte Christian Keuschnigg, Professor für Public Economics an der Universität St. Gallen, 2012 bis 2014 Leiter des Instituts für Höhere Studien (IHS) in

Wien und Vorsitzender des finanzwissenschaftlichen Ausschusses des Vereins für Socialpolitik: »Wenn hier vier Nobelpreisträger aufgeführt werden, und dann jemand, der als Autodidakt sich mit volkswirtschaftlichen Problemen beschäftigt, dann ist das keine gleichwertige Fragestellung«, ließ er die Öffentlichkeit in den ORF-Hauptabendnachrichten (ZiB 1) wissen.[72] Marx – ein Nobelpreisträger? Keynes – ein Nobelpreisträger? Wirtschafts*nobelpreis*?

Die Ministerin antwortete dem Bundesrat: »Nach Rücksprache wurde vom Verlag angekündigt, in der nächsten Auflage das Bild des Genannten auszutauschen und in der Grafik eine andere Vertreterin bzw. einen anderen Vertreter bezüglich alternativer Wirtschaftstheorien abzubilden.«[73]

So geschah es dann auch. Noch im selben Jahr erschien eine Version des Schulbuchs mit unverändertem Text, in der überklebten Abbildung hingegen war ich durch Amartya Sen ersetzt worden. Ich kommentierte: »Amartya Sen als Nachfolger zu wissen, ist schon eine Ehre für sich, und erst recht, sein Vorgänger im liber delicti zu sein.«[74] (Streng genommen wurde ich zunächst Sens Untergänger, denn ich war ja – bis zur Neuauflage 2017 – nach wie vor im Schulbuch, nur überklebt.)

Das interessanteste und gleichzeitig aussagekräftigste Element dieser Debatte ist, dass keiner der petitierenden Wissenschaftler sich bei den Lehrbuch-Autoren erkundigt hatte, nach welchen fachlichen Prinzipien und Kriterien vorgegangen wurde. Auch kein einziges der Medien, die die Empörung mit anfachten – die parlamentarische Anfrage berief sich auf einen »Bericht« in den *Oberösterreichischen Nachrichten* –, war bei den Verantwortlichen vorstellig geworden, um sie nach ihren Motiven zu befragen.[75] Ein Nichtunterzeichner, dessen E-Mail-Verkehr mit der Bildungsministerin veröffentlicht wurde, hatte sich nach den Kriterien für meine Abbildung erkundigt. Die Antwort des Ministeriums lautete: »Geospots ist ein Schulbuch, das sich den didaktischen Prinzipien der Multiperspektivität, Kontroversität, Handlungs- und Schülerinnenorientierung und dem Aktualitätsbezug verpflichtet fühlt. Diese Prinzipien sind in den fachdidaktischen als auch fachwissenschaftlichen Dis-

Abb. 89.1: Überblick: Verschiedene Wirtschaftstheorien

Abbildung 4   Quelle: Germ / Hochreiner / Mayrhofer / Port: Geospots. Geografie und Wirtschaftskunde für die AHS (2016), Veritas Verlag, Wien.

kursen anerkannt und finden Niederschlag in einer umfassenden Wissenschaftsliteratur, sowohl der Geografie- und Ökonomie- als auch der Politikdidaktik (Kanwischer 2013, Sander 2014, Sauer 2015 u. v. a. m.). Alternative Ökonomietheorien prägen gerade in Zeiten des Versagens neoklassischer Theorieansätze (multiple Krisen der Gegenwart) sowohl die öffentlichen als auch die wissenschaftlichen Diskurse. Das Verständnis von heterodoxen Ökonomietheorien ist daher unerlässlich (…) Das Unterrichtsprinzip Politische Bildung (1978/2015) sieht mit dem Beutelsbacher Konsens zudem vor, dass alles, was in Politik, Wirtschaft und Gesellschaft kontrovers ist, auch im Unterricht und damit in Schulbüchern thematisiert und dargestellt werden muss.«[76]

Ich lasse hier zusätzlich einen der Autoren des Buches, Alfred Germ, zu Wort kommen, der eine Stellungnahme zur Causa verfasst hat: »Die wenigsten Proponenten sprechen hier über ein Feld, das ihnen – den eigenen Schulbesuch und den ihrer Kinder natürlich ausgenommen – so richtig bekannt sein dürfte (…) Die wichtigsten Dimensionen in der ganzen Debatte blieben bis jetzt jedenfalls unberücksichtigt. Es geht nämlich primär um die Funktion und Aufgabe von Schulbüchern und deren fachdidaktische Konzeptionen für kompetenzorientierten Unterricht. Die Aufgabe von Schulbüchern ist jedenfalls nicht die einseitige Darstellung von Vorkommnissen und Phänomenen, so wie sich dies als logische Folge aus den Wortmeldungen der Apologeten der Marktgläubigkeit ergeben würde. Deren ökonomische Weltanschauung ist eine Sicht auf das Feld der Ökonomie, daneben existieren viele Alternativansätze, zu denen auch Felbers Zugang über die Gemeinwohl-Ökonomie gezählt werden kann. Seine Auftritte sind jedenfalls international! Eine Verengung auf ein derartiges Ökonomieverständnis im Unterricht stellt die Basis für Indoktrinationsunterricht dar, der aus autoritären oder totalitären Systemen bekannt ist. Aus fachdidaktischer Perspektive geht es im Unterrichtsgeschehen jedenfalls stets darum, den Grundsätzen von Multiperspektivität, Kontroversität und einem Indoktrinierungsverbot gerecht zu werden, denn alles was in Politik, Wirtschaft und Gesellschaft kontrovers ist (was eigentlich nicht?), hat auch im Unterricht als solches dargestellt zu werden. Dies ist Konsens in den gesellschaftswissenschaftlichen Fachdidaktiken, zu denen auch die Ökonomiedidaktik zu zählen ist. Ein Schulbuch gilt daher nicht als Handlanger zur Darstellung einseitiger ideologischer Zugänge, weder in Politik, noch in Religion und auch nicht in der Ökonomie.«[77]

Aus beiden Stellungnahmen geht hervor: Die entscheidenden *didaktischen* Kriterien sind Multiperspektivität (auf das Wirtschaftsgeschehen) und Kontroversität (der Theorieansätze), weder »Wissenschaftlichkeit« noch »Orthodoxie« und schon gar nicht »Nobelpreis«. Auch das Kriterium »Aktualitätsbezug« trifft für die Gemeinwohl-Ökonomie sicher stärker zu als für Adam Smith, der von einigen als Ersatz vorgeschlagen worden war.

Seinerseits empört über so viel »Meinung« (über die vermeintlichen Fehler eines Didakten) ohne »Wissen« (über Fachdidaktik), richtete Autor Germ den akademischen Aktivisten aus: »Begeben Sie sich endlich auf den Boden einer interdisziplinären Fachdidaktik, die in sehr elaborierter Weise einen multiperspektivisch geplanten Ökonomieunterricht für alle zu organisieren versteht!« Die Überklebung konnte dieser Appell nicht verhindern.

Inakzeptabel ist auch, dass die Establishment-Aktivisten das Verbot eines dreihundertseitigen Lehrbuchs (!) forderten, weil ihnen *eine Abbildung*, die nach fachlichen Kriterien korrekt war, missfiel. Das ist nicht nur auffallend ignorant, das ist der Ruf nach Zensur. Eine solche – wissenschaftliche oder aktivistische? – Vorgangsweise bestätigt sämtliche Kritik an der orthodoxen, monistischen, nichtpluralen, alternativenresistenten Mainstream-Ökonomik. Und es ist, nebenher, ein Lehrbuchbeispiel für den ineffizienten Einsatz (knapper) öffentlicher Empörungsenergie. Denn wie oft treten 140 Ökonomen in Österreich vereint an die Öffentlichkeit? Gäbe es dafür nicht lohnendere Anlässe? Sofortmaßnahmen gegen den Klimawandel beispielsweise. Oder wirksame Vorschläge zur Begrenzung der Ungleichheit. Oder die Vergabe von zumindest einem Drittel der Lehrstühle an Frauen – und an heterodoxe Professor*innen …

Oder, vielleicht am allerwichtigsten: dass es eine Qualitätskontrolle und didaktische Mindeststandards für an Hochschulen verwendete Lehrbücher geben sollte! Denn das Schlimmste an der Causa ist, dass die Lehrbücher der Mikro- und Makroökonomie so gravierende epistemologische, theoretische, methodische, rhetorische und inhaltliche Mängel aufweisen, dass ihre Weiterverwendung in viel höherem Maße infrage stehen sollte als die Weiterverwendung des beanstandeten Lehrbuchs aufgrund einer – vermeintlich – fehlerhaften Abbildung. Die Mainstream-Lehrbücher arbeiten, wie wir gesehen haben, mit dem Anspruch auf »Überzeugung«, mit Glaubenssätzen und Manipulation und stellen aufgrund ihrer ideologischen Parteinahme eine Gefahr für Gesellschaft und Umwelt dar – was die orthodoxen Ökonomen jedoch entweder nicht erkennen oder womit sie vergleichsweise gut leben können und was sie zu keinerlei vergleichbaren aktionistischen Interventionen veranlasst.

Natürlich besteht ein Unterschied zwischen Lehrbüchern für die (Pflicht-)Schulen und für Hochschulen und Universitäten. Doch so eindeutig ist das gar nicht: Zum einen sind AHS keine Pflichtschulen, ihr Besuch ist freiwillig. Zum anderen sind viele der Universitäten öffentlich und stehen in der Verantwortung der Gesellschaft, die sie aus Steuermitteln finanziert. Auch ich finanziere die Einkommen der aktivistischen Petitoren – unfreiwillig – über Steuern mit. Studierende haben zudem oft keine Wahl, welchen Einführungskurs in die Ökonomik sie besuchen wollen. In diesen ist wiederum häufig die Verwendung bestimmter Lehrbücher verpflichtend, und zudem muss die neueste Ausgabe verwendet werden. Das ist nicht nur ein weiterer Verstärkungsmechanismus, sondern auch die Teilkommerzialisierung des öffentlichen Gutes Bildung mit tendenziellem Monopol-Charakter: Die Studierenden dürfen sich die Lehrbücher ja genauso wenig aussuchen wie die Pflichtkurse (das wäre freier Wettbewerb). Und die (Monopol-)Preise für die Lehrbücher streben mit der Zahl der Ökonomie-Studierenden nach oben. Das Markführer-Produkt von Mankiw kostet 280 US-Dollar.[78] Das »Gesetz von Angebot und Nachfrage« wird just am Ort seiner Verkündigung außer Kraft gesetzt.

PS: In gewisser Weise hat das Ministerium mit der Entfernung der Gemeinwohl-Ökonomie gegen einen eigenen Grundsatzerlass gehandelt. Am 20. Oktober 2015 hatte es in einem »Grundsatzerlass zum Unterrichtsprinzip Wirtschafts- und Verbraucher_innen_Bildung« allen Pädagogischen Hochschulen, Bildungsanstalten für Kindergartenpädagogik sowie Bildungsanstalten für Sozialpädagogik nahegelegt, »in der Aus-, Fort- und Weiterbildung« die »Lernenden zu befähigen, als Verbraucher/innen und Wirtschaftsbürger/innen wirtschaftliches Handeln kritisch zu reflektieren und eine nachhaltig lebenswerte Welt mitzugestalten«. Unter den »Beispielen für konkrete Inhaltsfelder der Wirtschafts- und Verbraucher/innenbildung« werden aufgezählt: »alternative Wirtschaftsmodelle, Gemeinwohlökonomie, Nachhaltigkeit bei Konsum, in Unternehmen und Wirtschaft«. Begründung: »Ökonomische Bildung ist politische und moralische Bildung. Denn wirtschaftliches Handeln hat gesellschaftliche und ökologische Folge- und Nebenwirkungen.«[79] Vielleicht haben die Petitoren ja noch aktionistische Energie übrig, um die Rücknahme des Grundsatzerlasses zu fordern.

PPS: Von den 26 Erstunterzeichner*innen kommt ein harter Kern von der Wirtschaftsuniversität Wien. Ich hatte dort zehn Jahre lang einen Lehrauftrag inne. Kurioserweise wurde dieser nun nicht mehr verlängert, und die Universität sah auch sonst keinen Platz für mich, obwohl ich das – erstmals – aktiv angefragt habe. Ich wurde zwischenzeitlich Senior Fellow (2018) und aktuell (2019) Affiliate Scholar am IASS in Berlin (das dieses Buch mitermöglicht hat), Fellow an der Friedrich-Zeppelin-Universität Friedrichshafen, Lehrbeauftragter an der Universität für angewandte Kunst Wien, am Schumacher College (UK), an der Dualen Hochschule Baden-Württemberg sowie an der (gemeinwohlbilanzierten) Fachhochschule Burgenland, im Master-Lehrgang »Angewandte Gemeinwohl-Ökonomie«. Pluralität ist offenbar mein Schicksal.

PPPS: Alarm: Felber 2019 erneut im Schulbuch!

Jesus, Maria und alle heiligen Geister – ich bin im nächsten Schulbuch. Diesmal in *Volkswirtschaft gestalten,* ein Arbeitsbuch des Österreichischen Bundesverlags von 2018, vom Bundesministerium für Bildung mit Bescheid vom 5. September 2017 an Handelsakademien und Höhere Lehranstalten für wirtschaftliche Berufe für geeignet erklärt. In diesem Fall werde ich im Kapitel »Heterodoxe Ökonomie« dreimal genannt: in den Rubriken »Kernideen«, »Personen« und, das könnte erneut die eine oder andere Schmerzgrenze übersteigen, bei »Hauptwerke«, als eines von zwei. In der Zusammenfassung der gesamten – orthodoxen und heterodoxen – Theoriegeschichte erhält die Gemeinwohl-Ökonomie zudem das Schlusswort!

Mainstream-Ökonomen, an die Arbeit, empört Euch! Aber Vorsicht: die Ökonomik ist die Wissenschaft vom sparsamen Einsatz knapper Mittel – und auch dieses Schulbuch wird selbst nach erfolgreichem Löscheinsatz nicht das letzte mit Gemeinwohl-Ökonomie sein![80]

4. Ideologisches Glaubenssystem

Wir kommen zum Gesamtbild nach dem Rundgang. Ist die neoklassische Ökonomik nun:

- eine Wissenschaft
- eine *reine* Wissenschaft
- eine »Königsdisziplin«
- eine (Quasi-)Natur- oder eine Sozialwissenschaft
- eine Pseudowissenschaft
- »pure science ficition«
- eine Noch-nicht-(fertig gereifte) Wissenschaft
- ein Glaubenssystem oder
- eine Ideologie?

Zweifellos hat sie von allem etwas, doch in der Gesamtbetrachtung halte ich die Bezeichnung *ideologisches Glaubenssystem* für die treffendste, weil sie einerseits auf antiaufklärerischer Bildung (Schwellenkonzepte, troublesome knowledge, mythische Metaphern, Realitätszölibat) beruht und andererseits eine Reihe von wissenschaftlichen Kriterien für Ideologie erfüllt: Nichtdefinition von Grundbegriffen, Nichtoffenlegung des eigenen Wertesystems, Unfalsifizierbarkeit, Kritikimmunisierung und Legitimation von Herrschaft. Die Einkapselung schneidet sie von ihren Kontexten, der Geschichte, Herkunft, Etymologien, anderen Disziplinen und alternativen Theorieschulen ab, ist aber nötig, um unangreifbar zu werden einerseits; und damit den Status quo aufrechterhalten zu können andererseits. Gleichzeitig erklärt sie »die Welt« aus und in ihrer eigenen Kapsel und will demokratische Gesetze mit undemokratischen Lehrbüchern überschreiben. Die Autoren der meistverwendeten Standard-Lehrbücher arbeiten mit Mitteln der Indoktrination und Manipulation, ohne dass die Scientific Community imstande wäre, effektiv etwas dagegen zu unternehmen. Stattdessen ist eine auffällig aggressive Abwehr von anderen wissenschaftstheoretischen Zugängen, heterodoxen Theorieschulen und realwirtschaftlichen Alternativen wahrnehmbar. Das Psychogramm zeichnet, abgesehen von kleineren Ausnahmen, keine selbstreflexive, offene, organische und flexible Wissenschaft, sondern eher ein Bollwerk. 25 Gründe, warum es sich beim neoklassischen Mainstream um ein ideologisches Glaubenssystem handelt:

Die 25 Todsünden der neoklassischen Ökonomik

1. Sie geriert sich als Naturwissenschaft, ist aber eine reine Sozialwissenschaft (»Physikneid«).
2. Sie verbreitet die Illusion der Wertfreiheit, obwohl sie ein radikales Wertesystem darstellt.
3. Sie legt ihre Erkenntnis- und Wissenschaftstheorie an vielen Stellen nicht offen (epistemische Intransparenz).
4. Die von der Mathematik abgeschaute und von der Realität abgetrennte objektive (apriorische) Erkenntnisweise ist für eine Sozialwissenschaft nicht angemessen.
5. Mit dem positivistischen Wissenschaftsverständnis ist sie nicht auf dem Stand der Wissenschaft, nicht einmal auf dem Stand der Naturwissenschaft. Sie erweckt den Eindruck von dauerhaften Wahrheiten, Marktgesetzen und der »Ausgeforschtheit« von Märkten.
6. Sie fokussiert nahezu ausschließlich auf Märkte, andere Orte des Wirtschaftens werden ausgeblendet oder marginalisiert.
7. Sie hat ihre historischen Wurzeln – die Philosophie – vergessen und die Ethik abgetrennt.
8. Sie hat die Bedeutung ihres Namens verdrängt. Eine Wissenschaft, die den Fokus auf Finanzkennzahlen hat (Rendite, Profit, BIP), ist Chrematistik, nicht Ökonomik.
9. Sie hat keine Klarheit darüber, was das Ziel der Ökonomik ist (»Economics is what economists do«).
10. Sie gibt sich als einzige Theorie (»theoretischer Monismus«) ohne Verweis auf die Pluralität der Theorieschulen.

11. Sie baut einen mathematischen Ballast auf, der weder zweckmäßig noch sinnvoll ist (»mit Buchstaben rechnen«).

12. Sie arbeitet schwerpunktmäßig mit Modellen, obwohl die gängigen Modelle radikal unterkomplex sind, wesentliche Realitäten ausklammern und damit nicht prognosefähig sind (»Modellplatonismus«, »methodischer Monismus«).

13. Sie beschreibt Märkte mit irreführenden Metaphern als »koordinierende Mechanismen«, die »natürlich« für ein »Gleichgewicht« sorgten, ohne diese Metaphern verständlich zu erklären.

14. Sie schreibt Märkten einen quasireligiösen Charakter zu mit mythologischen Anrufungen – einer »unsichtbaren Hand«, eines »Auktionators« –, die nicht existieren.

15. Die Lehrbücher weisen einen antiaufklärerischen Duktus auf, wenn sie zum Bewundern, Überrascht-Sein, Sich-verzaubern-Lassen und Glauben anleiten anstatt zum kritisch Reflektieren, kontrovers Diskutieren und kreativ Gestalten.

16. Sie ignoriert Kritik systematisch (»Falsifikation der Falsifizierbarkeit«) und immunisiert sich dagegen.

17. Sie verweigert die Aufnahme von Erkenntnissen aus anderen wissenschaftlichen Disziplinen (»Interdisziplinaritätsresistenz«).

18. Sie verhält sich auffallend aggressiv gegen Andersmeinende und nennt sie abgrenzend »non-economists«.

19. Sie verbreitet ein pathologisches, gesellschaftsschädigendes, irreales und wissenschaftlich nicht haltbares Menschenbild (»Homo chrematisticus«).

20. Sie gefährdet die ökologischen Lebensgrundlagen der Menschheit (»planetary boundaries«).

21. Ihre Rhetorik richtet sich einseitig gegen den Staat und ist tendenziell demokratiefeindlich (Staatsineffektivitätshypothese).

22. Sie verschleiert Machtverhältnisse, indem sie Märkte als »frei« und »verteilungsneutral« darstellt.

23. Sie ist extrem männerdominiert und blendet die weibliche Fürsorge- und Beziehungsarbeit im *oikos* aus.

24. Sie bezieht symbolisches Kapital aus einem Preis, dessen Stifter sich ausdrücklich gegen einen Preis für eine Sozialwissenschaft ausgesprochen hat.
25. Sie legitimiert die bestehende unethische, nicht nachhaltige kapitalistische Ordnung.

TEIL IV – ZENTRALE GLAUBENSINHALTE

1. Wachstum

*Anyone who believes exponential growth can go on forever
in a finite world is either a madman or an economist.*
KENNETH BOULDING[1]

»Wenn Du einmal begonnen hast, über Wirtschaftswachstum nachzudenken«, sagte RPT Robert Lucas einst, »ist es schwierig, über irgendetwas anderes nachzudenken.«[2] Lange Zeit war das BIP-Wachstum, vul-
go Wirtschaftswachstum, der heilige Gral von Wirtschaftswissenschaft
und Wirtschaftspolitik. Menschliche Bedürfnisse seien grenzenlos, so
die zugrunde liegende Annahme von »Ökonomen« – im Gegensatz zur
oikonomia. Weshalb die verfügbaren Produktionsmittel immer *knapp*
seien und immer *effizient* eingesetzt werden müssten. Und der Produk-
tionsoutput immer *wachsen* müsse, um mit den vorausgaloppierenden
menschlichen Bedürfnissen Schritt zu halten. Neue Technologien würden wachstumsbedingte Umweltprobleme lösen, glaubte man. Und sollten Menschen einmal satt sein, würden Produktinnovationen neue Bedürfnisse wecken, um die Wachstumsspirale weiter anzutreiben. Ein
»Zuviel« kam in diesem Weltbild nicht vor. Robert Lucas sagte ein Wirtschaftswachstum von drei Prozent pro Jahr für alle Zeit voraus.[3] Die Europäische Union folgte noch im Jahr 2000 in der Lissabon-Strategie diesem Ziel: »Eine durchschnittliche Wirtschaftswachstumsrate von drei
Prozent sollte eine realistische Aussicht auf die kommenden Jahre sein«,
heißt es in den Schlussfolgerungen des Rates.[4] Würde die EU dieses Ziel
erreichen, müsste sich das BIP bis 2050 vervierfachen und bis Ende des

Jahrhunderts verneunzehnfachen! Wie das mit Nachhaltigkeit vereinbar sein soll, kann kein »Ökonom« der Welt erklären. Die CO_2-Konzentration in der Erdatmosphäre erreichte im Mai 2019 den Höchststand seit drei Millionen Jahren[5], weltweit sind eine von acht Millionen Arten bedroht[6], und der Welterschöpfungstag ist auf den 1. August vorgerückt.[7] Kate Raworth verweist auf ein Kuriosum: Obwohl das BIP zum Gral der Wirtschaftswissenschaft wurde, finden sich in den Ökonomie-Lehrbüchern nie langfristige Grafiken vom BIP-Wachstum.[8] Wenn der Trumpf der Modelle die Prognostizierbarkeit ist, wieso verzichten dann die Ökonomen auf Langfrist-Prognosen zu ihrem wichtigsten Ziel? Glauben sie letztlich doch nicht daran?

Der Glaube an das BIP geriet in den 1960ern ins Wanken. Eine erste wissenschaftliche Zäsur war der Club-of-Rome-Bericht 1972 *Die Grenzen des Wachstums*. Herman Daly legte 1977 eine Steady-State-Ökonomik vor, 1986 machte die Brundtland-Kommission der UNO den Begriff »Nachhaltige Entwicklung« populär, und 1992 fand der UN-Erdgipfel in Rio de Janeiro statt. In der Scientific Community bildete sich die Theorieschule Ecological Economics, in deren Umfeld die Postwachstumsbewegung entstand. In Frankreich bildete sich die Decroissance-Bewegung um den Philosophen und Ökonomen Serge Latouche, in Italien Decrescita Felice (Maurizio Pallante) und im deutschen Sprachraum die Postwachstumsökonomik (Angelika Zahrnt, Irmi Seidl, Niko Peach) sowie das zivilgesellschaftliche »Netzwerk Wachstumswende«. Zur ersten »Degrowth Konferenz« in Leipzig strömten dreitausend Teilnehmer*innen, im September 2018 fand erstmals eine »Postgrowth Conference« im EU-Parlament in Brüssel statt. Das Bewusstsein, dass es in einer physisch begrenzten Welt kein grenzenloses Wachstum geben kann, breitet sich überall aus außer im Mainstream der Wirtschaftswissenschaft – siehe Zitat von Kenneth Boulding am Beginn des Kapitels. Unmittelbar vor Ausbruch der Finanzkrise 2008 sagte ich in einem Interview in der *Wiener Zeitung*, dass »blinder Wachstumsglaube einer global gerechten, nachhaltigen Entwicklung entgegensteht«.[9] Darauf reagierte der Professor für Volkswirtschaftslehre und Ökonometrie der

Universität Wien Erich Streissler so: »Es ist richtigzustellen, dass eine nachhaltige Entwicklung das Gleiche ist wie höchstmögliches langfristiges Wirtschaftswachstum.« Nachsatz: »Kommunistische Regime sperren Systemkritiker in Irrenanstalten ein. Demokratische Gesellschaften reagieren humaner und effizienter, indem große Mehrheiten fundamentalistischen Kritikern gar nicht zuhören.«[10]

Ziel unklar

Am BIP zeigt sich vielleicht wie an keiner anderen Stelle, wie wichtig es für eine wissenschaftliche Disziplin ist, ihren Gegenstand sauber zu definieren und das Ziel zu klären. Wenn das Ziel der Ökonomie unklar ist, kann ökonomischer Erfolg nicht präzise gemessen werden. Und wenn der Gegenstand gar nicht sauber definiert ist, fällt es kaum jemandem auf, dass Erich Streissler »Wirtschaftswachstum« kurzerhand mit BIP-Wachstum kurzschließt. Das geht nur, solange unklar ist, was »Wirtschaft« ist. Die *oikonomia* kann, wie wir sahen, wachsen und blühen, wenn das BIP stillsteht. Wenn – wie in der bayerischen Verfassung – Gemeinwohl das Ziel und Geld und Kapital bloß *Mittel* des Wirtschaftens sind, scheiden Finanzkennzahlen für die ökonomische Erfolgsmessung definitiv aus. Die Gemeinwohl-Ökonomie misst den Erfolg – auf Basis von Verfassungswerten – mit einer Gemeinwohl-Bilanz für Unternehmen, einer Gemeinwohl-Evaluierung für Investitionen und einem Gemeinwohl-Produkt für Volkswirtschaften.[11]

Das BIP macht etwas komplett anderes. Es misst den *monetären Tauschwert* von *marktvermittelten Gütern und Dienstleistungen* (Agoranomie). *Nicht* gemessen wird ihr Nutzwert, also die Fähigkeit, menschliche Grundbedürfnisse zu befriedigen, z. B. das Stillen von Hunger oder Durst, die wärmende Wirkung von Kleidung oder die Lebensqualität, die von einem (eigenen) Dach über dem Kopf ausgeht. Prinzipiell nicht gemessen wird der Nutzwert von Gütern und Dienstleistungen, die *nicht* auf Märkten vermittelt werden: von der Muttermilch bis zur Blutspende,

Eigenproduktion und Nachbarschaftshilfe, Geschenke und Ehrenamt, Rettungseinsätze und Hilfsdienste. Ebenfalls nicht gemessen werden die Nutzwerte, die uns Mutter Erde kostenlos zur Verfügung stellt: saubere Luft und Gewässer, Berge und Strände, wilde Fische und Pflanzen, Schneefall, Sonne, Gestirne und Bilder, die sich in unsere Seele einbrennen. Geradezu hellsichtig war eine Rede von Robert Kennedy auf der Universität Kansas im Jahr 1968: »Das Bruttosozialprodukt beinhaltet Luftverschmutzung und Zigarettenwerbung sowie Krankenwagen, um unsere Autobahnen vom Massaker zu befreien. Es zählt Spezialschlösser für unsere Türen und die Gefängnisse für die Menschen, die sie knacken. Es zählt die Zerstörung der Redwoods und den Verlust unserer Naturwunder durch unkontrollierte Zersiedelung. Es zählt Napalm und Atomsprengköpfe und gepanzerte Autos, damit die Polizei die Unruhen in unseren Städten bekämpfen kann. Es zählt Whitmans Gewehr und Specks Messer sowie die Fernsehsendungen, die Gewalt verherrlichen, um Spielzeug an unsere Kinder zu verkaufen. Doch das Bruttosozialprodukt berücksichtigt die Gesundheit unserer Kinder, die Qualität ihrer Ausbildung oder die Freude an ihrem Spiel nicht. Es umfasst nicht die Schönheit unserer Poesie oder die Stärke unserer Ehen, die Intelligenz unserer öffentlichen Debatten oder die Integrität unserer Beamten. Es misst weder unseren Witz noch unseren Mut, weder unsere Weisheit noch unser Lernen, weder unser Mitgefühl noch unsere Hingabe an unser Land. Kurz, es misst alles bis auf das, was das Leben lebenswert macht.«[12]

Für Menschen und die Befriedigung ihrer Grundbedürfnisse sind *ausschließlich* Nutzwerte wichtig. Tauschwerte oder Preise können kein einziges Bedürfnis befriedigen – sie sind nur der Versuch, Nutzwerte in eine einheitliche marktförmige Währung zu übersetzen. Dabei passieren allerlei »Übersetzungsfehler«. Zum einen sind Preise überhöht oder unterwertig (z. B. das Entgelt für das Management eines Hedge-Fonds im Vergleich zum Entgelt für Kinderbetreuung). Oder es wird negativen Nutzwerten (z. B. die Herstellung von Kriegswaffen oder der Austausch eines Haushaltsgeräts aufgrund von geplanter Obsoleszenz) ein positiver Tauschwert zugemessen, weil dafür auf Märkten ein Preis bezahlt wird. Umgekehrt haben einige der höchsten Nutzwerte: Freundschaft, Gemeinschaft, Geborgenheit, Zärtlichkeit, Solidarität und Hilfe in Notlagen … keinen Preis, weil sie nicht auf Märkten angeboten, sondern durch funktionierende Beziehungen, Gemeinschaften oder den Staat zur Verfügung gestellt werden: Sie werden mit dem Tauschwert null »(fehl)übersetzt«. So kommt – in Bezug auf die Ziele des Wirtschaftens – eine systematische Fehlkomposition des BIP zustande. Der Kurzschluss der Ökonomik besteht darin, dem BIP die Eigenschaft zuzuschreiben, die Summe aller *Nutzwerte* darzustellen (um die es in der Wirtschaft primär geht), während es jedoch lediglich die Summe aller *Tauschwerte* darstellt. Der Fehler besteht in dem Versuch, das Ziel des Wirtschaftens mit einem Tauschwertaggregat zu messen anstatt mit einem Nutzwertaggregat. Herman Daly und John Cobb erkannten das bereits vor dreißig Jahren: »The GNP is essentially a chrematistic model.«[13]

Echte Ökonomen würden Nutzwerte messen und Finanzkennzahlen hintanstellen. Sie würden ein Indikatorensystem entwickeln, das die Befriedigung von Grundbedürfnissen und die Erfüllung von Grundwerten misst – und die Gleichsetzung von »Wirtschaftswachstum« (economic growth) mit BIP-Wachstum (GDP growth) konsequent zurückweisen.

Die etwas andere »Entkoppelung«

Zur Ehrenrettung des BIP sei angemerkt, dass es ursprünglich nicht zur volkswirtschaftlichen Erfolgsrechnung entwickelt wurde.[14] Die Entkoppelung, die es braucht, ist deshalb auch nicht die Entkoppelung von BIP-Wachstum und Ressourcenverbrauch, sondern die Entkoppelung von ökonomischer Erfolgsmessung und BIP. Das BIP ist eine interessante statistische Größe und eine wichtige Referenz für Staatsquote, öffentliche Verschuldung oder Geldmenge – aber aus dem Gebiet der ökonomischen Erfolgsmessung sollte es definitiv verbannt werden! Für diesen Zweck hat das BIP auch gar keine demokratische Legitimation. Moderne Verfassungen betrachten Geld und Kapital als Mittel und nicht als Zweck. Wer das BIP als Ziel der Volkswirtschaft ausgibt und ökonomischen Erfolg mit dem BIP misst, handelt verfassungswidrig. Chrematisten, die »ökonomisches« oder »Wirtschaftswachstum« mit dem BIP messen, betreiben Etikettenschwindel. Im Kapitalismus ist es tatsächlich das höchste Ziel, dass aus Geldbergen Geldgebirge werden, weil Chrematisten glauben, dass sich dann alle anderen Probleme von alleine lösen. Dieser Kurzschluss ist die Grundlage ihres Glaubenssystems, weshalb sie den Erwerb von Geld und die Mehrung von Kapital als Zweck betrachten anstatt als Mittel, wie die echten Ökonom*innen.

Demokratie

Neben den Verfassungen sind auch Bevölkerungsmehrheiten gegen das BIP als Wohlstandsmaß. Zwei Umfragen in Deutschland und Großbritannien haben ergeben, dass die Bevölkerung – im Unterschied zu den chrematistischen Wirtschaftswissenschaftler*innen – gar nicht hinter dem BIP steht. Wie berichtet, stimmten in Deutschland nur achtzehn Prozent für das BIP, hingegen waren 67 Prozent für seine Ablöse durch ein »Bruttosozialglück«.[15] Wie müsste eine demokratisch gesinnte Regierung auf ein solches Ergebnis einer von ihr selbst in Auftrag gegebenen und als »repräsentativ« bezeichneten Umfrage reagieren? Sie müsste die Entwicklung eines Bruttosozialglücks angehen und sämtliche Strategien, Programme und Maßnahmen, die gegenwärtig auf das Wachstum des BIP abzielen, umorientieren auf das Wachstum des Bruttonationalglücks oder Gemeinwohl-Produkts! Wie das konkret funktioniert, lässt sich am Beispiel Buthan studieren. Das Land hat ein Evaluierungsinstrument (»Screening tool«) entwickelt, das politische Maßnahmen auf ihre Auswirkungen auf das Bruttonationalglück prüft. Dieses Instrument wird auf politische Entscheidungen jeder Art angewendet, ähnlich einer Verfassungskonformitäts-, Grundrechtsverträglichkeits-, Nachhaltigkeits-, Gender-Mainstreaming- oder eben Gemeinwohl-Prüfung für neue Gesetzesvorhaben. Dieses Instrument kam unter anderem zum Einsatz, als Bhutan vor der Frage stand, ob es der WTO beitreten solle. Vor dem »Screening« war die Mehrheit des Kabinetts für den Eintritt in die WTO. Denn mehr Handel war gleichbedeutend mit mehr Wachstum und Wohlstand. Dann allerdings kam das 360-Grad-Screening, das die Schwächung des sozialen Zusammenhalts, die Erhöhung der Ungleichheit, die Verringerung der kulturellen Vielfalt und die Belastung der Umwelt – infolge von Handel – ergab. Auch die Demokratie wäre durch den Einzug transnationaler Konzerne in Gefahr geraten. Nach der Gemeinwohl-Prüfung stimmten siebzehn von 24 Ministern gegen den WTO-Beitritt. Bhutan ist bis heute freihandelsfrei.[16]

Man stelle sich vor, was passieren würde, wenn CETA, JEFTA oder TTIP durch die »Gemeinwohl-Prüfung« müssten. In Deutschland wurde in den 1980ern über ein Ökosozialprodukt gesprochen und in den 1990ern vom Ökonomen Hans Diefenbacher der »Nationale Wohlfahrtsindex« entwickelt, der sich aus zwanzig Indikatoren zusammensetzt.[17] Später hat eine Enquete-Kommission des Bundestages »W3-Indikatoren« entwickelt, die gleich wie die Vorgänger in der Schublade verschwanden. Der von Jeffrey Sachs, Richard Layard und John Helliwell konzipierte World Happiness Report wird seit 2012 vom Sustainable Development Solutions Network der Vereinten Nationen herausgegeben. Der WHR misst sechs gewichtete Indikatoren: Einkommen, soziale Unterstützung, gesunde Lebenserwartung, Freiheit, Großzügigkeit und Vertrauen. Die Ergebnisse reichten 2018 von 7632 Punkten (Finnland) bis 2905 Punkten (Burundi). Neben Finnland befanden sich unter den ersten fünf noch Norwegen, Dänemark, Island und die Schweiz. Im ähnlich klingenden Happy Planet Index des Londoner Thinktanks New Economics Foundation lag 2016 Costa Rica an der Spitze vor Mexiko, Kolumbien, Vanuatu und Vietnam. Der HPI setzt sich aus vier Indikatoren zusammen: Wellbeing (nach der Gallup World Poll), Lebenserwartung (UN-Daten), Ungleichheit und ökologischer Fußabdruck. Aktuell läuft die Operationalisierung der Sustainable Development Goals der UNO (SDGs). Die Regierungen haben also inzwischen mehrere Optionen zur Auswahl, welches Wohlfahrtsmaß sie anwenden könnten! Ihr Problem ist häufig, dass die Ministerien uneins sind. Beispielsweise sind die Umweltministerien offen für neue Wege, doch die Finanzministerien beharren auf dem Status quo. Für dieses Patt gäbe es in Demokratien eine einfache Lösung: Let the people decide!

Eine Kerninnovation der Gemeinwohl-Ökonomie ist die Entwicklung eines Prototyps für einen partizipativen Prozesses, in dem die souveräne Bevölkerung ein Gemeinwohl-Produkt selbst komponieren kann. Ein demokratisch komponiertes Gemeinwohl-Produkt wäre nicht nur die zentrale Übergangsbrücke von der Chrematistik zur Ökonomie, sondern auch eine Maßnahme gegen die Ohnmachtsgefühle und die Politikverdrossenheit, welche die »Postdemokratie« kennzeichnen.

2. Menschenbild

*Der Homo oeconomicus ist in Wirklichkeit
ein sozialer Schwachkopf.*

AMARTYA SEN[18]

Eine häufige Reaktion von Mainstream-Ökonomen, wenn sie mit Vorschlägen für mehr Ethik und Gefühl in der Wirtschaft konfrontiert werden, ist das Auspacken der »Gutmenschen«-Keule: Mag ja nett sein, aber Menschen *sind* nicht so (gut). »Wenn einer draußen den anderen nicht schlägt, weil er das Gefühl hat, er sollte Jesus spielen, wird er selbst geschlagen«, wird der ehemalige Nestlé-Chef Helmut Maucher zitiert. Im schlechteren Fall werfen Mainstream-Ökonomen den Befürwortern von Alternativen vor, einen »Neuen Menschen« wie im Kommunismus modellieren zu wollen – und zu diesem Zweck auch nicht vor Umerziehungslagern zurückzuschrecken.[19]

Die Abwehr jedes *normativen* Menschenbilds durch Ökonom*innen ist zum einen eine glatte Projektion: Sie lenkt davon ab, dass der Homo oeconomicus, sosehr sie es auch bestreiten, selbst ein *normatives* Menschenbild ist. Die Welt soll sich *ihrer* Vorstellung und Vision anpassen, nämlich: Das Ausleben der Egoismen ist positiv, weil die »unsichtbare Hand« des Marktes die Egoismen der Einzelnen ja ohnehin zum Gemeinwohl füge. Ihre »Just World Theory« ist nur eine andere, sie beruht auf der *normativen* Ermutigung zu Eigennutzenmaximierung, Egoismus, Rücksichtslosigkeit und Gier!

Manche Ökonomen reagieren aber nicht deshalb so unwirsch, weil sie es nicht ertragen, dass jemand anders andere Wertvorstellungen hat, sondern weil sie glauben, dass der Homo oeconomicus nur eine positive Beschreibung der Menschennatur darstellt, und sie es als falsch empfinden, *dass* jemand überhaupt bestimmte Wertvorstellungen hat. Sie wehren sich nicht dagegen, dass ein bestehendes Wertesystem durch ein anderes ersetzt werden soll, sondern dass bisher vermeintlich »freien« Menschen, die »ohne Zwang« ganz ihrer Natur entsprechend lebten, erstmals überhaupt ein Wertesystem aufgezwungen werden soll.

Das Problem dieser Dichotomie »(wert)frei« versus »(zwangs)normativ« ist, dass den Ökonomen die Normativität ihres eigenen Menschenbildes nicht bewusst ist, weshalb sie oft gar nicht »verhandlungsbereit« sind, darüber zu diskutieren, nach welchen Werten wir leben wollen. Sie ziehen sich sehr gerne auf einen vorgeblichen Wertepluralismus zurück in der Bedeutung, dass jeder Mensch die *absolute* Freiheit haben sollte, die eigenen Werte zu wählen und zu leben. Das ist jedoch eine gravierende Selbsttäuschung, weil wir diese absolute Freiheit, nach unseren individuellen Werten zu leben, in keinem anderen Lebensbereich haben: nicht im Straßenverkehr (klare Regeln für alle von der Gurtenpflicht bis zum Überholverbot), nicht in den privaten Beziehungen (Verbot von Beleidigung, Belästigung, Verletzung, Vergewaltigung ...), nicht in der Politik (Voraussetzungen für Ämter, begrenzte Wiederwählbarkeit ...) – warum sollte nun ausgerechnet in der Wirtschaft unsere Freiheit absolut sein? Gerade *weil* die einen sich die Freiheit nehmen, Kinder arbeiten zu lassen, Steueroasen zu benützen, Hungerlöhne zu zahlen, Frauen zu diskriminieren oder Regierungen zu bestechen, gerät die umfassende Freiheit in Gefahr. Freiheit ist ja nicht nur dann in Gefahr, wenn jemand direkt mein Leben bedroht, sondern auch dann, wenn jemand die Bedingungen eines guten Lebens für alle angreift. Letztlich dienen alle Grundwerte (Solidarität, Gerechtigkeit, Nachhaltigkeit, Demokratie) dem Schutz unserer umfassenden Freiheit (auf saubere Luft und Gewässer, auf sozialen Zusammenhalt und öffentliche Sicherheit, auf funktionierende Demokratie, Grundrechte und Rechtsstaatlichkeit). Die Absolutstellung der Freiheit oder ihre Reduktion auf Wirtschaftsfreiheiten richtet sie gefährlich gegen sich selbst.

Historie

Mit *oikonomia* hat der Homo oeconomicus gar nichts zu tun – er wurde erst im 20. Jahrhundert geboren! Und zwar in den Köpfen neoklassischer Ökonomen. Der englische Ausdruck »economic man« findet sich erstmals 1888 beim irischen Ökonomen John Kells Ingram. Den lateinischen Terminus Homo oeconomicus prägte Vilfredo Pareto 1906 in seinem Werk *Manuale d'economia politica*.[20] Die Tatsache, dass es den Homo oeconomicus über zweitausend Jahre lang nicht gab – im Unterschied zum Begriff der Ökonomie –, ist ein Hinweis darauf, dass es sich nicht um einen griechischen *Homo oeconomicus* handelt, sondern um einen neoklassischen *Homo chrematisticus*. Ein echter Homo oeconomicus wäre ja eine ausgezeichnete Idee: sozial, häuslich, fürsorglich, verantwortungsvoll und gemeinwohlorientiert: Homines oeconomici braucht die Welt! Die erste griechische *oikonomos* war, wie wir sahen, eine Hausfrau. Umso verdrehter ist es, dass die Neoklassiker die mütterlichen Kernwerte: Fürsorge, Empathie, Vorsorge, Teilen … in ihr Gegenteil pervertieren und den Homo oeconomicus nach dem Vorbild von Ebenezer Scrooge, Dagobert Duck und Gordon Gekko modellierten. Das Ergebnis ist ein sitten- und verfassungswidriger Psycho- und Soziopath. Aber gerade mit diesen Eigenschaften eignet er sich hervorragend für zwei Dinge: für das Modellieren in mathematischen Modellen. Und für die Legitimation der kapitalistischen Wirtschaftsweise.

Dekonstruktion

Eine aktuelle Definition für den Homo oeconomicus bieten Mankiw und Taylor in ihren *Grundzügen der Volkswirtschaftslehre*: »Konsumenten streben nach Nutzenmaximierung. Konsumenten werden von Eigeninteressen gesteuert und berücksichtigen nicht den Nutzen anderer.«[21] Eine schlimme Psychopathologie. Eine systematischere Definition lieferten Michael Jensen und William Reckling in ihrem Artikel »The

Nature of Man« von 1994.[22] Darin distanzieren sie sich zunächst vom klischeehaften Homo oeconomicus: »People do not behave this way.« Und: »Noneconomists often use this model as a foil to discredit economics.« Um danach ihre realistischere Alternative vorzustellen: »REMM« steht für resourceful, evaluative, maximizing model. Das sind seine Charakteristika: 1. Jeder Mensch evaluiert und wägt ab. 2. Die Bedürfnisse jedes Menschen sind unbegrenzt. 3. Jedes Individuum ist ein Maximierer. 4. Menschen sind erfinderisch und einfallsreich. Auf den ersten Blick fragt man sich, was hier nun der Unterschied zum »harten« Homo chrematisticus sein soll. Nur Punkt 4 weicht ab, 1 bis 3 perpetuieren die fragwürdigen Kernannahmen. Hier ist eine kleine Auswahl der Breitbandkritik daran:

- Die Kognitionsforschung hat ergeben, dass das rationale Denken nur wie eine Eisbergspitze an der Oberfläche des Bewusstseins stattfindet. Das Gros der kognitiven Prozesse und der Denkleistung passiert hingegen »unter der Wasseroberfläche«. Der unbewusste Sockel des Denk-Eisbergs wird auf 95 Prozent geschätzt. »Es könnten aber auch weit mehr sein.«[23]

- »Viele Vorgänge im Leben geschehen ohne Evaluierung und Abwägung, oft als Ergebnis nicht-evaluativer Gewohnheiten oder Traditionen«, schreibt Michael Pirson. Oder spontanen Impulsen. Oder emotionaler Ansteckung. »Psychologen haben herausgefunden, dass ständiges Abwägen eine Quelle von Stress ist (...) Viele Menschen praktizieren Mediation, um urteilsfrei zu werden. Mehr und mehr Forschungsergebnisse zeigen, dass Menschen, wenn sie sich von Bewertungen frei machen, im Gegensatz zur Annahme von REMM, glücklicher werden.«[24]

- »Immer mehr Forschungsergebnisse zeigen, dass es gesünder sein kann, weniger zu wollen, und dass eine zunehmende Zahl jüngerer Menschen die Auffassung, dass mehr besser ist, nicht teilt.«[25]

- REMM und Homo chrematisticus kennen weder Sättigung noch Zufriedenheit – sie gehen von einer manifesten Psychopathologie aus. In der Gier streben Menschen nach Dingen, die sie nicht brauchen und die sie auch nicht glücklich machen. Sie beruht auf innerer Armut und Leere, letztlich: auf Mangel an Liebe von anderen und von einer/m selbst. Der äußere (materielle) Reichtum des Kapitalismus korreliert mit innerer (immaterieller) Armut. »Zu wenig und zu viel ist des Narren Ziel«, besagt ein Sprichwort, das weiser ist als die gesamte neoklassische Theorie.

– Dort, wo »Maximierung« *logisch* Sinn ergeben würde (wenn auch weder ethisch noch psychologisch), bei materiell-monetärem Reichtum, hat die Glücksforschung belegt, dass sie *nicht* glücklich macht.[26] Der Psychologe Barry Schwartz und seine Kolleg*innen berichten, dass »Maximierer*innen« weniger optimistisch sind, ein geringeres Selbstwertgefühl haben, unzufriedener und häufiger depressiv sind.[27] Mit anderen Worten: Mit ihrem Menschenbild stürzen die Ökonomen die Menschen ins Unglück!

Alternative Menschenbilder

Wissenschaftlichen und didaktischen Standards – der Multiperspektivität und Kontroversität – gerecht würde, dass auch andere Menschenbilder vorgestellt werden. Geben tut es sie sonder Zahl, und sie sind nicht weniger »objektiv« als das neoklassische. Würden Ökonom*innen Modelle auf ihnen aufbauen, kämen sie zu vollständig anderen Ergebnissen und Schlussfolgerungen. Hier eine Übersicht interdisziplinärer Erkenntnisse, was Menschen human und sozial macht, was unsere Beziehungen und Gemeinschaften gelingen lässt und was über die Zeit- und Kulturgrenzen hinweg als tugendhaft, reif und weise gilt – drei Begriffe, die in keinem ökonomischen Modell vorkommen:

a) Empathie und Mitgefühl

Eine Erkenntnis der Neurobiologie ist die menschliche Fähigkeit, sich in andere Menschen einzufühlen (Empathie) und mit ihnen zu fühlen (Sympathie). Beide sind nicht durch Vorteilsdenken oder Nutzenmaximierung getrieben, sondern Ausdruck der sozialen Dimension des Menschseins. Sie sind nicht moralisch anerzogen oder aufgezwungen, wie die Untersteller von »Gutmenschentum« gerne behaupten. Der Neurobiologe Joachim Bauer schreibt:»Moral und Moralsysteme sind also nicht die Ursache, sondern die Folge der menschlichen Fähigkeit zur Kooperation und Empathie.«[28] Adam Smith legte seinem Menschenbild »Sympathie« und »universelles Wohlwollen« zugrunde. Charles Darwin schrieb:»Das moralische Gewissen ist die nobelste aller Eigenschaften des Menschen.«[29]

b) Hilfsbereitschaft und Solidarität

Der Homo oeconomicus würde, wenn andere Hilfe brauchen, wegschauen, und sogar Sterbende im Stich lassen. Hingegen haben bereits »Dreijährige eine natürliche Tendenz, anderen zu helfen«, das ergeben *empirische* Studien.[30] Ganz ohne »Umerziehungslager«. Immer wieder riskieren Menschen ihr eigenes Leben, um das anderer Menschen zu retten. Ha Vinh Tho, der Direktor des Zentrums für Bruttonationalglück in Buthan, berichtete, dass Weltbank-Ökonomen Buthan bereisten, um die dort vermutete »extreme Armut« zu studieren. Sie fanden glückliche Menschen vor. Der Grund: Wenn jemand etwas benötigt, helfen alle anderen ganz selbstverständlich. Eine solche Gesellschaft ist lebenswerter als eine Ansammlung von Egoisten, wo jeder nur auf sich selbst schaut. »Der Mensch ist berufen, seine Gaben zum eigenen Wohl und dem Wohl der anderen einzusetzen«, besagt die Verfassung von Baden-Württemberg. Wäre der Homo oeconomicus in die Verfassung gemeißelt, müsste der Text lauten: Der Mensch ist berufen, seine Gaben ausschließlich zu seinem eigenen Nutzen, aber nicht zum Wohl anderer einzusetzen.

c) Schenken und Teilen

Dass »Schenken Freude macht«, ist eine *empirisch* nachweisbare Tatsache. Alle Kulturen der Welt kennen das Schenken, manche von ihnen basieren ausschließlich darauf. Charles Eisenstein erklärt, dass Geschenke unter Menschen zirkulieren, Bande schaffen und dort »Platz nehmen«, wo sie gerade am dringendsten benötigt werden: »Geschenke bestärken die mystische Erkenntnis, Teil von etwas zu sein, das größer ist als man selbst und das dennoch nicht von einem selbst getrennt ist.«[31] Die Semiotikerin Genevieve Vaughan postuliert, dass das Paradigma des Schenkens »sich aus der Praxis des Mutterseins ableitet und von daher weiblich ist«. Diese sei allgegenwärtig in unserem Leben, »auch wenn wir uns daran gewöhnt haben, es nicht zu sehen«.[32] Die Chrematisten blenden das Schenken aus unserem Wirtschaftsverständnis aus, indem sie nur monetäre Transaktionen wahrnehmen. Es ist bezeichnend, dass sowohl die »Ökonomie des Schenkens« von einer Frau verfasst wurde, als auch dass die bisher einzige Frau, die einen Reichsbankpreis erhielt, über Gemeingüter forschte.[33]

d) Gerechtigkeitsempfinden

Während die Neoklassik die Pareto-Optimalität, die mit extremer Ungleichheit vereinbar ist, als einziges Gerechtigkeitskonzept verbreitet, wird hohe Ungleichheit über Kulturgrenzen hinweg als Verletzung sozialer Grundnormen und als Schmerz wahrgenommen, worauf viele Menschen mit Aggression reagieren. Joachim Bauer folgert: »Gerechtigkeit ist für eine Gesellschaft die beste Gewaltprävention.«[34] Befragt, wo sie die Ungleichheit begrenzen würden, präferieren Menschen bei Multi-Optionen-Abstimmungen (in zwanzig Staaten) moderate Ungleichheit: Das Höchsteinkommen soll mit dem Sieben-, Zehn-, Zwölf- oder Zwanzigfachen des Mindesteinkommens begrenzt werden. Der Schweizer Kanton Glarus hat die Gehälter in öffentlichen Banken mit dem Zehnfachen des geringsten Gehalts gedeckelt. Das italienische Gesetz definiert ethische Banken damit, dass das Verhältnis zwischen höchsten und niedrigsten Einkommen den Faktor fünf nicht übersteigen darf. Der deutsche Industriegründer Ernst Abbe legte im Gründungsstatut der Carl-Zeiss-Stiftung zu Jena 1896 fest, dass das höchste Einkommen im Unternehmen das Zehnfache des Durchschnittseinkommens nicht überschreiten darf.[35] Solche »alternativen Fakten« finden sich jedoch nicht in den Mainstream-Lehrbüchern. Im Vergleich zu RPT Robert Lucas, dessen Ansicht nach »die Lenkung der Aufmerksamkeit auf Verteilungsfragen die giftigste Tendenz für eine gesunde Ökonomik darstellt«[36], oder RPT Friedrich Hayek, der im »vorherrschenden Glauben an soziale Gerechtigkeit« die »gegenwärtig wahrscheinlich schwerste Bedrohung der meisten anderen Werte einer freien Zivilisation« wähnte[37], liest sich Adam Smith ganz anders: »Die Wohltätigkeit ist die Verzierung, die das Gebäude verschönt; nicht das Fundament, das es trägt (…) Gerechtigkeit dagegen ist der Hauptpfeiler, der das ganze Gebäude stützt. Wird dieser Pfeiler entfernt, dann muss der gewaltige und ungeheure Bau der Gesellschaft (…) in einem Augenblick zusammenstürzen und in Atome zerfallen.«[38]

e) Gelingende Beziehungen und Glück

Psycholog*innen haben erhoben, dass Werte wie Empathie, Verständnis, Wertschätzung, Toleranz, Teilen und Fürsorge Beziehungen gelingen lassen. Neurobiolog*innen zufolge sind gelingende Beziehungen der stärkste Motivationsfaktor für Menschen als auch, damit einhergehend, hauptverantwortlich für unser Glück. Umgekehrt ist ebenso evident geworden, dass das Verfolgen chrematistischer Werte – Besitz, Status und Macht – Beziehungswerte schwächt und das Glück untergräbt.[39] Wettbewerb als Grundhaltung, wie ihn die neoklassische Chrematistik vertritt, wirkt geradezu als Beziehungsgift. Die Psychologin Karen Horney schreibt: »Wettbewerbsorientierung führt zu Neid gegenüber den Stärkeren, zu Verachtung gegenüber den Schwächeren und zu generellem Misstrauen gegenüber allen.«[40] Dieser Punkt ist so fundamental, dass er im nächsten Kapitel näher ausgeführt wird.

Fazit: Der modellkonforme Homo chrematisticus ist ein pathologisches Zerrbild von uns Menschen, das wissenschaftlich widerlegt, gesellschaftsschädigend und verfassungswidrig ist. Es gehört aus der ökonomischen Ausbildung entsorgt und durch realistischere, vielfältigere und ethischere Menschenbilder ersetzt. Es genügt nicht, wenn im Ökonomie-Studium zuerst der Homo oecomicus in Reinform präsentiert und erst im weiteren Verlauf durch ergänzende Kurse in Verhaltensökonomik relativiert wird.[41]

Überraschung im Jahr 2011: Michael Jensen von der Harvard Business School, REMM-Erfinder und einer der einflussreichsten Management-Theoretiker, bekannte mit Blick auf die Finanz- und Wirtschaftskrise »unseren persönlichen Beitrag zu dem Schlamassel, das durch nicht-integre Verhaltensweisen ausgelöst wurde (…) Der Schaden, den wir nicht-integren Verhaltensweisen zuschreiben, war allgegenwärtig und groß.«[42]

3. Wettbewerb statt Kooperation – der zentrale Theorie- und Empirie-Fehler

Capitalism manufactures scarcity.
ALFIE KOHN[43]

Eine der Grundannahmen der Wirtschaftswissenschaft lautet, dass Wettbewerb Menschen motiviert und zu hohen Leistungen antreibt. Wettbewerb fördert die Effizienz, haben wir gelernt, und Effizienz ist das Ziel. Von daher ist alles gutzuheißen, was die Effizienz befördert. Hayek schreibt: »Wettbewerb stellt in den meisten Fällen die effizienteste Methode dar, die wir kennen.«[44] Der Superlativ – anstelle des Komparativs – schließt schon rein sprachlich Alternativen aus. Hayek starrte auf die Schlangen Kommunismus und Nationalsozialismus. Die Option einer »kooperativen Marktwirtschaft« hatte er genauso wenig vor Augen wie ein Netzwerk miteinander verbundener Gemeingüter. Damit aber ist das Denken beendet, wir haben die beste Methode (als Naturgesetz) erkannt und müssen uns keine weiteren Gedanken machen. So wird Wettbewerb zum normativen politischen *Ziel*. In den letzten Jahrzehnten weitet sich das Wettbewerbsdenken auf immer mehr Lebensbereiche aus. Wir alle werden aufgerufen, uns lebenslang fortzubilden, körperlich wie geistig zu optimieren, uns »fit« zu machen für den globalen Arbeitsmarkt und unseren persönlichen Marktwert zu erhöhen. Als Folge breitet sich Angst aus, denn wer es nicht schafft, bleibt zurück und landet am Rand der Gesellschaft. Die Armutsgefährdung ist hoch, eine »Unterschicht« verfestigt sich auch in den reichen Ländern. Obendrein kommt es infolge des Wettbewerbsethos zur gesellschaftlichen Ächtung der »Loser«: Arbeitslose sind »selbst schuld«, sie waren zu faul oder zu gering qualifiziert. Dass bei einem Wettbewerb nicht alle gewinnen können, liegt in seiner Natur.

Auch Universitäten, Krankenhäuser und ganze Staaten werden in die

Wettbewerbskultur eingesogen. Liberale und rechtsstaatliche Demokratien wandeln sich zu Standorten, die plötzlich auf ihre Wettbewerbsfähigkeit achten müssen. Kein politisches Gebilde hat mehr von diesem Elixier getrunken als die EU. In ihrer Lissabon-Strategie von 2000 setzte sich der Europäische Rat »ein neues strategisches Ziel für das kommende Jahrzehnt: das Ziel, die Union zum wettbewerbsfähigsten und dynamischsten wissensbasierten Wirtschaftsraum in der Welt zu machen«.[45] Damit machte es sich die EU allen Ernstes zum Ziel, Handelsungleichgewichte mit allen anderen Wirtschaftsräumen der Welt aufzubauen und sie auf diese Weise zu degradieren. Wie passt das zum Grundwert der Solidarität, der Augenhöhe, zum Friedensprinzip und zum UN-Ziel »Leaving no one behind«?

Die Wettbewerbsethik steht im diametralen Widerspruch zu zeitlosen Grundwerten. In keiner demokratischen Verfassung findet sich Wettbewerb als Grundwert. Hingegen sind gegenseitige Hilfe und Kooperation universelle und zeitlose Werte, die in allen Kulturen anzutreffen sind und menschlich reifer und sozial intelligenter als das Ausfahren der Ellbogen. Im *oikos* geht es nicht darum, wer das »beste« Haushaltsmitglied ist, sondern um ein gelingendes Zusammenleben. Fürsorge ist ein Kernwert des Elternseins. In der Psychologie gelten Identität (wissen, wer ich bin), Potenzialentfaltung (Fördern meiner Talente) und Sinnstiftung (Beitrag zum Gemeinwohl) als Grundbedürfnisse. Hingegen wird die Haltung des »Besser-sein-wollens-als-andere« als pathologischer Narzissmus angesehen. Unser Selbstwert soll nicht daher rühren, dass wir relativ besser sind als andere, sondern daraus, dass wir Dinge tun, die wir gerne tun, die wir gut machen und die Sinn stiften.

Definitionen

Was ist Wettbewerb genau und was Kooperation? Die mir am treffendsten erscheinende Definition für Kooperation ist »gemeinsame Zielsetzung und -erreichung: *win-win*. Wettbewerb oder Konkurrenz heißt »einander ausschließende Zielerreichung«: *win-lose*. Auch diese Definition passt nicht mit dem Begriff zusammen. Denn Konkurrenz kommt vom lateinischen *cum + currere, miteinander* laufen, nicht gegeneinander. Gegeneinander laufen müsste »Kontrakurrenz« heißen. Noch deutlicher wird diese Sinnverkehrung im Englischen. »Competition« kommt von *cum + petere*: gemeinsam suchen. Wenn die Unternehmen ihren eigenen Vorteil anstreben und versuchen, besser (schneller, innovativer) zu sein als andere, dann suchen sie nicht miteinander (die beste Lösung für die Gesellschaft), sondern gegeneinander den eigenen maximalen Vorteil: *counterpetition*!

Am Beispiel des Ostereiersuchens wird rasch klar, dass zehn Personen, die sich entscheiden, je für sich zu arbeiten (contra-petere), länger benötigen werden, die Eier zu finden, als wenn sie sich zur Kooperation entschließen (cum-petere). Warum sollte Wettbewerb hier bessere Ergebnisse erzielen?

Oder: Versuchen Sie, ein Picknick auf zwei Arten zu organisieren. Zunächst als Wettbewerb: Jede/r isst, was er/sie kann (»fressen oder gefressen werden«): Rasch wird alles leer sein und einige zu kurz kommen (Konkurrenz schafft Knappheit und Verlierer: some are left behind!). Dann versuchen Sie ein kooperatives Picknick: Alle bringen etwas mit. Bei so einem »Potluck« bleibt in der Regel eine Menge übrig! Durch den Ansatz: »leben und leben lassen« entsteht Fülle. Die unökonomische, weil nicht zur *oikonomia* passende, Grundannahme von prinzipieller Knappheit wird außer Kraft gesetzt. Wie wäre es, wenn wir die Ökonomie als das Schaffen von Fülle statt als das Management von Knappheit redefinieren?

Eine Legende erzählt vom US-Forscherteam, das im amazonischen Regenwald den IQ der Indigenen messen wollte. Die Forscher verteilten die Tests und forderten die Ureinwohner*innen auf, sie auszufüllen. Diese versammelten sich um einen runden Tisch und begannen ein lebhaftes Gespräch über die einzelnen Fragen und füllten einen Test gemeinsam aus. Die Forscher fuhren dazwischen und riefen: »Halt! Jeder für sich!« Die Indigenen schauten mit großen Augen auf, und eine Frau fragte: »Warum? Wieso sollte ich sie, wenn sie etwas weiß, das ich nicht weiß, nicht fragen?« Das Ergebnis des Tests war ein IQ von 175. Betroffen fuhr das Forscherteam zurück in die USA und bat zehn Wall-Street-Manager, die einen individuellen IQ von mindestens 130 aufwiesen, *einen* Test *gemeinsam* auszufüllen. Das Ergebnis war 75.

Keine Legende, sondern eine in *Science* veröffentlichte Studie hatte zum Ergebnis, dass die kollektive Intelligenz und Leistungsfähigkeit von Gruppen weder vom durchschnittlichen noch vom maximalen IQ ihrer Mitglieder abhängt, sondern a) von der Empathiefähigkeit der Gruppenmitglieder, b) gleichen Gesprächsanteilen sowie c) vom Frauenanteil – idealiter achtzig Prozent! Letzteres, weil Frauen die ersten beiden Kriterien in höherem Maß erfüllen als Männer. Sie hören aufmerksamer zu, stellen wichtige Fragen und ermutigen Schweigende, ebenfalls beizutragen. Gruppen mit hochintelligenten Eigennutzenmaximierern, welche alle Aufmerksamkeit an sich reißen, performen deutlich schlechter:[46] It's the »Zuchtwahl«, stupid!

Effizienteste Strategie für Motivation

Aus den Feldern Pädagogik, Psychologie und Sozialpsychologie liegen nicht weniger als 369 empirische Studien aus dem Zeitraum 1898 bis 1989 vor, welche die Motivationswirkung von Konkurrenz, Kooperation und individuellem Agieren (z. B. beim Lernen) miteinander verglichen haben, und die in einer Metastudie ausgewertet wurden. Nicht weniger als 87 Prozent der Studien mit klarem Ergebnis kommen zum – empirisch-positiven – Schluss, dass Kooperation stärker motiviert als Konkurrenz.[47] Also die »effizientere Strategie« darstellt als Konkurrenz. Damit müsste die Präferenz für neoklassische »positive« Ökonomen klar sein: Die Marktwirtschaft ist auf struktureller Kooperation aufzubauen. Interessant ist die Begründung für die Überlegenheit der Kooperation. Sie motiviert anders (die Studien besagen nicht, dass Konkurrenz nicht motiviert; sie motiviert nur schwächer). Kooperation motiviert über gelingende Beziehungen: Wahrnehmung, Wertschätzung, Respekt, gegenseitige Hilfe und Teilen. Das bekommt Menschen offenbar besser als der zentrale »Treibstoff« der Kontrakurrenz: Angst![48]

Ein einfaches Spiel hilft die Wirkung von Kontrakurrenz und Kooperation auf verblüffend klare Weise anschaulich zu machen. Laden Sie die Mitspieler*innen ein, zunächst ein Gespräch im Wettbewerbsmodus zu führen: Ziel ist, das Gespräch zu »gewinnen«, also das Gegenüber und alle Zuhörer*innen davon zu überzeugen, dass man selbst recht habe und die besseren Argumente. Danach laden Sie sie ein, mit derselben Person ein Gespräch im Kooperationsmodus zu führen: Die Gesprächspartner*innen haben ein gemeinsames Ziel. Erfolg wird geteilt. Nach beiden Durchgängen befragen Sie die Teilnehmer*innen nach den erlebten Gefühlen zuerst im Wettbewerbsgespräch; und danach beim Kooperationsgespräch. Tabelle 6 zeigt ein typisches Ergebnis des Spiels, durchgeführt an der Universität für angewandte Kunst Wien:

Wettbewerbsmodus	Kooperationsmodus
Erlebte Gefühle	*Erlebte Gefühle*
Angst	Offen
Druck	Entspannt
Stress	Es fließt
Beleidigung	Interesse
Arroganz	Lernen
Unangenehm	Unterhaltsam
Fokus weg	Inspirierend
Kein Zuhören	Übereinstimmung
Schwierig	Freude, Harmonie
Unsinn reden, um besser dazustehen	Positive Gefühle

Tabelle 6: Wettbewerbs- und Kooperationsmodus im Vergleich

Ist Konkurrenz natürlich?

Meine Erfahrung ist, dass Ökonom*innen in der Regel gar nicht bereit sind, über genaue Definitionen, Etymologien oder empirische Studien zu Kooperation und Kontrakurrenz zu diskutieren. Häufig wechseln sie sprunghaft in den Sport – plötzlich ist die Wirtschaft ein Abbild des Sports (anstatt es umgekehrt zu sehen, dass der Sport in den letzten Jahrzehnten nach dem Vorbild der Marktwirtschaft zum Wettbewerb kultiviert wurde). Doch auch im Sport ist nicht alles Wettbewerb, was auf den ersten Blick so aussieht. Man kann eine Teamsportart sowohl als Wettbewerb organisieren, dann geht es primär ums Gewinnen (Zielorientierung), ausgeschüttet werden Stresshormone. Oder, im Gegenteil, als Spiel, dann geht es um die Prozessorientierung. Wenn sich der »Flow« einstellt, werden Glückshormone ausgeschüttet.

Auch sehr gerne und häufig reflexartig »zücken« Ökonomen das »Argument« der Menschennatur. So als wäre die Wirtschaftswissenschaft eine Kombination aus Anthropologie, Sozialpsychologie und Neurobiologie. Ist sie aber nicht, sie verschließt sich vielmehr geradezu hermetisch gegen die Erkenntnisse aus diesen Disziplinen. Charles Darwin hat grundsätzlich vom evolutionären Vorteil des »Angepasstesten« geschrieben (»Fittest«), nicht des Stärksten (»Strongest«). Kooperation ist der Konkurrenz als Anpassungsstrategie haushoch überlegen. Darwin schrieb: »Wenn er zum Besten anderer handelt, wird er die Anerkennung seiner Mitmenschen erfahren und die Liebe derer gewinnen, mit denen er zusammenlebt; und dieser Gewinn ist ohne Zweifel die höchste Freude auf dieser Erde.«[49] Joachim Bauer schreibt, dass »ohne das Gelingen von Kooperation nichts entstehen kann, was lebenstüchtig ist«.[50] Joshua D. Greene, Psychologe und Philosoph in Harvard, schreibt: »Von Einzellern zu hochsozialen Tieren ist die Geschichte des Lebens auf der Erde eine Geschichte zunehmend komplexer Kooperation.«[51] Der Neurobiologe Gerald Hüther schreibt: »Fachidioten und Leistungssportler kann man durch Wettbewerb erzeugen. Aber nicht umfassend gebildete, vielseitig kompetente und umsichtige, vorausschauend denkende und verantwortlich handelnde, in sich ruhende und starke, beziehungsfähige Persönlichkeiten.«[52] Das könnte die Ökonomik von anderen Disziplinen lernen.

Umsetzung in der Marktwirtschaft

Aus der Kognitionsforschung wissen wir, dass tief sitzende Frames wie Bollwerke gegen neue Ideen wirken können. Sie verhindern, dass Marktwirtschaft und »Kooperation« positiv zusammengedacht werden, weshalb dahingehende »Fakten« oder Lösungen gar nicht erst gesucht werden. Gleichzeitig schränkt das Wettbewerbsethos der Neoklassik – ihre *normative* Vorstellung, wie »Wirtschaft« sein *soll* und Märkte *zu sein haben* – das Spektrum der Denkmöglichkeiten ein, und damit die Freiheit der Menschheit, eine bessere Wirtschaftsordnung zu entwickeln. Die Unternehmensfreiheit, für die die Gemeinwohl-Ökonomie steht, führt per se weder zwingend zur Konkurrenz noch zur Kooperation – sie führt zunächst nur dazu, dass jeder Mensch das gleiche Recht hat, die wirtschaftliche Initiative zu ergreifen. Wie private Unternehmen auf Märkten dann zueinander in Beziehung treten, ist offen und hängt entscheidend von den individuellen Werthaltungen und dem demokratischen Rechtsrahmen ab. Die Gemeinwohl-Ökonomie schlägt folgende Anreizstruktur vor:

a) aktives Gegeneinander: stark negativ;

b) Unterlassen von Kooperation: schwach negativ;

c) punktuelles Kooperieren: schwach positiv,

d) strukturelles Kooperieren: stark positiv.

Strukturelle Kooperation von Unternehmen würde der ursprünglichen Bedeutung von »company« gerecht werden. *Cum + pane* bedeutet »gemeinsam Brot brechen und teilen«. Eine Company ist etymologisch eine solidarische Brotgemeinschaft, keine Kampf- oder Wettbewerbseinheit. Das passt gut ins Bild der zeitlosen Werte.

PS: Effizientes Management knapper Ressourcen

Wir gehen aber noch einmal einen Schritt zurück: Wir nehmen an, es herrscht Knappheit: Für zehn Personen gibt es fünf Kuchenstücke. Nun fragen wir, welche die »effizienteste« Methode der Verteilung ist. Wählen wir Kontrakurrenz als Verteilungsmethode, dann erhält im Extremfall eine Person alle fünf Stücke, und neun Personen gehen leer aus. *Wettbewerb schafft Knappheit!* (Im Vergleich ist die Reise nach Jerusalem eine sanfte Methode des Wettbewerbs: Es scheidet immer nur eine Person aus; unter allen anderen werden die Stühle »gleich« verteilt.) Wird hingegen der Kooperationsansatz gewählt, dann erhält jede Person ein halbes Kuchenstück. Was entspricht den Grundwerten Würde, Gerechtigkeit und Solidarität mehr? Bei Knappheit ist Kooperation umso wichtiger!

4. Staat & Markt:
das beste Ehepaar der Welt

Ob wenig oder mehr Staatstätigkeit –
diese Frage geht am Wesentlichen vorbei.
Es handelt sich nicht um ein quantitatives,
sondern um ein qualitatives Problem.
WALTER EUCKEN[53]

Ehe statt Dichotomie

Staat und Markt sind vielleicht das wichtigste Ehepaar der Welt: Sie spielen zusammen und erzeugen Synergien, sie sorgen für Effizienz und Gerechtigkeit, für Demokratie und Freiheit. Öffentliche Investitionen stimulieren die Privatwirtschaft, resultierende Steuern ernähren den Staat. Märkte erzeugen Ungleichheit und Instabilität, der Staat puffert und federt ab. Marktförmige Güter stehen für Freiheit und Vielfalt, öffentliche Güter für Grundversorgung und Sicherheit. Über Märkte werden Produktions-, Verteilungs- und Konsumströme gelenkt. Bei genauerer Betrachtung wird der Markt weitgehend vom Staat erschaffen: durch die Gewährung der Unternehmensfreiheit, die Garantie des Privateigentums, das Privatrecht als Grundlage für Kauf-, Miet-, Arbeits-, Zuliefer- oder Kreditverträge; durch die Ausgabe von Geld als Zahlungsmittel, die Bereitstellung von Infrastruktur in den Bereichen Verkehr, Bildung, Gesundheit sowie durch Aufsichts-, Regulierungs- und Steuerbehörden, die das Gesamtsystem feintunen. So gesehen ist der Markt eine vom demokratischen Rechtsstaat geschaffene Super-Infrastruktur, auf der sich wirtschaftliche Tätigkeiten und Freiheiten erst entfalten können.

Das Ehe-Bild ist (m)eine Möglichkeit, die Dinge zu sehen. Eine andere Möglichkeit besteht darin, Markt und Staat als Gegensätze zu konstruieren oder sogar als Erzfeinde, um sodann einen Ehepartner als Positivpol zu definieren (Markt) und den anderen als Negativpol (Staat). Der Positivpol wird zum Naturereignis und Reich der Freiheit stilisiert, der Negativpol zum künstlichen Konstrukt und Reich des Zwangs. Dieser Manichäismus – Mani war ein persischer Dichter, der das Reich des Bösen vom Reich des Guten schied – durchzieht die wirtschaftswissenschaftlichen Lehrbücher. Auf die Spitze getrieben wurde er von der Österreichischen Schule der Nationalökonomie. Ludwig von Mises, der Doktorvater von Friedrich von Hayek, versah den Markt mit dem Generalattribut »natürlich« und schmückte ihn mit einer Wort-Wolke aus positiven Freiheitsbegriffen; und den Staat mit dem Generalattribut »künstlich« und nebelte ihn düster mit Begriffen der Unfreiheit und des Zwangs ein.[54] Diese Bipolarität unterstützte die Aufspaltung der Politischen Ökonomie, die vor der Entstehung der Neoklassik die Wirtschaftswissenschaft war, in eine »reine Marktwissenschaft«, die neoklassische Agoralogie, und die Politische Philosophie, die mit Ethik argumentieren durfte. Die reine Ökonomik fokussiert seither auf das Naturwunder Markt, während sie weder etwas von staatlichen Institutionen noch von Werten wissen möchte. Den »Politischen Ökonomen«, die bei dieser Trennung nicht mitmachen, unterstellt sie die Tendenz zu Zwangsherrschaft und Totalitarismus: »Und die Nationalökonomie wird abgeschafft und verboten und durch die Staats- und Polizeiwissenschaft ersetzt.«[55]

Von Hayek setzte das Werk seines Doktorvaters von Mises fort und führte zwei griechische Begriffe ein, die für die entgegengesetzten Reiche stehen: »kosmos« für die natürliche, »spontane« (Hayeks Lieblingsattribut) Ordnung des Marktes und »taxis« für die künstliche und »geplante« Ordnung des Staates.[56] Adepten von Hayek nutzten diese Dichotomie für intensive Manipulation auf sprachlicher Ebene. Begriffsanalysen von Samuelson und Mankiw, den beiden einflussreichsten aktuellen Lehrbuch-Autoren, ergaben, dass sie »Markt« nahezu ausschließlich mit positiven Begriffen assoziieren, und Staat fast ebenso einseitig mit negativen Begriffen.[57] Die politische Folge dieses Schwarz-Weiß-Gemäldes sind einfache Slogans wie »Weniger Staat, mehr privat«, »Die Regierung ist das Problem« (Ronald Reagan)[58] oder »So etwas wie eine Gesellschaft gibt es nicht« (Margaret Thatcher). Der »Fehler«, den die Austrians begingen, war, dass sie bei der Abwehr von Kommunismus und Sozialismus übers Ziel schossen und den Staat ähnlich zurückdrängen und abschaffen wollten wie die Sozialisten den Markt. Die Sozialisten ließen die Marktwirtschaft nur in den Schrebergärten zu, die Kapitalisten wollen den Staat auf seine »Kernaufgaben« kürzen, worunter sie vor allem den Schutz von Privateigentum verstanden: »Das System des Privateigentums bietet uns die wichtigste Freiheitsgarantie.«[59]

Das Pendel, das in Richtung Sozialismus ausgeschlagen hatte, wuchtete ins andere Extrem zurück. Anstatt zwischen »kollektiv« und »individuell«, »Markt« und »Staat«, privat und öffentlich eine Balance zu finden, diskutierten die Austrians nur über die Extremvarianten: »Entweder Kapitalismus oder Sozialismus; ein Mittelding gibt es eben nicht«, war das Verdikt von Von Mises.[60] In ihrem Übereifer, alles, was im Leisesten an Sozialismus erinnerte, mit der Wurzel auszurotten, attackierten die Austrians die Gewerkschaften, Mindestlöhne, Sozialleistungen, öffentliche Güter und den Wohlfahrtsstaat – also genau die Symptome des gelungenen Kompromisses zwischen den beiden Extremen. Hayek ging so weit, den Grundwert der sozialen Gerechtigkeit infrage zu stellen[61], das Wahlrecht für Empfänger*innen von staatlichen Unterstützungen[62] und sogar den »Anspruch aller Menschen auf Unterhaltung«.[63] Letztere Aussagen zeigen klar, wo Hayek in Bezug auf die Menschenwürde stand. Die Austrians schütteten, gestützt von finanzkräftigen Industriekreisen, das Kind des sozialen Zusammenhalts, der Gerechtigkeit und der Demokratie mit dem Bad des Kollektivismus aus. Der Mainstream der Wirtschaftswissenschaft übernahm dieses radikale Bias pro Markt und contra Staat. Seine wichtigsten Facetten sind:

- dem Staat wird tendenziell misstraut und den Märkten vertraut (Effizienzmarkthypothese und Staatsineffektivitätshypothese);
- soziale Sicherheit wird als förderlich für die Faulheit angesehen;
- öffentliche Güter wie z. B. Gesundheit werden mit privaten Gütern gleichgesetzt, was ihrer Privatisierung den Weg bereitet;

- Steuern werden als »Belastung« oder sogar »Enteignung« angegriffen, anstatt dass ihr Nutzen erklärt wird;
- Mindestlöhne, Mietobergrenzen oder Preisgrenzen für Grundnahrungsmittel werden als störende Eingriffe in das Marktgleichgewicht interpretiert und für Arbeitslosigkeit, Wohnungsnot und Armut verantwortlich gemacht;
- allgemeine Demokratiefeindlichkeit – Entscheidungen sollen über Märkte fallen. Ulrich van Suntum schreibt: »Wann immer eine marktmäßige Lösung ökonomischer Wahlprobleme möglich ist (…) ist sie der politischen Lösung über Mehrheitsentscheidungen grundsätzlich vorzuziehen.«[64] Die »volkswirtschaftliche Regel« Nummer 6 von 10 von Mankiw/Taylor lautet: »Märkte sind gewöhnlich gut geeignet, um die volkswirtschaftliche Aktivität zu organisieren.«[65] Solche Faustregeln würden besser in Parteiprogramme passen.

In der neoliberalen (Wirtschaftspolitik) und neoklassischen (Wirtschaftswissenschaft) Dichotomie ist der Markt der Superstar und der Staat der Buhmann. Das umgekehrte Extrem wäre die kommunistische Ideologie. Das »Ehepaar«-Bild entspricht einem ausgewogenen Mittelweg. An sieben zentralen Staatsaufgaben in der Wirtschaft möchte ich zeigen, dass eine einseitige Parteinahme nicht nur unwissenschaftlich ist, sondern auch äußerst kurzsichtig. Staat und Markt können hier fruchtbar zusammenspielen wie ein Ehepaar:

1. Negative Rückkoppelungen bei Einkommen und Vermögen
Das Extrem der Laissez-fair-Marktwirtschaft lautet: grenzenlose Ungleichheit. Das Extrem der sozialistischen Planwirtschaft: »Gleichmacherei«. Der sinnvolle Mittelweg besteht darin, Ungleichheit zwar zuzulassen, um Unterschiede in Ausbildung, Engagement, Verantwortung oder Risiko zu würdigen (Meritokratie, Leistungsgerechtigkeit), diese Ungleichheit aber in vertretbaren und maßvollen Grenzen zu halten. Weder ist es maßvoll, dass acht Menschen gleich viel besitzen wie die halbe Menschheit; noch dass Erb*innen leistungslose Einkommen in Milliardenhöhe erhalten; noch, dass die höchsten Einkommen in der

Finanzwirtschaft bis zum 350 000-Fachen der Mindestlöhne ausmachen. Hier muss der Gesetzgeber Leitplanken setzen, um die Gesellschaft vor dem Zerreißen zu bewahren.

2. Sozialstaat

Im gleichen Sinn ist ein solider Sozialstaat nicht notorischer Vorbote des Sozialismus, sondern ein Schutz davor, dass der Kapitalismus die Gesellschaft auseinanderreißt und die Demokratie eliminiert. Wenn Menschen in schwierigen Lebenslagen (Arbeitslosigkeit, Unfall, Krankheit, Invalidität, Alter, Armut) nicht von der Gesellschaft solidarisch aufgefangen und mitgetragen werden, kommt es zur systematischen Verletzung ihrer Würde und ihres Selbstwerts, zur Ausbreitung von Angstgefühlen und früher oder später zu sozialen Unruhen. Die Länder mit den bestausgebauten Wohlfahrtsstaaten – in Skandinavien – stehen wirtschaftlich sehr solide da und genießen eine deutlich höhere Lebensqualität als Länder mit privaten Krankenhäusern und Schulen. In den USA leben aktuell 45 Prozent aller alleinerziehenden Mütter unterhalb der Armutsgrenze – so weit kommt es, wenn die Ökonomen vergessen, dass die erste *oikonomos* eine Hausfrau war, und den Sozialstaat attackieren, der elterliche Fürsorge-Werte auf die Gesellschaft überträgt.

3. Öffentliche Güter

Eine dritte Kernaufgabe des Staates ist die Daseinsvorsorge in den Bereichen Bildung, Gesundheit, Energie, Transport, Wohnen und andere. Die Geschichte hat gezeigt, dass bei natürlichen Monopolen – wo es am effizientesten ist, wenn es nur einen Anbieter gibt, beispielsweise bei der Eisenbahn oder der Trinkwasserversorgung – besser die öffentliche Hand diese Dienstleistungen erbringt. Die Unfallserie der britischen Eisenbahn nach der Privatisierung, der Ausschluss ärmerer Bevölkerungsschichten von der Trinkwasserversorgung oder die akute Bildungsapartheit in den USA sind warnende Beispiele für die Privatisierung der Daseinsvorsorge. Befragungen der Bevölkerung zeigen regelmäßig, dass sie – anders als Ökonomen – gegen Privatisierungen ist. In

Großbritannien wurde das Schienennetz bereits rückverstaatlicht, nun unterstützen weite Teile der Bevölkerung die Rekommunalisierung von Eisenbahn und Trinkwasser.[66] Die Menschen wollen nicht Sozialismus, sondern funktionierende öffentliche Dienste!

4. Arbeitsmarkt

Ein weiteres Synergiefeld zwischen Markt und Staat ist der Arbeitsmarkt: Das, was der Markt *nicht* leistet – sinnvolle Arbeitsplätze für alle –, kann der Staat *ergänzen*, sei es durch Ausbildung, Anreize für private Unternehmen, Verkürzung der Arbeitszeit oder sinnvolle *öffentliche* Arbeitsplätze. Das Problem: Staatliche »Eingriffe« in den Arbeitsmarkt sind den Neoklassikern und Neoliberalen einer der schmerzhaftesten Dornen im Auge. Margaret Thatcher brach einen regelrechten Krieg gegen Gewerkschaften vom Zaun, den ihr Mentor Hayek eingeflüstert hatte: »Es ist der Öffentlichkeit sicherlich noch nicht bewusst geworden (…) dass das gesamte Fundament unserer freien Gesellschaft durch die Macht, die sich die Gewerkschaften anmaßen, schwer bedroht ist.«[67] Sein Doktorvater wiederum hatte Gewerkschaften offen als »Feinde« bezeichnet.[68] Der blinde Fleck der »Genossenfresser« ist, dass sie nicht mit annähernd gleicher Schärfe die Machtkonzentration auf der Kapitalseite geißeln – bei der Analyse der Macht transnationaler Konzerne versagt das »liberale« Logiksystem kolossal. »Leidenschaftslose« Wissenschaftler*innen würden das Recht auf Arbeit gleich entspannt diskutieren wie das Recht auf Privateigentum. Während das Eigentumsrecht weder im Zivil- noch im Sozialpakt – den beiden zentralen Menschenrechtskonventionen – aufscheint, findet sich im Sozialpakt (Art. 6) das Recht auf Arbeit.

5. Konjunkturpuffer

Eine weitere Synergie zwischen Markt und Staat ist die (»antizyklische«) Konjunkturpolitik: Wenn die Wirtschaft schwächelt und in die Rezession geht, kann der Staat gegensteuern, indem er investiert. Tut er es nicht, würden sich Haushalte (Zurückhaltung bei den Ausgaben) und Unternehmen (Zurückhaltung bei den Investitionen) gegenseitig in eine Abwärtsspirale treiben: bis zur Depression. Da kann nur der Staat via öffentliche Nachfrage und Investitionen gegensteuern. Mit diesem Rezept von John Maynard Keynes wurde die Konjunktur in vielen Fällen stabilisiert – zuletzt in der Finanzkrise 2008. Über Nacht bekehrten sich die neoklassischen Notenbanken und neoliberalen Regierungen, die bis am Tag davor die Empfehlungen von Keynes verteufelt hatten, zu seinen Therapie-Maßnahmen: öffentliches Defizit, Konjunkturprogramme, Geldmengenausweitung, Erhöhung der Staatsschulden. Umgekehrt sollte der Staat die Konjunktur nach der Krise vor »Überhitzung« schützen, indem er die öffentlichen Ausgaben zurückfährt, die Staatsschulden abbaut und die Zentralbank die Leitzinsen anhebt, im Kalkül, dass dadurch die Kreditaufnahme und damit das Wachstum gebremst wird. Damit dieses Bremsmanöver in der Realwirtschaft nicht ins Leere geht, müssen ergänzende Regulierungen das Überhitzen der Finanzmärkte und das Entstehen von Finanzblasen verhindern.[69]

6. Ausgleich der Handelsbilanzen

Von Keynes kam nicht nur der Vorschlag zum Ausgleich des Konjunkturzyklus, sondern auch zum Ausgleich der Leistungsbilanzen. Diese kehren nicht von selbst zur Nulllinie zurück, wie die Gleichgewichtsphantasie es sich vorstellt. Da die Summe aller Leistungsbilanzen immer null ist, geht der Überschuss eines Landes zwingend auf Kosten eines anderen Landes. Das Defizitland leidet unter steigender Arbeitslosigkeit und Verschuldung und würde früher oder später in den Staatsbankrott gehen. Keynes hatte auch den politischen Frieden im Sinn, als er 1944 in Bretton Woods seinen Vorschlag zur Stabilisierung der Handelsordnung unterbreitete. Die USA blockten den Vorschlag ab – heute wären sie dessen größter Profiteur: Exportweltmeister Deutschland müsste dem Importweltmeister entweder Strafe zahlen oder Kredite mit negativen Zinsen gewähren. Keynes' Vorschlag wird in den Lehrbüchern totgeschwiegen, weil er nicht aus dem Geist der Gleichgewichtstheorie geboren ist. Spricht man das Thema öffentlich an, wird man rasch mitsamt Keynes ins planwirtschaftliche Eck geschickt. Das Fixwechselkurssystem von Bretton Woods, das nach dem Zweiten Weltkrieg immerhin 25 Jahre lang für Stabilität gesorgt hatte, kommt beispielsweise bei Blanchard und Illing ausschließlich negativ weg, Keynes' Vorschlag bleibt unerwähnt.[70]

7. Ökologische Grenzen

Der »freie« Markt ist auf dem ökologischen Auge gleich blind wie auf dem sozialen. Deshalb ist es Aufgabe des Staates, die planetaren Ökosysteme und zukünftige menschliche Generationen zu schützen. In einer funktionierenden Ehe würde der Staat solche ökologischen Leitplanken mit gleicher Selbstverständlichkeit und Fürsorge errichten wie er aktuell an Handels- und Investitionsschutzabkommen und internationalen Schiedsgerichten im einseitigen Interesse transnationaler Konzerne arbeitet. Durch die systematische Diskreditierung einerseits und die – von der Wissenschaft »übersehene« – Machtkonzentration in der Wirtschaft andererseits sind die Staaten aktuell kaum willens und in der Lage, den Markt hier intelligent und ethisch zu designen und ihn für die Steigerung der ökologischen Effizienz zu nutzen. Ökologische Menschenrechte wären ein Weg. Eine Alternative wäre eine Kombination aus Kohlenstoff-Steuern (z. B. hundert US-Dollar pro Tonne ansteigend auf fünfhundert US-Dollar pro Tonne) mit Kohlenstoff-Zöllen in gleicher Höhe auf Importe aus Ländern, die keine Kohlenstoff-Steuern einheben.

All diese Maßnahmen sind keine »Interventionen« des Staates in »freie Märkte« (neoklassisches Framing), sondern ureigene Design-Aufgaben des Staates, damit die Marktwirtschaft keines ihrer prekären Gleichgewichte verliert und zum Wohle aller wirken kann. Damit der Staat diese Design-Aufgabe wirksam wahrnehmen kann, muss die Ökonomik mit ihrem als Wissenschaft verkleideten politischen Aktivismus aufhören, ihn systematisch schlechtzureden und infrage zu stellen und stattdessen Staat und Markt als kooperative Synergisten betrachten: wie ein bewährtes Ehepaar!

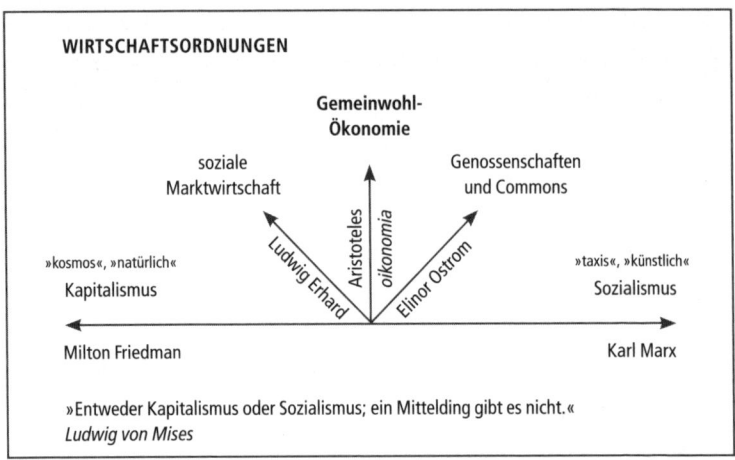

Abbildung 5: Spektrum der Wirtschaftsordnungen

5. Eigentum

Wie würde ein *wissenschaftliches* Lehrbuch das Thema Eigentum angehen? Würde es die verschiedenen Formen von Eigentum anführen, ihre historische Entwicklung im Abriss, oder zumindest exemplarische Praxis? Würde es kontroversielle Debatten mit unterschiedlichen Standpunkten zu den einzelnen Formen sichtbar machen? Mainstream-Lehrbücher pflegen so grundlegende Fragen nicht zu stellen, sie handeln im Wesentlichen von einer einzigen Eigentumsform – Privateigentum –, deren Vorzüge gelobt, deren Nachteile nicht beleuchtet und vor allem: deren Alternativen nur am Rande erwähnt und zumeist kritisch hinterfragt und abgewertet werden. Staatseigentum wird gerne unter dem Aspekt der Ineffizienz oder der Willkür diskutiert; Gemeinschaftsgüter werden oft nur unter dem Titel der »Tragödie der Allmende« behandelt, Therapie: Privateigentum. Der Schutz der Natur vor Überführung in Eigentum oder ihr möglicher Status als Rechtssubjekt kommt üblicherweise gar nicht vor. Auch bei diesem Thema zeigen sich die Lehrbücher selektiv, parteiisch, geschichtsblind.

Hintergrund der radikalen Einseitigkeit ist einmal mehr der Manichäismus Sozialismus versus Kapitalismus. Während der Sozialismus einseitig auf Kollektiv- oder Staatseigentum aufbaut, was es aus Sicht der Lehrbuch-Autoren zu verhindern oder bekämpfen gilt, baut der Kapitalismus ebenso einseitig auf Privateigentum. Ein ausgewogener – *wissenschaftlicher* – Zugang könnte darin bestehen, eine Übersicht verschiedener Eigentumsformen zu schaffen, um:

a) alle Eigentumsformen in den Blick zu nehmen;

b) ihre Vor- und Nachteile ausgewogen zu diskutieren;

c) Vorschläge für ihre Begrenzungen und Bedingungen zu entwickeln:

	Anwendungsbereich	Beispiele	Vorteile	Grenzen/ Bedingungen
Öffentliches Eigentum	Infrastruktur, Daseinsvorsorge	Schule, Rathaus, Zentralbank, Geld	Universale Versorgung, höhere Standards, Wirtschaftspolitik	Strategische Güter/DL, GW-Bilanz
Privates Eigentum	Unternehmen, Konsumgüter	Fahrrad, Eigenheim, Unternehmen	Wirtschaftsfreiheit, Eigeninitiative, Vielfalt	Obergrenze + GW-Bilanz
Gemeinschaftseigentum	Allmenden, Commons	Weide, Fischgrund, Saatgut, Software	Freiheit von kommerzieller Kultur, Beziehungsaufbau auf Werte-Basis	Klare Spielregeln und Sanktionen
Gesellschaftseigentum	Große Produktionsbetriebe	Obergrenze + GW-Bilanz	Klare Spielregeln und Sanktionen	Systemrelevante Betriebe
Nutzungsrecht (kein Eigentum)	Natur	Wasser, Energie, Boden	Effektiver Naturschutz	Dritte Generation ökologischer Menschenrechte
Weder Eigentum noch Nutzung	Bedrohte Arten und Ökosysteme	Korallenriffe, Regenwälder, Gebirgszüge, Feuchtgebiete	Dauerhafte Sicherung der Lebensgrundlagen der Menschheit	Globale Verteilung

Tabelle 7: Eigentumsformen

Öffentliches Eigentum

Öffentliches Eigentum hat in der Geschichte verschiedene Funktionen, der Staat kann sich in bestimmten Bereichen sinnvoll als Unternehmer betätigten:

– Daseinsvorsorge und Infrastruktur: Straßen, Eisenbahnen, Schulen, Spitäler, Stadtwerke, Energieversorger, Sozialdienste bilden das Fundament der Wirtschaft und des demokratischen Gemeinwesens und sozialen Zusammenlebens gleichermaßen. Diese Güter sollen allen Menschen zur Verfügung stehen (Universalprinzip), zu erschwinglichen Preisen und barrierefrei. Dafür eignen sich gemeinnützige Unternehmensformen wie z. B. Körperschaften des öffentlichen Rechts.

- Strategische Branchen wie z. B. Stahl: Betriebe mit staatlichem Kerneigentümer sind im internationalen Vergleich gleich effizient wie Betriebe mit privatem Kerneigentümer[71], erbringen jedoch zusätzlich wertvolle Gemeinwohl-Leistungen wie z. B. günstige Basisprodukte für private Industrien; strategischer Vorrang für lokale Zuliefer-Betriebe, um das »regionale wirtschaftliche Ökosystem« zu entwickeln; bewusste Standortwahl, um strukturschwache Gebiete zu unterstützen; Ausbildung von Lehrlingen, die danach der Privatwirtschaft zur Verfügung stehen … In Österreich war die Voest lange Zeit ein solcher staatlicher Leitbetrieb, dem es auch zu verdanken ist, dass Österreich in der Stahlkrise mit einem blauen Auge davonkam – anders als Großbritannien, wo Krisenregionen entstanden.
- Venture-Kapital-Geber: Die Ökonomin Mariana Mazzucato schreibt in ihrem Buch *Das Kapital des Staates,* dass die Rolle des Staates infolge seiner Dämonisierung völlig unterschätzt wird. Das Internet und die Nanotechnologie seien beispielsweise »der Vision des Staates in Bereichen, die der private Sektor noch gar nicht entdeckt hatte« geschuldet – in Form von Anfangsinvestitionen, Grundlagenforschung und dem Aufbau von innovativen Ökosystemen.[72] Selbiges gilt auch für die »revolutionärsten neuen Medikamente«. Auch Apple sei alles andere als das Paradebeispiel für die Wirkung des freien Marktes, als das es oft hingestellt wird. »Tatsächlich steckt im iPhone nicht eine einzige Technologie, die nicht vom Staat finanziert wurde (Internet, GPS, Touchscreen, SIRI).«[73]
- Öffentliche Betriebe gehen häufig bei Arbeits-, Sozial-, Gender- und Mitbestimmungs-Standards voran, stellen die Geschlechter schneller gleich und bieten in vielen Aspekten bessere Bedingungen, die – später – von der Privatwirtschaft nachvollzogen werden. Das schließt auch die Gründung von Gewerkschaften und die Einrichtung von Betriebsräten mit ein.
- Öffentliche Betriebe können bei der Erstellung einer Gemeinwohl-Bilanz vorangehen, wie dies die Stadt Stuttgart vorgezeigt hat: Erst wurden die beiden Eigenbetriebe Stadtentwässerung Stuttgart (SES)

und Leben und Wohnen (ELW) bilanziert, danach beschloss der Stadtrat die Förderung der Gemeinwohl-Bilanz bei Privatbetrieben – nun konnte er auf das erfolgreiche Vorausgehen der öffentlichen Unternehmen verweisen.

Als Grenze könnte definiert werden, dass der Staat prinzipiell nur im Bereich der Daseinsvorsorge, Infrastruktur und in strategischen Branchen unternehmerisch tätig werden darf. Der Staat soll weder Stecknadeln noch Snowboards herstellen. Auf kommunaler und regionaler Ebene sind auch Eigenbetriebe in der Landwirtschaft oder im Weinbau üblich. Baden-Württemberg hat eine Brauerei – ohne dass deswegen der Kommunismus ausgebrochen wäre. Eine weitere Grenze könnte darin bestehen, dass öffentliches Eigentum nur mit der Zustimmung des Eigentümers – des demokratischen Souveräns – veräußert werden darf. Privatisierungen an der Bevölkerung vorbei wären damit ausgeschlossen. Mir ist keine einzige Volksabstimmung bekannt, in der eine Privatisierung befürwortet worden wäre. In Leipzig wollte die Stadtregierung 49,9 Prozent der Stadtwerke an Gaz de France (GdF) verkaufen. Dagegen formierte sich Widerstand in der Bevölkerung, der zur Abstimmung führte – die erste in der Geschichte Leipzigs. 41 Prozent der Bürger*innen beteiligten sich am Urnengang, 87 Prozent stimmten gegen die Privatisierung.[74] Solche Abstimmungen müssten vor dem Verkauf von »Familiensilber« verpflichtend sein.

Privates Eigentum

Privateigentum ist in der neoklassischen und neoliberalen Weltsicht das Sakrosanktum. Seinem Schutz (durch den Staat) und seiner Vermehrung (durch die Wirtschaftsordnung) gilt die höchste Aufmerksamkeit. Historisch betrachtet ist Privateigentum vergleichsweise jung. John Locke meinte noch, dass ein Mensch nur die Früchte, die er der Erde im Schweiße seines Angesichts abringt, sein Eigentum nennen dürfe. Auch der letzte Klassiker, John Stuart Mill, vertrat die Ansicht: »Eigentum ist nur Mittel zum Zweck; nicht Selbstzweck.«[75] Im US-Unternehmensrecht waren Kapitalgesellschaften bis ins spätere 19. Jahrhundert, dem Beginn der Neoklassik, verpflichtet, dem »public good« zu dienen.[76] Auch heute wird Privateigentum in vielen Verfassungen nicht nur geschützt, sondern gleichzeitig zum Dienst am Gemeinwohl verpflichtet. »Eigentum verpflichtet. Sein Gebrauch soll zugleich dem Wohl der Allgemeinheit dienen«, besagt das Grundgesetz.[77] In der spanischen Verfassung heißt es: »Der gesamte Reichtum des Landes in seinen verschiedenen Formen und unbeschadet seiner Trägerschaft ist dem allgemeinen Interesse untergeordnet.« (Art. 128)

Trotz dieser verfassungsmäßigen Beschränkungen und Bedingungen ist Privateigentum *juristischer Personen* gegenwärtig die expansivste Eigentumsform. Wichtige historische Etappenschritte waren die Einführung privater Kapitalgesellschaften, die Haftungsbeschränkung, die Erlaubnis, Eigentum an anderen juristischen Personen zu erwerben, die Erlaubnis des Landkaufs im Ausland, Schutz von geistigem Eigentum, einschließlich Lebewesen, freier Kapitalverkehr, und aktuell: Bail-out mit Steuergeldern sowie direkte Klagerechte von juristischen Personen gegen Staaten im Rahmen von Investitions- und Handelsabkommen. Die Pflichtenseite sieht im Vergleich äußerst mager aus: Weder gibt es eine globale Fusionskontrolle noch eine Größengrenze, weder eine internationale Steuerkoordination noch eine globale Finanzaufsicht; weder ein verpflichtendes Lobby-Register noch eine verbindliche Gemeinwohl-Bilanz; die Nutzung von Steueroasen ist ebenso erlaubt wie Landgrabbing, Parteienfinanzierung und feindliche Übernahmen. Die Rechte und Pflichten juristischer Personen klaffen immer weiter auseinander – hier ist eine historische Korrektur angebracht, über deren Möglichkeiten die Lehrbücher Bewusstsein schaffen könnten.

Abbildung 6 ist in dieser Hinsicht wichtiger als alle Angebots- und Nachfragekurven der Mikroökonomie-Lehrbücher. Sie stellt die progressive Machtkonzentration und nötige Dekonzentration der Macht transnationaler Unternehmen dar. Keine der hier vorgeschlagenen

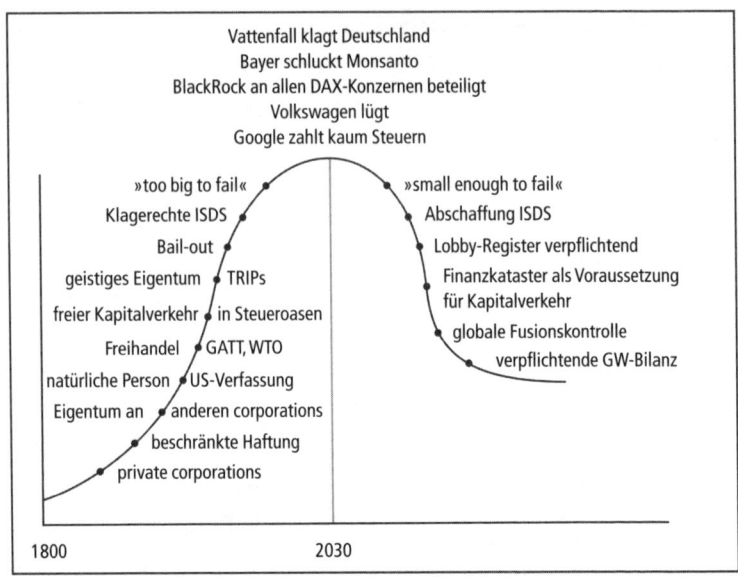

Abbildung 6: The rise, fall and equilibrium of corporate power

Grenzen und Bedingungen stellt Privateigentum infrage – im Gegenteil, sie machen Privateigentum für mehr Menschen zugänglich als heute, wo die wachsende Konzentration von Eigentum viele Menschen davon ausschließt, was zu Chancen*un*gleichheit führt und Freiheit und Demokratie bedroht. Die Reformen stellen Eigentum in den Dienst der Gesellschaft und ihrer Grundwerte. Papst Paul VI. brachte es 1967 auf den Punkt: »Das Privateigentum ist also für niemand ein unbedingtes und unbeschränktes Recht. Das Eigentumsrecht darf niemals zum Schaden des Gemeinwohls genutzt werden.«[78]

Gemeingüter – Allmenden

Gemeingüter, Allmenden oder Commons sind eine vollständige Alternative zu Kapitalismus und Marktwirtschaft. Sie beruhen auf den Werten Kooperation, Nachhaltigkeit und Gemeinwohl und kommen ohne das Prinzip der Tauschäquivalenz und oft sogar ohne Geld aus. Sie können vielleicht nicht alle Bereiche einer Marktwirtschaft ersetzen, aber sie können sich in viele Lebensbereiche ausdehnen und eine andere Wirtschaftskultur entfalten. Das ist vermutlich der Grund, weshalb sie in den Standardmodellen der Lehrbücher entweder gar nicht oder allenfalls am Rande vorkommen. Und auch dann zumeist nur in Form einer »Tragödie«. Seit Elinor Ostrom den Reichsbankpreis erhalten hat, ist bekannter geworden, dass Gemeingüter sehr gut funktionieren können. Ostrom hat fein säuberlich die Bedingungen dafür herausgearbeitet, dass aus der Tragödie eine Komödie wird: Es müssen klare Nutzungsregeln gelten, deren Verletzung verlässlich und spürbar sanktioniert wird (gleich wie Gesetze in einem Staat) und die am besten so demokratisch wie möglich zustande kommen. Das ist eine Analogie zum Markt: Auch Märkte werden nicht funktionieren, wenn es keinen Eigentumsschutz gibt, kein Privatrecht, kein Finanzamt und keine Verkehrsinfrastruktur. Und wenn es keine freien Wahlen, kein Parlament und keinen Verfassungsgerichtshof gibt, werden Staaten nicht funktionieren. Fehlen die entsprechenden Rahmenregeln für Gemeingüter, werden Allmenden zur Tragödie. Solche Gemeinplätze müssen niedergeschrieben werden, weil die Standard-Lehrbücher der Mikro- und Makroökonomie Gemeingüter so darzustellen pflegen, als würden sie *im Regelfall* versagen. Eine Fülle von Beispielen ist nachzulesen in den Büchern von Silke Helfrich und David Bollier.[79] Die beiden Commons-Experten weisen darauf hin, dass die berüchtigte »Tragödie« der Allmenden ein Forschungsfehler ist, weil Garrett Hardin, der Autor des betreffenden Artikels in *Science,* gar kein Gemeingut beschrieben hat, sondern Niemandsland. Die Ökonomie-Lehrbücher wiederholen und verbreiten den Fehler weltweit, anstatt Beispiele funktionierender Gemeingüter zu bringen.

Nutzungsrechte

Eine weitere Alternative zum Privateigentum, die von Lehrbüchern praktisch ausgeblendet wird, sind Nutzungsrechte. In einigen Ländern ist es Usus, dass das Land den Bäuerinnen und Bauern nicht gehört, sondern nur von ihnen genutzt wird, z. B. in Extremadura (Spanien). Viele indigene Gemeinden betrachteten das Land nicht als ihr Eigentum, sondern als heilig. Sie verehren die Mutter Erde und erhalten die Ressourcen über viele Generationen (»Sieben-Generationen-Prinzip«).

Nutzungsrechte können an die Bedingung des langfristigen Erhalts von Bodenfruchtbarkeit, Artenvielfalt, Grundwassergüte und Ökosystemstabilität geknüpft werden. Je erfolgreicher Nutzer*innen sich dafür einsetzen, desto mehr könnten die Nutzungsrechte ausgeweitet werden; hingegen werden die Nutzungsrechte eingeschränkt, wenn sich die ökologischen und sozialen Indikatoren verschlechtern. Aus ökologischer Perspektive ist das unmittelbar effizienter. In einer langfristigen Perspektive ist das sogar finanziell »effizienter«, weil ohne Naturkapital auch kein Finanzkapital gebildet werden kann. Die *oikonomia* weiß das, solcher Art bedingte Nutzungsrechte sind ein effektiver Schutz vor chrematistischem Landmissbrauch.

Kein Eigentum – im Gegenteil: Aneignungsschutz durch Rechtssubjektstatus!

Eine vollständige Übersicht könnte auch thematisieren, über welchen Gütern gar keine Eigentumstitel verliehen werden sollten, auch keine Nutzungsrechte. Diese Option könnte, allein schon um des Gedankenexperiments willen, von denen die neoklassischen Lehrbücher im Übrigen voll sind, auf die Natur generell angewandt werden. Es würde eine demütige Haltung gegenüber der »knappsten Ressource« unserer Zeit, der heiligen Quelle des Lebens, zum Ausdruck bringen. Mutter Erde bedarf des Schutzes und der Schonung, wenn wir unseren Kindern und

Enkeln den Planeten gleich intakt hinterlassen wollen, wie wir ihn vorgefunden haben. Die Natur könnte als »Lebewesen« und damit als Rechtssubjekt anerkannt werden, dem effektive Schutzrechte angedeihen. Wenn die Natur eines Tages so streng geschützt ist wie Privateigentum, sind wir einen Schritt weiter. Die Zahl der Initiativen, die sich für »Rights of Nature« einsetzen, wächst.[80]

Fazit: Um aus politischen Gebetsbüchern wissenschaftliche Lehrbücher zu machen, müssten alle Eigentumsformen neutral mit Vor- und Nachteilen präsentiert und diskutiert werden.

TEIL V – ALTERNATIVEN

1. »Plural«: die Ökumene der Ökonomik

Für einige Professoren ist es eine Horrorvorstellung,
dass die ›Pluralen‹ in ihr Fach nun Marxismus, Gender-Theorie
oder Postwachstums-Ideen einschmuggeln könnten.
PHILIPP PLICKERT[1]

In Anbetracht der Breite und Tiefe der Kritik am Zustand der Mainstream-Wirtschaftswissenschaft ist es keine Überraschung, dass auch die Studierenden in den Protest gehen und grundlegende Reformen verlangen. Dennoch ist es ein Novum, dass die Student*innenproteste nicht von einem gesellschaftspolitischen Anliegen getrieben werden, sondern in eigener Sache stattfinden. Üblicherweise, schreibt Thomas Dürmeier, entstehen wissenschaftliche Innovationen dann, wenn Professor*innen ein neues Paradigma in einer »wissenschaftlichen Revolution« (Thomas Kuhn) durchsetzen. »Die Post-Autistische Ökonomik hingegen erblickte das Licht der Welt, als Studierende mit ihrem Studienalltag nicht mehr zurechtkamen.«[2]

Und es begann – wieder einmal – in Frankreich. Konkret im Juni 2000 an der Sorbonne in Paris. Eine Gruppe von Studierenden der Wirtschaftswissenschaft protestierte gegen die »autistische Wirtschaftswissenschaft«: »Die meisten von uns haben sich dazu entschieden, Ökonomik zu studieren, weil wir ein tiefes Verständnis für die wirtschaftlichen Phänomene, denen wir uns als Staatsbürger*innen heute gegenübersehen, erwerben wollen. Aber die angebotene Lehre, die ganz überwiegend aus neoklassischer Theorie oder von ihr abgeleiteten An-

243

sätzen besteht, erfüllt diese Erwartungen generell nicht.« Einige der Kritikpunkte: Die »empirische Seite (historische Fakten, Funktion der Institutionen, Studium des Verhaltens und der Strategie der Agenten …)« sei »nahezu inexistent«, Mathematik sei infolge »unkontrollierter Anwendung (…) von einem Mittel zum Zweck« geworden. Die »Außerachtlassung konkreter Realitäten« stelle »ein riesiges Problem« für jene dar, die sich nützlich in die Wirtschaft und Gesellschaft einbringen wollten«. Sie forderten Wissenschaft statt Szientismus, Pluralismus statt neoklassischem Monotheismus, empirischen Realismus statt deduktiver Abstraktionen und riefen ihre Professor*innen auf, die Ökonomik aus ihrem autistischen und sozial unverantwortlichen Zustand zu retten. »Lehrer*innen, wacht auf, bevor es zu spät ist!«[3] Das war acht Jahre vor der Finanzkrise. Und drei Jahre vor Greta Thunbergs Geburt.

Der orthodoxe Mainstream konnte diese Reformbewegung nicht ganz ignorieren, zumal es sich um die Crème de la Crème der Wirtschaftswissenschafts-Studierenden an den Grandes Écoles Frankreichs handelte.[4] Am 31. Oktober meldeten sich fünfzehn Ökonom*innen von verschiedenen französischen Universitäten in *Le Monde* zu Wort und lehnten in ihrem »Contre-appel pour préserver la scientificité de l'économie« die post-autistischen Ideen ab.[5] Dennoch sprang der Funke rasch ins Ausland über: Im Juni 2001 schrieben 27 Doktorand*innen in Cambridge unter der Überschrift »Opening Up Economics«: »Wir wollen eine Debatte über die gegenwärtige Wirtschaftswissenschaft anregen (…) Wir glauben, dass die Wirtschaftswissenschaft von einem einzigen Ansatz monopolisiert ist (…) Wir argumentieren nicht gegen den Mainstream-Ansatz an sich, aber gegen die Tatsache, dass seine Dominanz in der Disziplin als gegeben betrachtet wird.«[6]

Im Juni 2001 trafen sich in den USA 75 Studierende, Forscher*innen und Professor*innen auf der zweiten Sommerakademie der Evolutionären Ökonomik. Zur Unterstützung der Proteste in Frankreich und Großbritannien veröffentlichten sie das »Kansas City Proposal«: »Studierende mit kritischem Geist sehen sich vor einer unglücklichen Entscheidung: Entweder geben sie ihre Interessen auf, um professionell voranzukommen; oder sie verlassen gänzlich die Ökonomik zugunsten von Disziplinen, die offener für Reflexion und Innovation sind (...) Eine verantwortliche und effektive Wirtschaftswissenschaft betrachtet wirtschaftliche Aktivitäten in ihren weiteren Kontexten, und sie fördert philosophische Herausforderungen und Debatten.«[7]

In Deutschland formierte sich rund um Thomas Dürmeier, Christoph Gran, Arif Rüzgar und Tanja von Egan-Krieger eine studentische Initiative, die am 16. November 2003 in Heidelberg den Arbeitskreis Post-Autistische Ökonomie gründete. Daraus entstand 2007 ein kleiner Verein aus mehreren Regionalgruppen, der vom Mainstream vorerst noch nicht wahrgenommen wurde. Erst durch die Finanzkrise 2008 erhöhte sich die Aufmerksamkeit schlagartig. Nach den Hinweisen von Eltern mit autistischen Kindern wurde die Initiative zunächst in AK Real-World Economics umbenannt und 2012 in »Netzwerk Plurale Ökonomik«.[8] Dieses schloss sich 2014 mit weiteren 65 Initiativen aus dreißig Staaten zur International Student Initiative for Plural Economics (ISIPE) zusammen, die am 5. Mai einen internationalen Aufruf für eine pluralere Ökonomik weltweit in Zeitungen veröffentlichte: »Wir beobachten eine besorgniserregende Einseitigkeit der Lehre, die sich in den vergangenen Jahrzehnten dramatisch verschärft hat. Diese fehlende intellektuelle Vielfalt beschränkt nicht nur Lehre und Forschung, sie behindert uns im Umgang mit den Herausforderungen des 21. Jahrhunderts – von Finanzmarktstabilität über Ernährungssicherheit bis hin zum Klimawandel.« Die drei Kernforderungen des Aufrufs: »Theoretischer Pluralismus, methodischer Pluralismus und Interdisziplinarität«.[9] Der Aufruf wurde auch von dreitausend Personen unterzeichnet.[10]

Reaktion des Establishments

RPT Robert Solow reagierte Anfang 2001 auf die Proteste in Frankreich in *Le Monde*: »Wenn also jemand versucht, eine relativ komplexe Situation zu untersuchen, in der die zentralen Charakteristika der Ökonomik quantitativ sind (Preis, Produktionsmengen, Zinsen, Beschäftigung, Grad der Ungleichheit ...), und wenn jemand die Regeln der Logik respektiert, dann ist die Mathematik dafür zweifellos ein unverzichtbares Werkzeug. Ich glaube nicht, dass irgendein ›alternativer Ansatz‹ bis heute diesen Kriterien gerecht wurde.«[11] Diese Reaktion macht die Blankheit Solows in Bezug auf alternative sozialwissenschaftliche Methoden offensichtlich, abgesehen davon, dass Mathe nicht per se, sondern ihr exzessiver Gebrauch kritisiert wird. Und sie bringt ein weiteres Kernproblem auf den Punkt: Solow hat die rein quantitative (Forscher-)Brille auf. Gleich gut hätte eine Forscherin mit einer qualitativen Brille sagen können, dass die *zentralen* Charakteristika der Ökonomik *qualitative* und *ethische* sind: Bedürfnisbefriedigung, gute Arbeit, Lebensqualität, Gerechtigkeit, Nachhaltigkeit – je nachdem, worauf eine Forscherin fokussiert, kommt sie zu unterschiedlichen Schlussfolgerungen, welche die *zentralen Charakteristika* ihres Gegenstands sind. Und folglich wählt sie die eine oder die andere Methode. Auch hier zeigt sich, wie wichtig die Definition und Zielsetzung der Disziplin ist, um voranzukommen.

In Deutschland fand 2012 zur Tagung des »Vereins für Socialpolitik«, der wichtigsten Ökonomen-Vereinigung Deutschlands, erstmals eine Parallelveranstaltung des »Netzwerks Plurale Ökonomik« statt. In einem offenen Brief, der von 64 Professor*innen mitunterzeichnet wurde, versuchten sie, auf den »alarmierenden Zustand unseres Faches aufmerksam« zu machen und riefen »alle Lehrenden und Studierenden auf, an der Neugestaltung unsers Faches mitzuwirken«. Sie forderten Theorienvielfalt, Methodenvielfalt, Erweiterung des Curriculums um Geschichte des ökonomischen Denkens, Wissenschaftstheorie und interdisziplinäre Veranstaltungen, die Integration pluraler Lehrbücher in das Studium, die Abkehr vom *A Journalism* sowie die Besetzung von mindestens zwanzig Prozent aller Lehrstühle mit heterodoxen Ökonom*innen.[12]

Der Vorsitzende des Vereins für Socialpolitik, Michael Burda, antwortete in einem offenen Brief: »Es ist nicht das Hauptanliegen der Nationalökonomie, die Vorzüge der Marktwirtschaft zu predigen, sondern die Entstehung, die Allokation und die Verwendung knapper Ressourcen zu analysieren. Ökonomen wie Marx, Sraffa, Leontief, Lerner, Robinson, Kantorovich, Koopmans und Samuelson belegen meinen Standpunkt.« An dieser Antwort fällt auf, dass Marx, Sraffa, Leontief oder Robinson praktisch in keinem Lehrbuch vorkommen – fehlende Theoriegeschichte ist ja einer der Kritikpunkte. Und die beiden erfolgreichsten Lehrbücher, von Samuelson und Mankiw, scheint sich Burda nie zur Brust genommen zu haben, denn für diese ist das »Predigen der Vorzüge der Marktwirtschaft« sicher keine Über-, sondern wohl eher eine Untertreibung. Auch seine Erläuterungen zum Begriff sind interessant: »Das Wort ›Ökonomie‹ ist aus dem griechischen Wort *oíkonomos* entstanden und bedeutet ›Haushaltung‹. Im Vordergrund der Volkswirtschaftslehre steht die endliche Verfügbarkeit von Ressourcen.« Wie ich zu zeigen versuchte, hat *oikonomia* nichts mit Knappheit zu tun, sondern vielmehr mit dem maßvollen Umgang *reichlich* vorhandener Ressourcen.

2018 distanzierte sich Burdas Nachfolger Achim Wambach vom Netzwerk Plurale Ökonomik deutlicher: »Inhaltlich hat uns die plurale Ökonomik nicht weitergebracht (…) Wenn es darum geht, die nun in den Fokus gerückten Probleme anzupacken – etwa die Beurteilung von systemischen Risiken oder die Auswirkungen der neuen Bankenregulierung –, da hilft die Reaktivierung alter Denkschulen nicht weiter. Dafür braucht man eine ordentliche ökonomische und ökonometrische Ausbildung.«[13] Das ist Zündstoff: Erstens fordert das Netzwerk gerade eine *systemische* Betrachtungsweise, dank derer die Finanzkrise von Nicht-Mainstream-Ökonom*innen vorhergesehen wurde. Zweitens ist die Systemtheorie eine jüngere Denkschule, vor der die Neoklassik aus der zweite Hälfte des 19. Jahrhunderts vergleichsweise alt aussieht. Drittens und vielleicht wichtigstens verrät die verwendete Formel »ökonomische Ausbildung«, dass er von einer ganz bestimmten Bedeutung des Wortes ausgeht, diese aber nicht definiert. Denn die Lehre einer echten »Ökonomik« im Unterschied zu Chrematistik oder Agoralogie wäre ja genau eine der Lösungen. Wambach weiter: »Wenn die Studenten Ringvorlesungen dazu organisieren, um die historischen Denkschulen besser zu verstehen, dann finde ich das sinnvoll. Aber sie sollten nicht glauben, dass dies das Rüstzeug ist, mit dem sie später im Wirtschaftsministerium oder bei der Europäischen Zentralbank arbeiten werden.« Die Europäische Zentralbank hat DSGE-Modelle verwendet, mit denen sie die Krise nicht vorhergesehen hat – sie war nicht »gerüstet« für die Krise: Was will Wambach damit eigentlich sagen?

Es geht noch etwas rauer: Der Vorstand des Instituts für Finanzwissenschaft der Universität Münster Johannes Becker fragt sich öffentlich, »warum das Netzwerk so viel Energie investiert, der Öffentlichkeit ein Zerrbild unserer Profession zu verkaufen – und so womöglich junge Studienanfänger abzuschrecken«. Erklären tut er sich das mit »einer Mischung aus Unkenntnis und Arroganz«. Das Netzwerk, dessen Veranstaltungen »Aktivisten wie Christian Felber (›Gemeinwohlökonomie‹) als Forum dienen«, verstehe sich »zunehmend nicht nur als wissenschafts-, sondern auch als gesellschaftsverändernde Kraft, und es agiert immer mehr wie eine Partei«.[14] Von der Wirtschaftsuniversität Wien meldeten sich im Juli 2017 drei führende Volkswirte zur »angeblichen Krise der Wirtschaftswissenschaft« zu Wort: »Der Fortschritt im Wissen über ökonomische Zusammenhänge vollzieht sich ähnlich wie in den Naturwissenschaften (sic!). Im Rahmen des anerkannten Erkenntnisgewinnungsprozesses folgt die ›Mainstream‹-Ökonomie einem einzigen Regelwerk (sic!), der wissenschaftlichen Methode: Hypothesen werden auf Basis eines theoretischen Fundaments abgeleitet und umfassend empirisch überprüft.« Ein Anschauungsbeispiel, wie die Sichtweisen auseinanderklaffen können. »Eine engstirnige, orthodoxe Mainstream-Ökonomie – wie sie von ihren Kritikern entweder aus Unkenntnis oder Ignoranz gegenüber Tatsachen dargestellt wird – existiert in dieser Form nicht (…) von Dogmatismus kann keine Rede sein.«[15] Also alles paletti im Mainstream? »Demgegenüber findet man bei den ›Alternativen‹ eine erstaunliche Einmütigkeit in den Theorien und den daraus abzuleitenden wirtschaftspolitischen Schlussfolgerungen. In der Tat sind viele Strömungen der alternativen Ökonomik – ohne es zu merken oder wahrhaben zu wollen – von jenem Dogmatismus geprägt, den sie dem Mainstream vorwerfen (…) Die [aus der Ablehnung der Mathematisierung] resultierende Unmöglichkeit, diese Ansätze in einen rigorosen, empirisch-basierten wissenschaftlichen Kontext zu stellen, führt dazu, dass sie teilweise von pseudowissenschaftlichem Gedankengut dominiert werden und rein ideologisch agieren.«

Nicht alle reagieren so pikiert. In einer Befragung der Mitglieder des Vereins für Socialpolitik, dem Establishment der promovierten Ökonomen in Deutschland, der Schweiz und Österreich, ob die Kritik der Studierenden an der mangelnden Pluralität in der herrschenden Lehre und Forschung berechtigt sei, stimmten 24 Prozent zu, 32 Prozent fanden die Kritik zwar grundsätzlich richtig, hielten sie aber für übertrieben, und vierzig Prozent vertraten die Auffassung, dass die Kritik weitgehend unberechtigt oder die Diagnose der mangelnden Pluralität falsch sei. Weitergefragt, sahen fast neunzig Prozent (zur Hälfte stark, zur Hälfte schwach) Bedarf an der Aufnahme von Erkenntnissen anderer Disziplinen; und jeweils knapp ein Drittel stimmte zu, dass die Ökonomik zu stark auf formalisierte Modelle setze, und dass Ökonom*innen wieder stärker auf die Geschichtsforschung zurückgreifen sollten.[16] Eine andere Untersuchung ergab, dass 85 Prozent aller Forschungsprojekte in Deutschland seit 2008 keinen Krisenbezug aufweisen; in Österreich sind es 93 Prozent.[17] Eine dritte Untersuchung von Thomas Fricke zur Ausrichtung der Ökonom*innen in Deutschland ortet einen gewissen »Aufbruch des Paradigmas«, jedoch sorge speziell der Sachverständigenrat sowie einige besonders präsente »Medien-Ökonomen« für das Festhalten an der Orthodoxie.[18] Der Befund von Ehnts und Zeddies lautet: »Trotz der schweren Sinnkrise, in der sich die Zunft befindet, haben es heterodoxe Ökonomen weiterhin sehr schwer, Fuß zu fassen und sind an deutschen Universitäten kaum vertreten.«[19] Dürmeier und Euler kommen zum Schluss: »Der Mainstream ist stärker als zuvor.«[20]

Pluralismus versus Neues Paradigma

Eine der Grundsatzfragen der neuen Bewegung ist die, ob man an einem neuen »Paradigma« arbeiten soll, das die Neoklassik ablöst und im Kuhn'schen Sinn einer »wissenschaftlichen Revolution« damit auch zerstört – oder ob eine Pluralität von Theorieschulen nebeneinander existieren dürfen soll, inklusive Neoklassik. Die Antwort könnte sich als einfach erweisen: Wäre die Ökonomik eine Naturwissenschaft, dann müsste wohl Kuhns Theorie zum Zug kommen, eine neue – realistischere – Theorie von Märkten, Haushalten, Commons, öffentlichen Gütern und anderen Formen der gesellschaftlich organisierten Formen der Bedürfnisbefriedigung würde die »Agoralogie« ablösen.

Der Umstand, dass es sich bei der Ökonomik jedoch um eine Sozialwissenschaft handelt, spricht deutlich stärker für die Pluralität der Ansätze und Theorieschulen und ihr kooperatives Koexistieren. In diesem zweiten Fall müssten sie jedoch redlicherweise auch annähernd »aliquot« in den Lehrbüchern abgebildet sein, im medialen Diskurs gleichrangig beachtet werden und in der Politikberatung zum Zug kommen – all das ist heute nicht der Fall. Ehnts und Zeddies bringen ein Beispiel für das fruchtbare Zusammenspiel unterschiedlicher Theorieschulen: »Blickt man z. B. aus verschiedenen Perspektiven auf die Ursachen der Finanzkrise, so erkennt man durch die Brille der Marx'schen Ökonomik Kapitalüberakkumulation und kapitalismusinhärente Krisenanfälligkeit, mit der postkeynesianischen Brille Boom-Bust-Kreditzyklen und fehlende Nachfrage und mit der Verhaltensökonomen-Brille Herdenverhalten, während die neoklassische Brille kaum hilfreiche Erklärungsansätze beisteuern kann. Keine dieser Brillen hat Recht, sondern jede offenbart einen Teil der komplexen Wirklichkeit; und je fähiger ein Ökonom ist, verschiedene Brillen aufzusetzen, desto eher wird er/sie fähig sein, die tiefliegenden Zusammenhänge zu begreifen, gute Erklärungen für Phänomene zu formulieren und tragfähige Lösungen für ökonomische Probleme zu ersinnen.«[21]

Eine Gruppe pluraler Student*innen hat den Anfang gemacht und auf der Website *exploring-economics.org* zehn verschiedene ökonomische Theorieschulen in eine einfach zugängliche Übersicht gebracht und nach folgenden zehn Grundkategorien beschrieben:

1. Kernelemente
2. Begriffe, Analyse, Konzeption der Wirtschaft
3. Ontologie
4. Epistemologie
5. Methodologie
6. Ideologie und politische Ziele
7. Aktuelle Debatten und Analysen
8. Abgrenzung: Unterschulen, andere Disziplinen, andere ökonomische Theorien
9. Abgrenzung vom Mainstream
10. Institutionen (inklusive Journals und Literatur)

Ach, wären Ökonomik-Lehrbücher auch nur annähernd so didaktisch! Immerhin: Die jungen Wissenschaftler*innen erhielten für dieses Werk den Kurt-Rothschild-Preis.[22]

Alternative Lehrbücher

Dank der Bewegung für Plurale Ökonomik liegen inzwischen zwei gute Übersichten über alternative Lehrbücher vor. Zum einen listet die Website des Netzwerks Plurale Ökonomik 22 alternative Lehrbücher auf und leitet die interessierte Student*in auf eine ebenso umfangreiche Sammlung des Netzwerks für Post-Autistische Ökonomik weiter.[23] Zum anderen hat Helge Peukert vom Masterlehrgang »Plurale Ökonomik« an der Universität Siegen in einer von der FGW finanzierten Studie mikro- und makroökonomische Lehrbücher inhaltlich durchleuchtet und kritisch analysiert sowie eine Reihe alternativer Lehrbücher aufgelistet. Aus diesen Quellen hervorgehoben seien exemplarisch *Microeconomics in context* von einem Team um Neva Goodwin an der Tufts University in Massachusetts, dieses startet mit einer alternativen Definition der Disziplin sowie fünfzehn Grafiken zu aktuellen Themen: Kohlendioxyd-Emissionen, Verteilung, Ungleichheit, Steuern, Bildung oder Gender Gap. *Introducing a New Economics* von Jack Reardon, Maria Alejandra Madi und Molly Scott Cato »stellt die Umweltfrage als wichtigste Überlebensfrage neben Gerechtigkeitsfragen und dem Plädoyer für Pluralismus ins Zentrum«. Beinahe schon auffällig: Sie stellen die Geldschöpfung richtig dar und erwähnen auch Keynes' Clearing Union.[24] Johannes Jäger und Elisabeth Springler bieten in ihrer *Ökonomie der internationalen Entwicklung. Eine kritische Einführung in die Volkswirtschaftslehre* einen Vergleich dreier Denkschulen; es handelt sich um eines der wenigen Lehrbücher mit marxistischer Theorie. Adelheid Bieseckers und Stefan Kestings *Mikroökonomik. Eine Einführung aus sozial-ökologischer Perspektive* enthält einen hundert Seiten langen Abschnitt zur Dogmengeschichte, es wird aber leider nicht mehr aufgelegt. Wolfram Elsner, Torsten Heinrich und Henning Schwardt präsentieren in *The microeconomics of complex economies* plurale Ansätze, einschließlich Klassik, evolutionäre Spieltheorie oder Komplexitätsökonomie. Gemeinsam mit Samuel Decker und Svenja Flechtner hat Wolfram Elsner ganz aktuell (2019) auch den Sammelband *Advancing Pluralism in Teaching Economics* herausgebracht. Michael Common und Sigrid Stagl haben ein einführendes Lehrbuch in *Ecological Economics* publiziert, Holger Rogall das Buch *Grundlagen einer nachhaltigen Wirtschaftslehre*. Das ist nur eine kleine Auswahl.

Alternative Studien

Der Master-Lehrgang Plurale Ökonomik an der Universität Siegen ist der erste explizit so benannte in Deutschland. Auch die vor kurzem ins Leben gerufene Cusanus-Hochschule, ein Ableger der ähnlich ausgerichteten Alanus-Hochschule, bietet einen innovativen pluralökonomischen Master an. Das Institute for Ecological Economics der Wirtschaftsuniversität Wien bietet ein Masterstudium for Socio-Ecological Economics and Policy (SEEP) an. Das neu gegründete Institut für Sozioökonomie an der Universität Duisburg-Essen wird voraussichtlich ab 2019 einen pluralen und interdisziplinären Master in Sozioökonomie anbieten. Weitere Kurse mit mehr oder weniger alternativem Inhalt finden sich z. B. an der Universität Kassel (Nachhaltiges Wirtschaften), der Leuphana-Universität Lüneburg, der Universität Witten-Herdecke oder der Hochschule für Nachhaltige Entwicklung in Eberswalde. Der aus der Sicht des Autors innovativste Master-Lehrgang ist Economics for Transition am Schumacher College in Tottnes/Großbritannien, das sich als »University for Holistic Science« versteht. Eine breitere Übersicht bieten sowohl das Netzwerk Plurale Ökonomik[25] als auch die Gemeinwohl-Ökonomie[26] an.

Alternative Institutionen

Das Forschungsinstitut für gesellschaftliche Weiterentwicklung (FGW) in Düsseldorf unterstützt und betreibt selbst plurale Forschung. Die wichtigsten Studien zum Zustand der ökonomischen Wissenschaft und Lehre in Deutschland aus pluraler Sicht stammen von der FGW. Aus dem Netzwerk selbst gibt es zwei erste Spin-offs. Mehrere Gründungsmitglieder des Netzwerks Plurale Ökonomik, die inzwischen ihr Studium abgeschlossen haben, haben den Thinktank ZOE aufgebaut.[27] Das »Institut für zukunftsfähige Ökonomien« erprobt, wie sich die Ideen und Herangehensweisen der pluralen Ökonomik auf wirtschaftspolitische Beratung übertragen lassen. Die Gesellschaft für sozioökonomische Bildung und Wissenschaft (GSÖBW), die von Fachdidaktiker*innen und Ökonom*innen gegründet wurde, entstand nicht direkt aus der Bewegung, befasst sich aber gezielt mit (der Didaktik) pluraler Ökonomik. Auch das aus der Bewegung entstandene »Netzwerk ökonomische Bildung und Beratung e. V.«[28] setzt sich für die Förderung pluralistischen Denkens in Wissenschaft und Praxis ein sowie für die Vernetzung und den Austausch von Wissenschaftler*innen unterschiedlicher Denkschulen. Grundsatz 3 lautet: »Es gibt keine universellen ökonomischen Gesetze oder Kausalitäten im Sinne von Naturgesetzlichkeiten«, Grundsatz 8: »Es gibt keine wertfreie Volkswirtschaftslehre«, Grundsatz 12: »Es gibt nicht nur eine Definition der Volkswirtschaftslehre.«

2. Heilige Wirtschaftswissenschaft

Der Tag ist nicht weit, an dem das ökonomische Problem in
die hinteren Ränge verbannt werden wird, dort, wohin es gehört.
Dann werden Herz und Kopf sich wieder mit unseren wirklichen
Problemen befassen können – den Fragen nach dem Leben
und den menschlichen Beziehungen, nach der Schöpfung,
nach unserem Verhalten und nach der Religion.
JOHN MAYNARD KEYNES[29]

Ist die Wirtschaftswissenschaft zu retten? Die gute Nachricht: Sie kann
geheilt werden. »Heil« bedeutet ganz sein, »unheil« meint zerbrochen.
Die gegenwärtige Mainstream-Wirtschaftswissenschaft ist nur eine
Scherbe, aber sie kann mit den anderen Teilen zu einem sinnvollen Ganzen zusammengefügt werden. Sie müsste verschiedene Trennungen
rückgängig machen und neue Verbindungen eingehen. Wenn sie beispielsweise die geschichtliche Dimension von Wirtschaft mit in den
Blick nimmt und sich an die Etymologien ihrer Grundbegriffe erinnert,
findet Heilung statt. Wenn sie Gemeingüter, (globale) öffentliche Güter
und die Perspektive des *oikos,* der Frauen und Mütter, aufnimmt, findet Heilung statt. Wenn sie Ethik und Politik transparent integriert, sich
wieder zu einer Politischen Ökonomie oder zu einer Politischen Agoranomie verbindet, findet Heilung statt. Wenn sie die Natur, die planetaren Ökosysteme und ihre Grenzen mit in den Blick nimmt und *nomos*
mit *logos* versöhnt, findet Heilung statt. Wenn sie die Institutionen, die
Märkte steuern, mit in den Blick nimmt, findet Heilung statt. Wenn sie
Sensibilität für Machtgefälle, Machtmissbrauch und Machtkonzentration entwickelt, findet Heilung statt. Wenn sie sich gegenüber ihren
Schwesterdisziplinen und Erkenntnissen aus anderen Ästen und Zweigen des Baumes der Wissenschaft öffnet und diese organisch integriert,
findet Heilung statt. Wenn sie ein integraler und organischer Teil des

Neoklassik	Ganzheitliche Wirtschaftswissenschaft
Kontextlosigkeit, scientia ex nihilo	Historische Kontextualisierung – Wirtschaftsgeschichte – Geschichte des ökonomischen Denkens – Interkulturelle Perspektive
Interdisziplinaritätsresistenz	Interdisziplinäre Einbettung – Gender-Perspektive – Ethik – Ökologie – Psychologie – Neurobiologie
Unklarer Gegenstand: Mittel?, Knappheit?, Effizienz?	Klärung des Gegenstands: sämtliche Aktivitäten menschlicher Bedürfnisbefriedigung im Haushalt, in Nachbarschaften, in Commons, auf Märkten, durch öffentliche Güter
Neutralität in Bezug auf Ziele; Ziellosigkeit	Zielklärung
Kein Bezug zum Namen	Namensklärung
Königsdisziplin	Hilfswissenschaft, solange »Mittel« im Fokus, oder ganzheitliche Systemwissenschaft
Wissenschaftstheoretische Bewusstlosigkeit (Naturwissenschaft)	Wissenschaftstheoretische Reflexion und Einordnung (Sozial- oder Systemwissenschaft)
Monismus (Monotheismus)	Theorievielfalt (Pluralität, Ökumene)
Unerklärte Metaphern (z. B. »Mechanismus«, »Koordination«, »Gleichgewicht« …)	Erklärte Metaphern und Wirkungsweisen (z. B. planetare Grenzen, negative Rückkoppelungen)
Kindliches Staunen und mythisches Glauben (»Wunder«, »Zauber«, »Überraschung«, »unsichtbare Hand«, »Auktionator« …)	Aufgeklärtes Verstehen und Gestalten (Designprinzipien, Grundwerte, definierte Ziele)
Modellplatonismus	Methodenvielfalt – Sozialwissenschaftliche Methoden – Mathematik ist ein Hilfsmittel von vielen
Econocracy/Technokratie	Einbettung von Wirtschaftswissenschaft und -politik in demokratische Prozesse
Pro-Markt- und Anti-Staat-Bias auf Basis einer ideologischen Dichotomie (Manichäismus)	Synergie-Bild von (demokratischem) Staat und (bewusst designtem) Markt
Dogmatische Lehrbücher, A Journalism	Plurale Lehrbücher, Curricula, Journals

Tabelle 8: Neoklassik versus ganzheitliche Wirtschaftswissenschaft

holistischen Wissenschaftsbaumes wird, kann sie sich verbinden (lat. *re-ligare*) und ganz werden, dann wird sie zur »heiligen Wirtschaftswissenschaft«.

»Heilig« meint hier nicht, dass die Wissenschaft zur Religion wird, sondern dass sie – im Sinne der Systemtheorie und des Holismus – ganzheitlich wird. Um zu verhindern, dass nur eine Perspektive, nur ein Wert oder nur eine Dimension (quantitativ ohne qualitativ; monetär ohne ethisch; männlich ohne weiblich …) von der Wissenschaft in den Blick genommen wird. In Tabelle 8 sehen wir die wichtigsten Schritte der Ganzwerdung.

Es folgen zwölf Bausteine einer ganzheitlichen Wirtschaftswissenschaft:

1. Definition von Wirtschaft und Wirtschaftswissenschaft

Viele Ökonomen stimmen im Gespräch zu, dass die Ökonomie letztlich dazu diene, menschliche Bedürfnisse zu befriedigen. Dieser Ansatz spiegelt sich auch in zahlreichen Verfassungstexten wider: »Die Wirtschaft des Landes hat die Aufgabe, dem Wohle des ganzen Volkes und der Befriedigung seines Bedarfs zu dienen«, steht in der Verfassung Hessens (Art. 38.). Die bayerische Verfassung gibt »die Befriedigung der Bedürfnisse aller Bewohner« vor (Art. 157). Aus drei Gründen halte ich es für sinnvoller, auf die gesamte Palette menschlicher (Grund-)Bedürfnisse abzustellen, als nur auf materielle oder marktvermittelte Bedürfnisse:

1. Weil Glück, Lebenszufriedenheit und Lebensqualität sich aus der Befriedigung der Summe aller Bedürfnisse und nicht nur der materiellen oder marktvermittelten Bedürfnisse ergeben.

2. Weil die Befriedigung von materiellen Bedürfnissen in einen Zielkonflikt mit immateriellen Bedürfnissen wie eine intakte Umwelt, eine gerechte Verteilung oder Vertrauen in der Gesellschaft stehen können – Bedürfnisse können auch nur dann priorisiert werden, wenn das gesamte Spektrum sichtbar ist. Auch Ersatzbefriedigungen werden rascher erkennbar.

3. Die Zusammenschau aller Bedüfnisse führt dazu, alle Orte der Bedürfnisbefriedigung in den Blick zu nehmen: Haushalte, solidarische Landwirtschaften, Commons, Märkte, öffentliche Güter und andere. Erst im Vergleich der Alternativen – oder ihrer Kombination – kann die jeweils effektivste Form der Befriedigung gefunden werden. Es wäre das Ende der Alleinherrschaft des Marktes in der Wirtschaftswissenschaft.

Die Definition der Wirtschaftswissenschaft könnte die Wissenschaft von der Befriedigung menschlicher Bedürfnisse im Einklang mit demokratischen Grundwerten innerhalb der ökologischen Grenzen sein. Oder einfach die Wissenschaft von den vielfältigen Formen des Wirtschaftens, ganz nach Krugman. Das wäre bei weitem »wertneutraler« als die einparteiische Festlegung als Marktwissenschaft (Agoralogie).

2. Klärung des Ziels

Die vorgeschlagene Definition enthält auch gleich das Ziel. Ohne Klärung des Ziels ergibt die Wissenschaft keinen Sinn. Wieso sollte sich eine Wissenschaft der effizienten Verwendung *einzelner* Produktionsmittel oder dem Wachstum des BIP widmen, wenn beide gar nicht das Ziel der Wirtschaft sind? Was Ziel des Wirtschaftens ist, steht in demokratischen Verfassungen – oder ist über demokratische Prozesse zu klären. Die bayerische Verfassung definiert es kristallklar: »Die gesamte wirtschaftliche Tätigkeit dient dem Gemeinwohl.« (Art. 151) Also müsste ein »Gemeinwohl-Produkt« das Bruttoinlandsprodukt als Messgröße für volkswirtschaftlichen Erfolg ablösen. Buthan hat das Bruttonationalglück entwickelt, folglich könnte es Aufgabe der Wirtschaftswissenschaft sein, die effizientesten Wege zu erforschen, das Land und seine Bewohner*innen in jeder einzelnen Facette des BNG-Mosaiks glücklicher zu machen. Da kann sie sogar die Entscheidungstheorie weiterentwickeln, denn in einigen Fällen wird es zu Zielkonflikten kommen, und dann braucht es eine (demokratische) Methodik, diese aufzulösen. Keinesfalls aber wird – wie heute – einfach die billigste Lösung für alles gewählt. Oder diejenige, die das BIP am stärksten wachsen lässt. Kosten-

Nutzen-Abwägungen und Input-Output-Rechnungen werden auf der ersten Ebene von ethischen Abwägungen abgelöst – genau das, wovor sich die Neoklassik im 19. Jahrhundert drücken wollte. Diese schwierigen, aber wichtigen – und weisen – Entscheidungen kommen nun mit ganzer Wucht zurück. Sie sind es wert, dass wir ihnen große wissenschaftliche und öffentliche Aufmerksamkeit widmen.

Symbolisch für diesen Heilungsprozess steht ein Ereignis bei der Verleihung der ersten Gemeinwohl-Bilanz-Audits an Unternehmen aus der Region Venetien, Romagna, Trentino und Turin an der Universität Padua am 12. April 2019. Einer der Unternehmer*innen begründete die Erstellung der Gemeinwohl-Bilanz so: »Bisher haben wir unsere Ergebnisse immer in Finanzkennzahlen gemessen. Das hat sich unvollständig angefühlt, etwas Wesentliches hat gefehlt. Es waren die Werte. Mit der Gemeinwohl-Bilanz schließen wir diese Lücke und bilden jetzt das ganze Wirkungsspektrum des Unternehmens ab.«

3. Universalwissenschaft

Um eine so holistische und integrale Aufgabe wahrnehmen zu können, ist das Zeitalter der fortschreitenden Differenzierung und Spezialisierung zurückzulassen. Angesichts brennender globaler Probleme braucht es die interdisziplinäre und ganzheitliche Zusammenschau aller Teile des Ganzen. Wie Keynes sagt, muss eine gute Ökonom*in viele wichtige Rollen und Perspektiven in sich vereinigen. Sie wandelt auf den Spuren der »Universal-Genies« Goethe, Humboldt und Galilei. Universum kommt von »unum« und »versum« und meint, dass alles »in eins gekehrt« ist. Die »Universiät« ist die Institution, die vom Namen her verspricht, diese universale Wissenschaft zu lehren – »das, was die Welt im Innersten zusammenhält«. Natürlich darf und soll es Zweige geben, doch sie müssen aus einem gemeinsamen Stamm kommen – sonst ergibt die Metapher vom »Wissenschaftszweig« gar keinen Sinn. Der Baum der Universalwissenschaft ist gleichzeitig der Baum der Erkenntnis. Das bedeutet, dass tiefe Erkenntnis und Weisheit nur aus der Zusammenschau aller Disziplinen hervorgehen können. Solange sich die

Ökonomik nur mit »Mitteln« beschäftigt, kann sie nur eine Hilfswissenschaft sein – im Dienst der Ökologie, Ethik, Politologie, Soziologie, Psychologie, Pädagogik und Neurobiologie. Erst in diesem Disziplinenkonzert alias Baum kann die Ökonomik Sinn stiften, gesellschaftliche Verantwortung übernehmen und zweckdienliche Effizienz beisteuern.

Ein Zweig, der in der Luft schwebt und glaubt, er sei das Ganze (Hybris), läuft Gefahr, zum Selbstzweck (Selbstzweig) zu werden. Hingegen wird ein Zweig auf einem realen Baum nicht nur vom Rest des Lebewesens ernährt, er »funktioniert« als Teil des Baumganzen und dem noch größeren Ganzen: mit Luft, Wasser, Sonnenschein, Tieren und Gestirnen. Noch einmal Goethe: »So ist jede Kreatur nur ein Ton, eine Schattierung einer großen Harmonie, die man auch im großen und ganzen studieren muss, sonst ist jedes einzelne ein toter Buchstabe.« Wie getrennt ist die heutige Wirtschaftswissenschaft von dieser Sichtweise und wie entfernt von dieser Erkenntnisweite!

Wenn eines Tages die Ökonomen ihre Effizienzkompetenz zum Wohl der Allgemeinheit einsetzen, könnten sie sich damit beschäftigen, wie die Menschenrechte effizienter umgesetzt werden können, wie das Klima effektiver geschützt und wie die Ungleichheit effektiver begrenzt werden kann. Dann sind wir am Ziel angelangt. Dann kann eine so ganzheitlich-universale Wissenschaft nicht nur die Bezeichnung Königsdisziplin zu Recht in Anspruch nehmen, dann kann ihr sogar von der Physik die Hauptkrone überreicht werden, weil dann auch die Kluft zwischen Sozial- und Naturwissenschaften geschlossen sein wird. An den »Universitäten« wird dann Universalwissenschaft als Fundament gelehrt. Am Beginn lernen *alle* zunächst den Baum der Wissenschaft und der Erkenntnis kennen, bevor sie sich einem Ast und später Zweiglein zuwenden – stets im Bewusstsein, wes größeren Ganzen Teil die jeweilige Disziplin ist. Und sie werden sich als deren Diener*innen verstehen, wozu das gesellschaftliche Gemeinwohl und auch eine transdisziplinäre Wissenschaftsethik zählen. Sie ist die »Gegenleistung« dafür, dass die demokratische Gesellschaft die Freiheit der Wissenschaft gewährt und garantiert. Analog gewährt und garantiert die demokratische Gesellschaft die Unternehmens- und Wirtschaftsfreiheit, verlangt aber im Gegenzug ethische Verantwortung und Rechenschaftspflichten, damit die Wirtschaftsfreiheit nicht in Chrematistik, Kontrakurrenz und Machtkonzentration ausartet und die Skrupellosesten die Eliten bilden, sondern die Verantwortungsvollsten. Das Ganze muss immer im Blick bleiben, die Ethik des »universellen Wohlwollens« darf nie unterbrochen werden. Zur Zeit Adam Smiths bestand die Moralphilosophie aus Politischer Ökonomie, Ethik und Theologie. Die einsichtstiefsten Wissenschaftler*innen waren sich immer des nahtlosen Übergangs von kognitiver Erkenntnis zu spiritueller Erfahrung bewusst. Einstein formulierte: »Wissenschaft ohne Religion ist lahm, Religion ohne Wissenschaft blind.«[30]

Einstein war nicht verrückt, sondern weise. Genau diese tiefere Weisheit fehlt heute der Wirtschaftswissenschaft (wie vielen anderen Disziplinen auch). Wissenschaft muss aber *auch* weise sein, nur dann kann sie »heilig« werden. Transzendenz, die Entgrenzung des Geistes und der Erfahrung, bedeutet jedoch nicht das Anbinden an eine Religionsgemeinschaft. Genauso wenig, wie Lehrbücher zu Parteiprogrammen verkommen dürfen, darf die Öffnung der Wissenschaft für die Spiritualität zu religiöser Parteienstellung führen. Aber ohne die transzendente Erfahrung bleibt das Ganze unvollständig. Fritjof Capra schrieb prophetisch. »In letzter Konsequenz wird sie wissenschaftlich und spirituell zugleich sein.«[31]

Erste Initiativen versuchen vorsichtig, Brücken zu bauen. Etwa die von Hans Küng gestartete Initiative Weltethos, die eine gemeinsame transkulturelle Wertebasis ermittelt; die Initiative MIND and LIFE, die vom chilenischen Biologen Francisco Varela und dem Dalai Lama ins Leben gerufen wurde; oder das Querschnittprojekt A Mindset for the Anthropocene »AMA« am Institut für Transformative Nachhaltigkeitsforschung IASS in Berlin-Potsdam. Solche Initiativen leisten Pionierarbeit bei der Verbindung von heute noch getrennten Welten.

4. Erkenntnis- und Wissenschaftstheorie

Damit will ich Transzendenz nicht zur epistemischen Tugend erklären, das wäre zu steil, aber die Sensibilisierung und Offenheit dafür könnte ein erster Schritt sein. Davor sind noch gröbere Hausaufgaben zu erledigen: Eine ganzheitliche Ökonomik beschäftigt sich bewusst mit ihrem epistemischen Selbstverständnis und legt es offen. Ausgangspunkt für neue Hypothesen sollte die komplexe wirtschaftliche Realität sein. Deirdre McCloskey: »Ökonomik sollte die Erforschung der realen Welt sein, nicht reines Denken.«[32] Details sind zugunsten systemischer Fragestellungen zurückzustellen. Theorien sollten vorzugsweise induktiv auf Basis empirischer Daten und nicht deduktiv aus Axiomenkonstrukten entstehen, auch in letzterem Fall müssen Realitätsbezüge zugrunde liegen – ein »Auktionator« an einer Börse ist zu wenig, um das Funktionieren sämtlicher Märkte zu erklären. Neben kritischem Realismus wäre Pragmatismus ein dialektischer Mittelweg aus Realitätsbezug und Theoriebildung.

Die strikte Trennung zwischen positiven und normativen Aussagen kann durch die transparente Reflexion und Offenlegung aller Annahmen, Präferenzen und Wertentscheidungen aufgegeben werden. »Objektivität« im mathematischen und walrasianischen Sinn wird ausgemustert, sie hat sich durch Einsichten der Neurolinguistik und Kognitionsforschung erübrigt. Stattdessen geht es um die Anerkennung, dass sich der Großteil menschlicher Wahrnehmung jenseits rationaler Überlegung vollzieht. Dieses »wissenschaftliche Unbewusste« gilt es zu schulen und gleichzeitig kritisch zu reflektieren.[33] Selbstreflexion, spielerische Skepsis, Bescheidenheit und Transparenz lösen Objektivität, Deduktion, Positivismus und Wahrheitssuche als »epistemische Tugenden« ab.

5. Plurales Paradigma

Noch einmal zur Pluralitätsfrage und der Frage, ob ein neues Paradigma das neoklassische Mainstream-Paradigma ablösen oder ob es eine plurale Vielfalt gleichwertiger Theorieschulen geben soll. Vielleicht gibt es einen Mittelweg, der beide Ansätze synthetisiert: ein »plurales Paradigma«. Wenn man die Galerie der heterodoxen Schulen durchwandert, fällt bei nicht wenigen auf, dass sie einen fehlenden Aspekt der Neoklassik ergänzen, z. B. feministische Ansätze, Ecological Economics, Institutionelle Ökonomik, Historische Ökonomik oder marxistische Theorie. Sie alle hätten in einem »pluralen Paradigma« bequem Platz. Ansätze wie die Komplexitätstheorie (systemische Zugangsweise) oder der Postkeynsianismus (Makro-Schwerpunkt) sehe ich ebenso als integrierbar an. Voraussetzung ist jedoch eine gemeinsame Definition von Wirtschaft und eine Einigung über das Ziel von Wirtschaft. An diesem können sich dann alle Ansätze gleichermaßen bewähren – und von jedem Ansatz können wertvolle Aspekte in das gemeinsame Paradigma integriert werden. In Anbetracht einer zunehmend sinnlosen Spezialisierung wäre eine solche Integrationsleistung sinnvoll. Im Sinne der Integralen Theorie ist Differenzierung nichts Negatives, sie muss aber immer wieder »rückgebunden« werden an das größere Ganze, damit der Sinn erhalten bleibt. Motto: Differenzierung und Integration statt Spezialisierung und Exklusion.

6. Methoden

Hier gilt es das breite Menü an vorhandenen Forschungsansätzen voll auszuschöpfen: Fallstudien, historische Vergleiche, Tiefeninterviews, einfache Statistik ohne hochraffinierte Ökonometrie, narrativ-hermeneutische oder normative Ansätze (Wirtschaftsethik), Archivarbeit, Begriffsdekonstruktionen oder Diskursanalysen. Die Ausrede, es gebe keine Alternativen zu Modellen, gilt nicht. Modelle haben ihren Platz, aber der ist nicht im Zentrum, schon gar nicht dürfen sie ein Methoden-Monopol begründen. There are many games in town.

Im Unterricht sind peer-to-peer learning, peer-led discussions, problem-based learning einige der bewährten Innovationen, die der Komplexität und Verflochtenheit ökonomischer Probleme gerecht werden.[34] Bewährt sind auch Exkursionen in Betriebe und Institutionen, zu Gemeingütern, Ökodörfern, SOLAWI-Projekten oder Transition Towns. Die Universtiät Kassel betreibt einen Schwerpunkt »Service Learning«, über das Studierende die Gesellschaft an verschiedenen Orten helfend mitgestalten. Beispielsweise helfen sie Unternehmen bei der Erstellung einer Gemeinwohl-Bilanz.

7. Vollkontakt mit der Realität: praktische Wissenschaft

Silja Graupe und das Team der innovativen Cusanus-Hochschule möchten die Methode der »Praktischen Wissenschaft« etablieren. Eines der Vorbilder ist John Stuart Mill, der einen Zeitgenossen beauftragte, die Hungersnot in Irland zu untersuchen. Graupe: »Man wundert sich erst einmal über ein Phänomen, fährt zum Ort, sieht sich um, spricht mit den betroffenen Menschen, geht in die Archive, prüft das das politische Umfeld, analysiert Statistiken zu Klima, Ernten etc. Die Arbeitsweise ist problembezogen, es wird viel gesprochen (statt nur gerechnet), Quellen werden gegeneinander abgewogen, und die Rhetorik gehört zur Ausbildung, damit die Wissenschaftler*in mit allen Bevölkerungsgruppen ins Gespräch gehen kann.« Ausgangspunkt von Wissenschaft ist der menschliche »Spürsinn«: Ist etwas falsch in der Welt, braucht es eine Lösung für dieses Problem, was will durch mich in die Welt gebracht werden? Gemeinsinn, universelles Wohlwollen, Empathie und Mitgefühl – genau jene Fähigkeiten und Tugenden, die in der ökonomischen Bildung tendenziell abgetötet werden – könnten zur Grundlage einer praktischen, ethisch verantwortlichen und gesellschaftlich engagierten Wissenschaft von morgen werden.

8. Aristotelischer Eid für Ökonom*innen

»Aktuell gibt es keinen ethischen Code für professionelle Wirtschaftswissenschaftler*innen«, schreiben Colander et al., aber: »Es sollte einen geben.«[35] Damit schlagen sie in die gleiche Kerbe wie Kate Raworth, die einen hippokratischen Eid für Ökonom*innen vorschlägt: »Die Ökonomik ist mehr als 2000 Jahre hinter der Medizin zurück, was die Definition der Ethik für ihre eigene Profession betrifft.«[36] Das bringt mich auf eine Idee: ein »aristotelischer Eid«. Dieser könnte dazu dienen, dass Absolventen von Wirtschaftsstudien Aristoteles' Unterscheidung von *oikonomia* und *chrematistiké* kennen müssen – und mindestens zehn verschiedene ökonomische Theorieschulen.

9. Diskursethik: Gewaltfreie Kommunikation

Was weiters einer ethischen Verfeinerung bedarf, ist die Aufhebung des Widerspruchs, dass Wissenschaftler*innen in ihren Texten strenge formale Regeln befolgen müssen, hingegen im öffentlichen Diskurs so tief unter die Gürtellinie greifen dürfen, wie sie wollen – ohne irgendwelche Konsequenzen befürchten zu müssen. Die Untergriffe erfolgen dabei mit der Autorität, die sie sich über öffentliche Forschungs- oder Lehraufträge erworben haben. Mit dem bewussten Brechen der Regeln des respektvollen Kommunizierens wird diese Autorität missbraucht. Deshalb sollten Wissenschaftler*innen, die andere Wissenschaftler*innen als »Verbalschwurbler«, »Internet-Trolle«, »politische Aktivisten« oder »Gemeinwohl-Diktatoren« bezeichnen, mit irgeneiner Form disziplinärer oder professioneller Konsequenz rechnen müssen. Alles, was »nichts zur Sache tut«, hat im öffentlichen Diskurs über Wissenschaft nichts verloren. Einst wurde über Frauenwitze und sexuelle Belästigung »tolerant« hinweggesehen. Heute stehen wir zum Glück woanders. Ähnlich könnten sprachliche Untergriffe und Diskreditierungen im Wissenschaftsbetrieb nicht länger toleriert werden.

Zweitens: Wenn jemand im öffentlichen Diskurs ein anderes Wertesystem oder eine andere Meinung vertritt, darf man die Person deshalb nicht als »unwissenschaftlich«, »pseudowissenschaftlich«, »Nichttheoretiker*in« oder »ideologisch« bezeichnen – es sei, man sagt in jedem Fall die konkreten, überprüfbaren Kriteren für diese Etikettierungen dazu. Dann bleibt die Kritik überprüfbar und im Sinne Poppers falsifizierbar.

10. Zurücklegung des Nobelpreises

Den testamentarischen Willen von Alfred Nobel anerkennend und dem Vorschlag von Nobels Erben folgend, sollte der Anerkennungspreises der Schwedischen Reichsbank für die Wirtschaftswissenschaften in »Reichsbankpreis« umbenannt werden (mit Spitznamen Wirtschaftsmodellpreis). Mit dem Wortlaut des testamentarischen Willens von Alfred Nobel könnte ein UN-Preis für eine »holistische Wirtschaftswissenschaft« ausgelobt werden, der ganzheitliche Lösungsansätze prämiert. Ein dahingehender internationaler Preis könnte abwechselnd einer Frau und einem Mann aus allen Kontinenten zuerkannt werden.

11. Demokratiepolitische Einbettung in die Gesellschaft

Ein letzter wesentlicher Reformschritt ist die Wiedereinbettung der ökonomischen Wissenschaft und wirtschaftspolitischer Entscheidungen in demokratische Prozesse. Wirtschaftswissenschaft muss verständlich sein, darf nicht zu intuitiver Abstoßung führen und muss von den betroffenen Menschen mitentschieden werden können. Es geht um die grundlegende Gestaltung unserer Lebensrealitäten. Die Cambridge-Rebellen fordern, »dass die Wirtschaftswisseschaft in das Licht demokratischer Überprüfung gebracht werden muss«.[37] Wirtschaftspolitik ist keine alleinige Angelegenheit der Experten, sondern aller Bürger*innen. Das könnte damit beginnen, dass die Menschen die Ziele für die Wirtschaftspolitik vorgeben – dann hat die Wissenschaft der Erreichung dieser Ziele zu dienen.

Weitere Grundsatzentscheidungen könnten in den »demokratischen Wirtschaftskonventen« deliberativ diskutiert und schließlich mithilfe des systemischen Konsensierens entschieden werden. Die demokratischen Konvente habe ich in der *Gemeinwohl-Ökonomie* genauer beschrieben.[38] Die Rolle der Ökonom*innen könnte darin bestehen, mehrere Alternativen zu jeder Fragestellung aufzubereiten und die Bürger*innen zu den einzelnen Optionen zu informieren, damit diese am Ende eine weise Entscheidung treffen können. Dann wäre die Wissenschaft auf dem ihr gebührenden Platz in der Gesellschaft. Sie hätte dann nicht mehr den – naturwissenschaftlichen – Anspruch, die »wahre« Lösung zu bringen, sondern das – sozialwissenschaftliche – Selbstverständnis, die Pluralität der Lösungsmöglichkeiten aufzuzeigen und demokratische Entscheidungen zu katalysieren.

12. Neues Narrativ

Das neue Kernnarrativ muss mindestens gleich attraktiv sein wie das neoliberale Narrativ »Freie Märkte sind effizient; Wettbewerb bringt Wachstum und Wohlstand für alle«. Neben realistischen Metaphern könnte das Narrativ auf aussagekräftigen Etymologien z. B. von *uni-versum, oikonomia, com-petitio* und *cum-pane* aufbauen. Außerdem sollen die Werte als Grundlage dienen, aufgehängt am höchsten Individualwert: Menschenwürde, und dem höchsten Kollektivwert: Gemeinwohl. Qualitative und positive Freiheit würde quantiative und negative Freiheit ablösen.[39] Zum Schluss der Versuch eines Beginns:

Wirtschaften zum Wohl aller oder Ein gutes Leben für alle

Alles ist mit allem verbunden. Wirtschaftliche Tätigkeiten sind in die Kontexte Demokratie, Gesellschaft, Kultur und Ökologie eingebettet und dienen der Befriedigung der Grundbedürfnisse und der Erfüllung aller Grundwerte: dem Gemeinwohl. Die rechtlichen Spielregeln schützen diese Ziele und benachteiligen ihre Schädigung. Es gibt vielfältige Wirtschaftsformen wie Haushalte, Gemeingüter, (globale) öffentliche Güter und Märkte. Ebenso vielfältig sind die Eigentumsformen – alle sind erlaubt, aber alle sind auch begrenzt und bedingt: Eigentum ist nicht Zweck, sondern Mittel. Auch Geld (Zahlungsmittel) und Kapital (Produktionsmittel) sind *Mittel,* die alle der Erreichung der übergeordneten Ziele dienen. Die Ungleichheit ist begrenzt, das Wirtschaften findet innerhalb der ökologischen Grenzen des Planeten statt. Ethischer Welthandel ist nicht verdrängend und vernichtend, sondern stimulierend und ergänzend. Die Handelsbilanzen werden in der Balance gehalten. Das Gemeinwohl-Produkt, mit dem wirtschaftlicher Erfolg gemessen wird, wird souverän-demokratisch definiert. Das Leben ist heilig!

Dank

Ich danke…

… den echten Ökonom*innen, die Ökonomie weder mit Chrematistik noch mit Agoralogie verwechseln oder gleichsetzen. Die in Geld und Kapital nur Mittel sehen, den Ansatz der Fülle wählen, Bedürfnisse von Wünschen unterscheiden und Märkte als einen von mehreren Orten des Wirtschaftens ansehen.

… den heterodoxen Ökonom*innen, die sich eigenständig, kreativ und erkenntnisorientiert mit dem Thema Wirtschaft und Wirtschaftswissenschaft auseinandergesetzt haben; indem sie die Neoklassik hinterfragt und eine stattliche Bandbreite alternativer Theorieschulen entwickelt haben.

… den Netzwerken für Plurale Ökonomik, weil sie die so nötige Reform ihres Studiums selbst in die Hand nehmen und Alternativen entwickeln: Lehrmaterialien, Lehrbücher, Lehrformate, Forschungsprojekte und Narrative.

… Helge Peukert und Kollegen vom Masterstudium Plurale Ökonomik für die großzügige Zur-Verfügung-Stellung eines Gutteils der »Pluralen Bibliothek«, die ich in einem großen Koffer mit nach Wien nehmen durfte zum eingehenden Studium.

… für Interviews: Claus Dierksmeier, Maja Göpel, Christoph Gran, Silja Graupe, Jakob Kapeller, Manfred Moldaschl, Walter Ötsch, Helge Peukert, Anna Reisch, Joachim Schellnhuber, Sigrid Stagl und Lino Zeddies.

… für Hilfe bei einigen Spezialrecherchen und zweckdienliche Hinweise: Hendrik Brosche, Thomas Bruhn, Noemi Call, Vivian Dittmar, Andreas Novy, Clemens Öllinger, Marina Stögner, Alicia Trepat, Jakob von Uexküll und Eva Zeising.

… für die Durchsicht (von Teilen) des Manuskripts: Christoph Gran, Magoa Hanke, Helge Peukert, Anna Reisch und Lino Zeddies.

… dem IASS-Institut für Transformative Nachhaltigkeitsforschung in Potsdam, an dem ich 2018 Senior Fellow war und aktuell Associate Scholar bin. Nicht nur eröffnete mir das Fellowship Spielraum für Recherchen und Schreibzeit für das Buch, auch erwuchs daraus ein Forschungsprojekt zu nichtfinanzieller Berichterstattung von Unternehmen, das ich aktuell (2019) leiten darf.

… schließlich dem Team vom Deuticke Verlag (in Zukunft Zsolnay Verlag) rund um Bettina Wörgötter und der Langzeit-Verlagsleiterin Martina Schmidt, dass sie das Buch noch in ihre Abschlussedition mit hineingenommen hat.

… Pachamama, für ihren Ruf, an der Entwicklung einer heiligen Wirtschaftswissenschaft mitzuwirken.

Anmerkungen

Einleitung

1 Lionel Robbins Lecture, London School of Economics, 10. Juni 2009.

2 KEEN (2011), 41.

3 ÖTSCH (2018), 44.

4 FRICKE (2017), 1.

5 HALDANE/TURRELL (2017), 5.

6 KEEN (2011), 15.

7 INTERNATIONAL STUDENT INITIATIVE FOR PLURALISM IN ECONOMICS (2014).

TEIL I

1 Keynes, J. M. (1924): Alfred Marshall, 1842–1924. The Economic Journal, 34(135):311–372.

2 PINDYCK/RUBINFELD (2015), 15.

3 BECKENBACH/DASKALAKIS/HOFFMAN (2016a), 5.

4 NETZWERK PLURALE ÖKONOMIK (2016).

5 EARLE/MORAN/WARD-PERKINS (2017), 37.

6 ÖTSCH (2009), 117–118.

7 VARIAN (2016), 1.

8 EARLE/MORAN/WARD-PERKINS (2017), 2.

9 GRAEBER (2012).

10 ÖTSCH (2009), 117 und BAIROCH (1993), 16.

11 »The case for death duties. How to improve an unpopular tax«, The Economist, 25. Oktober 2007.

12 NETZWERK PLURALE ÖKONOMIK (2016).

13 DÜRMEIER (2005), 71–72.

14 https://www.econ.berkeley.edu/about-us

15 EISLER (2007), 13. RAWORTH (2017), 79. GOODWIN et al. (2014), 38. BIESECKER (2017).

16 RAWORTH (2017), 80.

17 HENDERSON (1996), 319.

18 ROCKSTRÖM et al. (2009), 472.

19 Postgrowth Conference, European Parliament, Brussels, 18. September 2018, Panel »Economic Models«, Video: https://www.youtube.com/watch?time_continue=6834&v=X-JepPDH34Yc, Minute 1:53:53.

20 Peter Bofinger: Große Staaten haben breite Schultern, Interview, Frankfurter Allgemeine Zeitung, 16. Mai 2009.

21 EHNTS/ZEDDIES (2016), 771.

22 VARIAN (2016), 156.

23 SEDLÁČEK (2012), 401.

24 FELBER (1999), 94.

25 ÖTSCH (2009), 107.

26 PEUKERT (2018), 60.

27 Open letter from economics students to professors and others responsible or the teaching of this discipline, in: post-autistic economics review, issue no. 2.

28 Persönliche Mitteilung eines WiWi-Studenten.

29 MCCLOSKEY (1991).

30 VARIAN (2016), XIII. Keine Rede davon, dass sie etwas von Ethik wissen sollten, von Ökologie, von

Demokratie oder Psychologie.
(Höhere) Mathematik *soll* es sein!

31 VARIAN (2016), XIV.

32 MCCLOSKEY (1991).

33 FRICKE (2017), 11–12.

34 Christian von Rechenberg: VWL in
der Krise. Welche Lehre zieht die
Lehre?, ZDFinfo, 15. November 2011.

35 ORTLIEB (2006), 55.

36 DÜRMEIER (2005), 69.

37 WALRAS (1954), 71.

38 KYLER (2001), 358.

39 HODGSON (2006), 225.

40 OLTMANNS (1993).

41 CAPRA (1994), 228.

42 Zitiert in GRAUPE (2017a), 12.

43 MCCLOSKEY (1991).

44 FOURCADE/OLLION/ALGAN
(2015), 92.

45 HODGSON (2006), 226.

46 Da es einen echten »Wirtschaftsnobelpreis« nicht gibt, komme ich in
diesem Buch dem Wunsch der
Familie Nobel nach, den Preis als
Reichsbank-Wirtschaftspreis zu
bezeichnen. Wissenschaftler (und
die eine Wissenschaftlerin), die
diesen Preis erhalten haben, tituliere
ich im gesamten Buch mit RPT =
Reichsbankpreisträger*in.

47 SAMUELSON (1970).

48 MANKIW/TAYLOR (2016), 21–22.

49 Daston und Gallison, zitiert in
GRAUPE (2017a), 12.

50 GRAUPE (2017a), 11.

51 Zitiert in GRAUPE (2017a), 19.

52 WALRAS (1954), 71.

53 ÖTSCH (2009), 106.

54 VAN SUNTUM (2011), vii.

55 COLANDER et al. (2009), 252.

56 LAWSON (2017), 27.

57 KOMLOS (2015), 17.

58 MCCLOSKEY (1991).

59 VAN SUNTUM (2011), vii.

60 Paul Krugman: How Did Economists Get It So Wrong?, New York
Times, 6. September 2011.

61 Thomas Straubhaar: Schluss mit
dem Imperialismus der Ökonomen,
Interview, Financial Times Deutschland, 6. März 2012.

62 MCCLOSKEY (1991).

63 GUERRIEN (2006), 231–232.

64 Preisrede beim Erhalt des
Hans-Carl-von-Carlowitz-Nachhaltigkeitspreises 2017 am 23. November
im Opernhaus Chemnitz.

65 MANKIW/TAYLOR (2012), VIII.

66 DIERKSMEIER (2016), 13.

67 CAPRA (1994), 203.

68 PIRSON (2017), 230.

69 HEINRICH (2016), 73.

70 ALLAIS (1988), 243.

71 HEINRICH (2016), 74.

72 MANKIW (2001), 94.

73 HEINRICH (2016), 73.

74 KEEN (2011), 51 und 57.

75 ÖTSCH (2009), 135 und 285–286.

76 BRUNI/ZAMAGNI (2013), 60.

77 SCHELLNHUBER (2018).

78 Website der Nobelstiftung: https://
www.nobelprize.org/prizes/eco-
nomic-sciences/1992/summary/

79 Zitiert in ÖTSCH (2009), 287.

80 RAWORTH (2017), 145.

81 ÖTSCH (2009), 287.

82 RAWORTH (2017), 208.

83 JÄGER/SPRINGLER (2012).

84 FELBER (2017a), 129 ff. und
KEYNES (1943).

85 LUCAS (2003), 1.

86 EHNTS/ZEDDIES (2016), 769.

87 NETZWERK PLURALE ÖKO-
    NOMIK (2012), 1.

88 EARLE/MORAN/WARD-PERKINS
    (2017), 47–48.

89 MANKIW (2017), 751.

90 OFFER/SÖDERBERG (2016), 23.

91 Robert Lucas: Methods and Prob-
    lems in Business Cycle Theory, 1980,
    zitiert in OFFER/SÖDERBERG
    (2016), 21.

92 HILL/MYATT (2010), 27.

93 OFFER/SÖDERBERG (2016), 33.

94 Zitiert in KEEN (2011), 16.

95 HÄRING (2016) und HALDANE/
    TURRELL (2017), 6.

96 CHARI (2010), 2.

97 Ebd.

98 VARIAN (2016), 1.

99 Bei Mankiw wird in der deutschen
    Übersetzung die weibliche Form
    verwendet, während der Inhalt
    patriarchal ist. Auch hier ein
    nackter Kaiser unter dem Gender-
    Gewand.

100 HALDANE/TURRELL (2017), 7
    und 9.

101 Financial Times, 28. November 2008.

102 BESLEY/HENNESSY (2009), 1–3.

103 ELSNER (2016), 43.

104 BEZEMBER (2009), 51.

105 CHARI (2010), 8 und 6.

106 SCHULMEISTER (2018), 169 ff.

107 JOBST/KERNBAUER (2016),
    175–186.

108 CHARI (2010), 6.

109 Postgrowth Conference, European
    Parliament, Brussels, 18. September
    2018, Panel »Economic Models«,

Video: https://www.youtube.com/
watch?time_continue=6834&v=X-
JepPDH34Yc, Minute 1:53:53.

110 OFFER/SÖDERBERG (2016), 24.

111 DÜRMEIER (2005), 69.

112 CHARI (2010), 6.

113 LAWSON (2017), 29.

114 SAMUELS (2006), 253.

115 ASLANBEIGUI/NAPLES (1996),
    23–24.

116 ALLAIS (1988), 243.

117 Zusammenfassung der Newton'schen
    Bewegungsgesetze in EARDON/
    MADI/CATO (2018), 34.

118 ÖTSCH (2009), 264.

119 CAPRA (1994), 59.

120 GRAUPE (2017a), 62 ff.

121 Adam Smith, der nicht neo-, son-
    dern klassischer Ökonom war, steht
    Pate für die neoklassische Erzählung.

122 SIMON (1986), 21.

123 GRAUPE (2017a), 849.

124 WEHLING (2016), 45.

125 SAPIR (2006), 260.

126 Ebd., 268.

127 ÖTSCH (2009), 251.

128 RAWORTH (2017), 208.

129 GUERRIEN (2004).

130 KAPELLER (2019).

131 CAPRA (1994), 218.

132 SAMUELS (2006), 251.

133 ÖTSCH (2009) und (2018).

134 ÖTSCH (2019).

135 KOMLOS (2015), 73.

136 SAPIR (2006), 259.

137 HÄRING (2010), 6.

138 ORMEROD (2006), 244.

139 KOMLOS (2015), 32.

140 ÖTSCH (2009), 262.

141 Ebd., 241.

142 Dieter Schneider, zitiert ebd., 275.
143 Max Weber (1948): Economy and society: an outline of interpretative sociology, zitiert in SAPIR (2006), 263.
144 ÖTSCH (2009), 262.
145 Zitiert ebd.
146 HAHN (1981), 8.
147 RUBINSTEIN (1995), 12.
148 Zitiert in ÖTSCH (2009), 267.
149 Manuel Costa, zitiert in ÖTSCH (2009), 266.
150 Zitiert in ÖTSCH (2009), 275.
151 Wassily Leontief (1982): Letter in Science, zitiert in LAWSON (2017), 26.
152 ROMER (2016), 4.
153 Zitiert in ÖTSCH (2009), 275.
154 GUERRIEN (2006), 233.
155 OFFER/SÖDERBERG (2016), 66.
156 DIERKSMEIER (2019).
157 REARDON/MADI/CATO (2018), 34.
158 BRODBECK (2002), 1.
159 Zitiert in COASE (1999).
160 SAMUELSON/NORDHAUS (2016), 10.
161 PEUKERT (2018b), 27.
162 SCHELLNHUBER (2018).
163 SAMUELSON/NORDHAUS (2016), 28.
164 HILL/MYATT (2019), 41.
165 WALSH (2012), 44.
166 MANKIW/TAYLOR (2016), 31.
167 HILL/MYATT (2019), 3.
168 KOMLOS (2015), 54.
169 DÜRR (2009), 98 ff.
170 BOFF/HATHAWAY (2016), 124–131.
171 DÜRR (2009), 103–104.
172 Grünes Licht für Jagd nach neuen Teilchen, Science ORF.at, 11. März 2019.
173 DÜRR (2009), 97 und 95.
174 PEUKERT (2018a), 94 und KEEN (2011), 39.
175 Zitiert in RAWORTH (2016), 171.
176 VARIAN (2016), 691.
177 PEUKERT (2018a), 158.
178 Joshua Gillin: Income Tax Rates were 90 percent under Eisenhower, Sanders says, Politifact.com, 15. November 2015.
179 US Tax Foundation: Federal Individual Income Tax Rates History 1913–2013, Fact Sheet.
180 RUDNER (1953), 3.
181 Ebd., 6.
182 HICKEL (2014).
183 LAKOFF/WEHLING (2016), 74, zitiert in GRAUPE (2017a), 101.
184 HILL/MYATT (2019), 32–33.
185 Thomas Fricke: Ökonomenumfrage: Sieben populäre Irrtümer, Süddeutsche Zeitung, 6. September 2015.
186 OFFER/SÖDERBERG (2016), 54.
187 MANKIW/TAYLOR (2012), 70.
188 STIGLITZ (2006), 92.
189 CHANG (2003), 128–129.
190 ILO (2004), 39.
191 PODKAMINER (2016), 3.
192 Ebd., 17.
193 SAMUELSON (2004).
194 ASLANBEIGUI/NAPLES (1996), 13
195 Zitiert in DAVIS (1991), 89.
196 SMITH (1759/2010), 381.
197 WEBER (1904), 27.
198 ROBBINS (1935), 23.
199 Ebd., 132.
200 FRIEDMAN (1953), 4.
201 KOMLOS (2015), 55.

202 PEUKERT (2016a), 50.
203 CAPRA (1994), 206.
204 BIESECKER (2010), 3.
205 RAWORTH (2017), 79.
206 DIERKSMEIER (2016), 23.
207 KASSER et al. (2007), 2.
208 FELBER (2018), 12 ff.
209 KASSER et al. (2007), 3, 6 und 8.
210 FRIEDMAN (1962/2006).
211 KASSER et al. (2007) und KOHN (1986/1992).
212 KOMLOS (2015), 39.
213 Felber gegen Felbermayr: Trump ist ein Weckruf, Streitgespräch über Welthandel, trend, 1. Juni 2017.
214 FELBERMAYR (2017), 5.
215 SCHMIDPETER (2012), 16.
216 SMITH (2005), 662.
217 FELBER (2017), 66.
218 SCHMIDPETER (2012), 14 und 16.
219 WIRTSCHAFTSKAMMER ÖSTER-REICH (2013), 3.
220 »Gemeinwohl-Bilanz« als Beispiel für Nachhaltigkeit vor UNO, Aussendung der APA, 20. März 2019.
221 LUKS (2016).
222 SANCHIS/CAMPOS/EJARQUE (2019).
223 HEIDBRINK/KNY/KÖHNE/SOMMER/STUMPF/WELZER/WIEFEK (2018).
224 Zitiert ebd., 4.
225 DIERKSMEIER (2016c).
226 WELZER (2019), 223.
227 OFFER/SÖDERBERG (2016), 19.
228 GRIMM/KAPELLER/PÜRINGER (2017b), 1.
229 INTERNATIONAL STUDENT INITIATIVE FOR PLURALIST ECONOMICS (2014).
230 EARLE/MORAN/WARD-PERKINS (2017), 64 und 61.
231 NETZWERK PLURALE ÖKO-NOMIK (2014).
232 HARVARD STUDENTS FOR A HUMANE AND RESPONSIBLE ECONOMICS (2003).
233 FULLBROOK (2006), 281.
234 CAMBRIDGE STUDENTS (2001).
235 ÖTSCH (2009), 105.
236 GRIMM/KAPELLER/PÜHRINGER (2017), 37.
237 Matthias Punz: Wir werden zu Fachidioten ausgebildet, Wiener Zeitung, 1. November 2017.
238 BECKENBACH/DASKALAKIS/HOFMAN (2016), 29.
239 Zitiert in DULLIEN (2016), 201.
240 HEIN (2016), 211.
241 HODGSON (2006), 225.
242 SILER (2006), 219.
243 JÄGER (2006), 162–167.
244 CAMBRIDGE STUDENTS (2001).
245 EARLE/MORAN/WARD-PERKINS (2017), 100.
246 AN INTERNATIONAL OPEN LETTER TO ALL ECONOMIC DEPARTMENTS (2001).
247 FOURCADE/OLLION/ALGAN (2015), 92.
248 HARVARD STUDENTS FOR A HUMANE AND RESPONSIBLE ECONOMICS (2003).
249 GRIMM/KAPELLER/PÜHRINGER (2017) 33.
250 Söderbaum 2004, zitiert in FULLBROOK (2006), 285.
251 FULLBROOK (2006), 285.
252 CAMPBELL (2006), 201.
253 GARNETT (2006), 524.

254 Ludwig von Mises: Kritik des Interventionismus. Untersuchungen zur Wirtschaftspolitik und Wirtschaftsideologie der Gegenwart, Jena 1929, 35. Zitiert in ÖTSCH (2018), 57.

255 HEISE (2017), 853.

256 MILL (1833), 306.

257 EARLE/MORAN/WARD-PERKINS (2017), 27.

258 SILER (2006), 220.

259 KOMLOS (2015), 53.

260 FOURCADE/OLLION/ALGAN (2015), 95.

261 PEUKERT (2018a), 323.

262 WILLIAMS (2000).

263 Vgl. CAPRA (1994), 295.

264 HAYEK (2003), 42.

265 Johann Wolfgang von Goethe: Das Skelett der Nagetiere, 1790. Zitiert in CAPRA (1993), 7.

266 HÜTHER (2012), 81.

267 CAPRA (1994), 31.

268 NOWAK/HIGHFIELD (2013), 17.

269 Vgl. SEN (1987), 32.

270 KYMLICKA (1997), 56.

271 CAPRA (1994), 203–204.

272 HODGSON (2006), 229.

273 Präsident des Wuppertal-Instituts für Klima, Umwelt, Energie, auf der Veranstaltung »Transformative Wirtschaftswissenschaft. Welche Wirtschaftswissenschaft brauchen Politik und Gesellschaft?« am 31. Januar 2018 in der Heinrich-Böll-Stiftung, Berlin.

274 Statistisches Bundesamt (Destatis): Studierende an Hochschulen, Wintersemester 2017/2018, Fachserie 11, Reihe 4.1, Bildung und Kultur, Wiesbaden 2018.

275 GRAUPE (2017a), 8.

276 Vgl. PEUKERT (2018a), 57.

277 VAN TREECK/URBAN (2016), 8.

278 Richard Read: A $280 college textbook busts budgets, but Harvard author Gregory Mankiw defends royalties, The Oregonian, 12. Februar 2015.

279 College Fix Staff: 70 Harvard students walk out of econ class, citing conservative bias, The College Fix, 3. November 2011.

280 Gregory Mankiw: Know What You're Protesting, New York Times, 3. Dezember 2011.

281 PEUKERT (2018a), 188.

282 PEUKERT (2018a) und (2018b).

283 HERR (2016), 171.

284 Ebd., 175.

285 SAMUELSON/NORDHAUS (2017), 9–10.

286 FUKUYAMA (1992).

287 BACHMANN (2017), 845.

288 PEUKERT (2018a), 323.

289 ROMER (2016), 4.

290 Zitiert in ÖTSCH (2009), 275.

291 Veranstaltung der Cambridge Society for Economic Pluralism am 4. November 2015: »TODAY. Does our economy serve the common good?« mit Christian Felber und Tomáš Sedláček, Universität Cambridge, LG 18, Faculty of Law, Sidgwick Site.

292 EARLE/MORAN/WARD-PERKINS (2017), 49–50.

293 GRAUPE (2017a), 63.

294 »Bei einem System des vollkommenen Handels wendet natürlich jedes Land sein Kapital und seine Arbeit

solchen Zweigen zu, die für jedes am vorteilhaftesten sind. Dieses Verfolgen des individuellen Vorteils ist bewundernswert mit dem allgemeinen Wohle des Ganzen verbunden.« RICARDO (1817/2006), 114.

295 »Eines der Ziele, die wir mit dem vorliegenden Buch verfolgen, ist es, verständlich zu machen, wie die unsichtbare Hand ihren Zauber entfaltet.« MANKIW/TAYLOR (2016), 9.

296 HAYEK (1996), 76.

297 HARVARD STUDENTS FOR A HUMANE AND RESPONSIBLE ECONOMICS (2003).

298 EARLE/MORAN/WARD-PERKINS (2017), 37 und 123.

299 GRAUPE (2017a), 7–8.

300 MANKIW/TAYLOR (2012), 70.

301 GRAUPE (2017a), 85–95.

302 GÖPEL (2016), 54.

303 ELSNER (2016), 53–54.

304 GEORGE (1996), 41.

305 PEUKERT (2018b), 66.

306 Ebd., 325.

307 COHN (2007), 41.

308 PEUKERT (2018b), 63.

309 PEUKERT (2018a), 325.

310 MANKIW/TAYLOR (2012), 1023.

311 MANKIW (2009).

312 PEUKERT (2018b), 78.

313 PEUKERT (2018a), 165 und 157.

314 Ebd., 165 und 168.

315 Eine verständliche Einführung in die Thematik bietet FELBER (2016b).

316 PEUKERT (2018a), 326.

317 GRAUPE (2017a), 101.

318 GEORGE (1996), 40.

319 Zitiert in RAWORTH (2016), 20.

320 FRANK/GILOVICH/REGAN (1993), 159.

321 RAWORTH (2016), 99–100.

322 DIERKSMEIER (2019a), 10.

323 VAN TREECK (2016), 40.

324 Zitiert bei PIRSON (2017), 49–50.

325 THATCHER (1987).

326 MARX (1859), 9.

327 WANG/MALHOTRA/MURNIGHAN (2011), 646.

328 FRANK/GILOVICH/REGAN (1993), 160.

329 Ebd., 161.

330 GÜTH/KOCHER (2013), 6.

331 FRANK/GILOVICH/REGAN (1993), 162.

332 WANG/MALHOTRA/MURNIGHAN (2011), 648.

333 Ebd., 649.

334 Ebd., 656–657.

335 FRANK/SCHULZE (2000), 101–102.

336 Ebd., 110.

337 FRANK/GILOVICH/REGAN (1993), 164–168.

338 ENGARTNER/SCHWEITZER-KRAH (2019), 3.

339 PRECHT (2010), 394.

340 GRANT (2013).

341 OFFER/SÖDERBERG (2016), 263.

342 Vgl. SILER (2006), 221.

343 Zitiert in CAMPBELL (2006), 196.

344 FOURCADE (2015), 97.

345 GRIMM/KAPELLER/PÜHRINGER (2017), 20.

346 LUNDBERG/STEARNS (2019), 6–7.

347 Statistisches Bundesamt (Destatis): »Studierende an Hochschulen, Wintersemester 2017/2018«, Fachserie 11, Reihe 4.1, Bildung und Kultur, Wiesbaden 2018.

348 HENGEL (2019), 2.

349 HALDANE/TURRELL (2017), 2.

350 SILER (2006), 221.

351 PUTNAM/WALSH (2012), 68.

352 SILER (2006), 218–219.

353 SILER (2006), 221

354 OFFER/SÖDERBERG (2016), 226.

355 AIGNER (2019).

356 FOURCADE (2015), 98.

357 HECKMAN/MOKTAN (2018).

358 SCHELLNHUBER (2018).

359 HECKMAN/MOKTAN (2019), 37 und 60.

360 NETZWERK PLURALE ÖKO-NOMIK (2012), 2.

361 HEISE/SANDNER/THIEME (2017).

362 HECKMAN/MOKTAN (2018).

363 SCHULMEISTER (2018), 359.

364 DIERKSMEIER (2019b).

365 HECKMAN/MOKTAN (2019), 59.

366 EHNTS/ZEDDIES (2016), 773.

367 EARLE/MORAN/WARD-PERKINS (2017), 100.

368 GRIMM/KAPELLER/PÜHRINGER (2017), 60.

369 HEISE (2017), 852.

370 Zitiert in FRICKE (2017), 6–7.

371 PEUKERT (2018c).

372 Zitiert in FOURCADE/OLLION/ALGAN (2015), 110.

373 KUHN (1976/2017), 172.

374 FOURCADE (2015), 91.

375 LESCHKE (2012), 26.

376 FOURCADE/OLLION/ALGAN (2015), 93.

377 Ebd., 94.

378 EARLE/MORAN/WARD-PERKINS (2017), 125.

379 FOURCADE (2015), 107.

380 EARLE/MORAN/WARD-PERKINS (2017), 16.

381 Olaf Storbeck: Wieder weiser, wieder schmaler, Handelsblatt, 7. November 2005.

382 Vandana Shiva in ihrer Keynote auf der ersten Best Economy Conference am 11. April 2019 in Bozen.

383 OFFER/SÖDERBERG (2016), 2.

384 MCCLOSKEY (2002), 35, MÄKI (2009), 34–35, EHNTS/ZEDDIES (2016), 772.

385 HAYEK (2003), 40 ff.

386 Stefan Mair: Top-Ökonomen zerpflücken Thielemann-Manifest, Handelszeitung, 11. April 2012.

387 BACHMANN (2016).

388 WTO: Understanding the WTO: The case for open trade: https://www.wto.org/english/thewto_e/whatis_e/tif_e/fact3_e.htm, abgerufen am 14. März 2019.

389 SAMUELSON (1969), 9.

390 GRIMM/KAPELLER/PÜHRINGER (2017), 55.

391 FRICKE (2017), 5.

392 Zitiert in OFFER/SÖDERBERG (2016), 17 und 62.

TEIL II

1 DIERKSMEIER (2016), 54.
2 SMITH (1759/2010), 381–382.
3 Ebd., 383.
4 RAWORTH (2017), 41–42. und CAPRA (1994), 222.
5 VAN SUNTUM (2011), vii.
6 DIERKSMEIER (2016a), 19.
7 ROBERTSON (2012), 68.
8 Stuart Hughes: LSE criticised for links with Gaddafi regime in Libya, BBC News, 30. November 2011.
9 PIRSON (2017), 229.
10 BECKENBACH/DASKALAKIS/HOFFMAN (2016), 78 und 82.
11 PIRSON (2017), 235.
12 RAWORTH (2017), 160–162.
13 LESHEM (2016), 226–228.
14 BALOGLOU (2012), 20.
15 Vgl. LESHEM (2016), 226.
16 DIERKSMEIER (2016a), 37.
17 UNHOLTZ (2010).
18 ALVEY (2011), 16.
19 UNHOLTZ (2010), iv.
20 LESHEM (2016), 226.
21 Ebd., 229–230.
22 EISLER (2007), 220.
23 DIERKSMEIER (2016), 39.
24 Ebd., 41.
25 DIERKSMEIER/PIRSON (2009).
26 FELBER (2017), 86–87.
27 DIERKSMEIER/PIRSON (2009), 425.
28 ALVEY (2011), 18.
29 BECKER (1971), 1.
30 PINDYCK/RUBINFELD (2018), 24–25.
31 SAMUELSON/NORDHAUS (2017), 24.
32 RAWORTH (2017), 32–35.
33 BACKHOUSE/MEDEMA (2009).
34 Website der AAE: https://www.aeaweb.org/resources/students/what-is-economics, abgerufen am 1. 1. 2019.
35 Nach BACKHOUSE/MEDEMA (2009) ist das nur eine mündliche Überlieferung von Kenneth Boulding, der Schüler von Viner war.
36 BACKHOUSE/MEDEMA (2009), 222.
37 Ebd., 231.
38 Money is the standard of value that has traditionally been used in economics. GOODWIN et al. (2014), 22.
39 CAPRA (1994), 252.
40 DIERKSMEIER (2016), 35.
41 OFFER/SÖDERBERG (2016), 271.
42 DALY/COBB (1994).
43 MEYNHARDT (2016), 174.
44 SEN (2002).
45 NUSSBAUM (2011).
46 ROCKSTRÖM et al. (2009).
47 Diese sind bereits detaillierter ausgeführt in FELBER (2017) und FELBER (2018).

TEIL III

1 THE LOCAL (2005).
2 Testament von Alfred Nobel:
https://www.nobelprize.org/
alfred-nobel/full-text-of-alfred-
nobels-will-2 /, eingesehen am
9. Februar 2019.
3 HORN (2004).
4 OFFER/SÖDERBERG (2016), 13.
5 THE NEW YORK TIMES (1977).
6 LUNDBERG (1969).
7 Ebd.
8 OFFER/SÖDERBERG (2016), 51,
100–103.
9 Ebd., 259.
10 THOMPSON (2001).
11 Ebd.
12 OFFER/SÖDERBERG (2016), 100.
13 Wikipedia, Nobel Memorial Prize in
Economic Sciences, abgerufen am
30. März 2019.
14 Laudator Berlit Ohlin formulierte
subtil: »Dr. Simon Kuznets, I con-
gratulate you warmly to the Prize in
Economic Science, created by the
Bank of Sweden in memory of Alfred
Nobel.« OHLIN (1971).
15 HERRMANN (2017).
16 OFFER/SÖDERBERG (2016), 61.
17 MYRDAL (1977), 52.
18 NEW YORK TIMES (1977).
19 MYRDAL (1977), 50.
20 HORN (2004).
21 OFFER/SÖDERBERG (2016),
105–106.
22 ÖTSCH (2009), 64.
23 VAUGHAN (2002).
24 EISLER (2007).
25 Zitiert in OFFER/SÖDERBERG
(2016), 45.
26 DALY (1991) und DALY/COBB
(1994).
27 FELBER (2017b).
28 CHANG (2003).
29 COHEN (2007).
30 OFFER/SÖDERBERG (2016), 16.
31 MICHALITSCH (2003), 2 und
OFFER/SÖDERBERG (2016), 10.
32 OFFER/SÖDERBERG (2016),
104–105.
33 Ebd., 130.
34 KLEIN (2007), 116 und 120.
35 CALDWELL (2016), 15.
36 »Wirtschaftliche Freiheit ist die
Voraussetzung für jede andere Art
von Freiheit« und »Das System des
Privateigentums bietet uns die
wichtigste Freiheitsgarantie«,
HAYEK (2004), 15 und 19.
37 Zitiert in MIROWSKI (2009), 421.
38 EARLE/MORAN/WARD-PERKINS
(2017), 3.
39 MÄKI (2009), 31.
40 EARLE/MORAN/WARD-PERKINS
(2017), 49–50.
41 Ebd., 158.
42 OFFER/SÖDERBERG (2016), 228.
43 EARLE/MORAN/WARD-PERKINS
(2017), 19 und 40.
44 Bank of England: The Distributional
Effects of Asset Purchases, Quarterly
Bulletin, Q3/2012.
45 EARLE/MORAN/WARD-PERKINS
(2017), 167.
46 BUNDESMINISTERIUM FÜR
UMWELT, NATURSCHUTZ, BAU
UND REAKTORSICHERHEIT/
UMWELTBUNDESAMT (2015), 22
und 35.

47 SILER (2006), 220.

48 FOURCADE (2015), 106.

49 Aktuell dazu die Cambridge-
Koryphäe COLLIER (2019).

50 ÖTSCH (2018), 103.

51 MIROWSKI (2009), 432.

52 WALPEN (2004), 60.

53 ÖTSCH (2018), 117–119.

54 SCHULMEISTER (2018), 83 und 85.

55 MIROWSKI (2009), 418.

56 ÖTSCH (2018), 136.

57 SCHULMEISTER (2018), 363.

58 Zitiert ebd., 76.

59 PHILIPPS-FEIN (2015), 283.

60 Ebd., 292.

61 ÖTSCH (2018), 126.

62 Ebd., 132.

63 SCHULMEISTER (2018),
94 und 363.

64 BUNDESMINISTERIUM FÜR
FINANZEN: Bundesvorschlag 2012.
Untergliederung 15. Finanzver-
waltung, Wien.

65 Zitiert ebd., 95.

66 ÖTSCH (2018), 100.

67 SCHULMEISTER (2018), 85–86.

68 BADINGER et al. (2016).

69 BERGER (2016).

70 FÜRLINGER et al. (2016), 1.

71 Lukas Sustala: Mit Attac-Ideologie
im Schulbuch gegen den Neoliberalismus, nzz.at, 7. April 2016.

72 ZiB Magazin, ORF 1, 8. April 2016.

73 HAMMERSCHMID (2016), 2.

74 FELBER (2016b).

75 Das ZiB-Magazin befragte immerhin – gleichwertig – einen Kollegen,
der auch ähnlich argumentierte wie
der Autor selbst.

76 E-Mail-Antwort des Bildungs-
ministeriums.

77 GERM (2016).

78 READ (2015).

79 BUNDESMINISTERIUM FÜR
BILDUNG UND FRAUEN (2015),
3, 9 und 12.

80 LINDNER/ZIMMERMANN
(2014): Volkswirtschaft gestalten,
öbv, Wien.

TEIL IV

1 Zitiert in PRUETT (2016).

2 A better way, Economist, 9. Oktober
2010.

3 Zitiert in OFFER/SÖDERBERG
(2016), 35.

4 EUROPEAN COUNCIL (2010), I.6.

5 CO$_2$-Konzentration erreicht Höchststand, science.orf.at, 14. Mai 2019.

6 IPBES (2019), 1 und 9.

7 www.overshootday.org

8 RAWORTH (2016), 246.

9 Eva Stanzl: 10 Jahre Attac: Globali-
sierungskritiker fordern System-
wechsel in Wiener Zeitung, 4. Juni
2008.

10 Erich Streissler: Irrglaube vom
Wohlstand aus der Steckdose,
Wiener Zeitung, 10. Juni 2008.

11 FELBER (2018), 32 ff.

12 Rede an der Universität Kansas,
18. März 1968. Quelle: http://www.
jfklibrary.org, eingesehen am 9. März
2019.

13 DALY/COBB (1994), 140.

14 DIEFENBACHER/ZIESCHANK
(2011), 38.

15 BUNDESMINISTERIUM FÜR UMWELT, NATURSCHUTZ, BAU UND REAKTORSICHERHEIT/ UMWELTBUNDESAMT (2015), 22 und 35.

16 www.gnhcentrebhutan.org/what-is-gnh/gnh-today/a-policy-screening-tool/, abgerufen am 9. Oktober 2016.

17 DIEFENBACHER/ZIESCHANK (2011), 56 und 60 ff.

18 Zitiert in KOMLOS (2015), 75.

19 LUKS (2014), 63.

20 LESCHKE (2012), 23.

21 MANKIW/TAYLOR (2016), 136.

22 JENSEN/MECKLING (1994).

23 LAKOFF/JOHNSON 1999, 13. Zitiert in GRAUPE (2017a), 26.

24 PIRSON (2017), 29.

25 Ebd., 32.

26 LAYARD (2009), 43–46.

27 PIRSON (2017), 33.

28 BAUER (2011), 165.

29 Zitiert in PIRSON (2017), 93.

30 BAUER (2011), 166.

31 EISENSTEIN (2013), 36.

32 VAUGHAN (2002), 30–31.

33 OSTROM (2011).

34 BAUER (2011), 198.

35 Gründungsstatut der Carl-Zeiss-Stiftung zu Jena, §94 »Regelung allgemeiner Interessen des Personals der Stiftungsbetriebe«, 26. August 1896.

36 Zitiert in EARLE/MORAN/WARD-PERKINS (2017), 79.

37 HAYEK (2003), 217.

38 SMITH (1759/2010), 138.

39 KASSER/COHN/KANNER/RYAN (2007), 8.

40 Zitiert in KOHN (1986/92), 140.

41 PIRSON (2017), 40.

42 Zitiert in DIERKSMEIER (2019).

43 KOHN (1986/92), 73.

44 HAYEK (2004), 22.

45 EUROPÄISCHER RAT (2000), I.5.

46 WOOLLEY/CHABRIS/PENTLAND/HASHMI/MALONE (2010) und KAST (2016), 169–172.

47 KOHN (1986/92), 205.

48 Ebd., 123–124.

49 Zitiert in BAUER (2011), 17.

50 BAUER (2006), 166.

51 Zitiert in PIRSON (2017), 39.

52 HÜTHER (2012), 80.

53 EUCKEN (1951), 72.

54 ÖTSCH (2009), 25.

55 Zitiert ebd., 24.

56 HAYEK (2003), 37 ff.

57 GRAUPE (2017a), 54–55.

58 REAGAN (1981), 2.

59 HAYEK (2004), 19.

60 Zitiert in ÖTSCH (2018), 29.

61 »Der vorherrschende Glaube an ›soziale Gerechtigkeit‹ ist gegenwärtig wahrscheinlich die schwerste Bedrohung der meisten anderen Werte einer freien Zivilisation.« Und: »Ich habe das Gefühl, daß der größte Dienst, den ich meinem Mitmenschen noch leisten kann, der wäre, die Wortführer und Schriftsteller unter ihnen dazu zu bringen, sich in Grund und Boden zu schämen, wenn sie jemals wieder den Ausdruck ›soziale Gerechtigkeit‹ verwenden.« HAYEK (2003), 217 und 248.

62 HAYEK (2005), 135.

63 HAYEK (1996), 163.

64 VAN SUNTUM (2013), 256.

65 MANKIW/TAYLOR (2016), 8.

66 COLLIER (2019), 131.
67 HAYEK (2005), 365.
68 ÖTSCH (2009), 29.
69 FELBER (2014) und SCHUL-
   MEISTER (2018).
70 PEUKERT (2018b), 64.
71 FELDERER/FÖLZER/HELMEN-
   STEIN/PIPPAN/TALKNER (2000).
72 MAZZUCATO (2014), 36.
73 Ebd., 21–22.
74 Leipziger stimmen gegen Verkauf
   der Stadtwerke, Tagesspiegel,
   28. Januar 2008.
75 MILL (1909), II.2.17.
76 KASSER/COHN/KANNER/RYAN
   (2007), 5.
77 Deutsches Grundgesetz, Art. 14.
78 Paul VI: Populorum progressio /
   Über die Entwicklung der Völker,
   Enzyklika, Rn 23–24, 26. März 1967.
79 HELFRICH/BOLIER (2014) und
   (2019).
80 https://therightsofnature.org/

TEIL V

1 PLICKERT (2016).
2 DÜRMEIER (2005), 65.
3 POST-AUTISTIC ECONOMICS
   NETWORK (2000).
4 FULLBROOK (2002), 14–15.
5 DE BOISSIEU et al. (2000).
6 CAMBRIDGE STUDENTS (2001).
7 AN INTERNATIONAL OPEN
   LETTER TO ALL ECONOMIC
   DEPARTMENTS (2001).
8 GRAN (2019).
9 INTERNATIONAL STUDENT
   INITIATIVE FOR PLURALIST
   ECONOMICS (2014).
10 EARLE/MORAN/WARD-PERKINS
   (2017), 109.
11 SOLOW (2001).
12 NETZWERK PLURALE ÖKO-
   NOMIK (2012).
13 Olaf Gersemann/Ileana Grabitz:
   Ökonomenverband hält Kollegen
   für rückwärtsgewandt, Welt am
   Sonntag, 3. Juni 2018.
14 BECKER (2017), 837.
15 BADINGER/OBERHOFER/
   CRESPO CUARESMA (2017).
16 BECKENBACH/DASKALAKIS/
   HOFMAN (2016), 38.
17 GRIMM/KAPELLER/PÜHRINGER
   (2017), 45.
18 FRICKE (2017), 14.
19 EHNTS/ZEDDIES (2016), 773.
20 DÜRMEIER/EULER (2013), 24.
21 EHNTS/ZEDDIES (2016), 774.
22 https://www.renner-institut.at/
   kurt-rothschild-preis/preis-
   traegerinnen-2017/#c2465
23 https://www.plurale-oekonomik.de/
   materialien/alternative-lehrbuecher/
   und http://www.paecon.net/
   newbooks2.htm, eingesehen am
   14. April 2019.
24 PEUKERT (2018b), 113–114.
25 https://www.plurale-oekonomik.de/
   studiengaenge/, eingesehen am
   19. April 2019.
26 https://www.ecogood.org/de/
   community/akteurinnen-kreise/
   ak-wissenschaft-und-forschung/,
   eingesehen am 19. April 2019.
27 https://zoe-institut.de/
28 https://www.noebb.de/ueber-uns/

29 THE ARTS COUNCIL OF GREAT BRITAIN (1945): »First Annual Report 1945–1946«, iii.

30 Sabine Stöcker: »Einstein und die Religion«, Spectrum der Wissenschaft 11/1996, 134.

31 CAPRA (1994), 256.

32 MCCLOSKEY (2002), 44.

33 Zitiert in GRAUPE (2017a), 23 und 33.

34 EARLE/MORAN/WARD-PERKINS (2017), 142–143.

35 COLANDER et al. (2009), 3.

36 RAWORTH (2017), 160–161.

37 EARLE/MORAN/WARD-PERKINS (2017), 151.

38 FELBER (2018), 144 ff.

39 DIERKSMEIER (2016b).

Literatur

ADORNO (1972/2003): Beiträge zur Ideologienlehre, S. 457–477, TIEDEMANN, Wolf (Hg.): Theodor W. Adorno. Gesammelte Schriften, Band 8, suhrkamp taschenbuch wissenschaft, Frankfurt a. M.

AIGNER, ERNEST (2019): Wer in der globalen Forschungslandschaft wen wie oft zitiert, Makronom – Online-Magazin für Wirtschaftspolitik, 4. März 2019.

AKERLOF, George A. / SHILLER, Robert J. (2015): Phishing for Phools The Economics of Manipulation and Deception, Princeton University Press, Princeton.

ALLAIS, MAURICE (1988): An Outline of my Main Contributions to Economic Science, Nobel Lecture, Stockholm, 9. Dezember 1988.

ALVEY, James E. (2011): A Short History of Ethics and Economics. The Greek, Edward Elgar Publishing, Cheltenham.

AN INTERNATIONAL OPEN LETTER TO ALL ECONOMIC DEPARTMENTS (2001): The Kansas City Proposal, post-autistic economics review, issue no. 8, 2001.

ARISTOTELES (1989): Politik, Reclam, Ditzingen.

ASLANBEIGUI, Nahid / NAPLES, Michele I. (1996): Positivism versus Paradigms: The Epistemological Underpinnings of Economic Debate in Introductory Textbooks, S. 11–27, ASLANBEIGUI, Nahid / NAPLES, Michele I. (1996): Rethinking Economic Principles. Critical Essays on Introductory Textbooks, Irwin.

BACHMANN, Rüdiger (2017): Zur aktuellen Pluralismusdebatte in der Ökonomik: Ansichten eines wohlwollenden Pluralismusskeptikers, S. 843–847, Wirtschaftsdienst des ZBW – Leibniz-Informationszentrums Wirtschaft, 12/2017.

BACKHOUSE, Roger E./MEDEMA, Steven G. (2009): Retrospectives: On the Definition of Economics, Journal of Economic Perspectives, Volume 23, Number 1, Winter 2009, S. 221–233.

BADINGER, Harald et al. (2016): Offener Brief an das Bundesministerium für Bildung und Frauen, Wien, 7. April 2016.

BADINGER, Harald/OBERHOFER, Harald/CRESPO CUARESMA, Jesús (2017): Pseudowissenschaft in der Volkswirtschaftslehre, Kommentar der Anderen, Der Standard, 14. Juli 2017.

BAIR, Jennifer (2015): Taking Aim at the New Economic International Order, S. 347–385, MIROWSKI/PLEHWE (2015).

BAIROCH, Paul (1993): Economics and World History – Myths and Pardoxes, The University of Chicago Press.

BALOGLOU, Christos P. (2012): The Tradition of Economic Thought in the Mediterranean World from the Ancient Classical Times Through the Hellenistic Times Until the Byzantine Times and Arab-Islamic World in BACKHAUS, Jürgen Georg

(2012): Handbook of the History of Economic Thought. Insights on the Founders of Modern Economics, Springer, New York/Dordrecht/Heidelberg/London.

BAUER, Joachim (2006): Prinzip Menschlichkeit. Warum wir von Natur aus kooperieren, Hoffmann und Campe, Hamburg.

BAUER, Joachim (2011): Schmerzgrenze. Vom Ursprung alltäglicher und globaler Gewalt, Blessing, München.

BECKENBACH, Frank/DASKALAKIS, Maria/HOFFMAN, David (2016a): Zur Pluralität der volkswirtschaftlichen Lehre in Deutschland (EconPLUS). Eine empirische Untersuchung des Lehrangebotes in den Grundlagenfächern und der Einstellung der Lehrenden, Zusammenfassung der Studie, Universität Kassel.

BECKENBACH, Frank/DASKALAKIS, Maria/HOFFMAN, David (2016b): Zur Pluralität der volkswirtschaftlichen Lehre in Deutschland (EconPLUS). Eine empirische Untersuchung des Lehrangebotes in den Grundlagenfächern und der Einstellung der Lehrenden, Metropolis, Marburg.

BECKER, Gary (1971): Economic Theory, Knopf, New York.

BECKER, Johannes (2017): Das »richtige« Maß an Pluralität und das Problem des fehlenden Adressaten, S. 835–838, Wirtschaftsdienst des ZBW – Leibniz-Informationszentrums Wirtschaft, 12/2017.

BERGER, Ulrich (2016): Christian Felber im Schulbuch: Ein Update, auf scienceblogs. de, 8. April 2016. Im Internet: http://scienceblogs.de/kritisch-gedacht/2016/04/08/christian-felber-im-schulbuch-ein-update/

BESLEY, Tim/HENNESSY, Peter (2009): Brief an die Queen am 22. Juli 2009, nach dem British Academy Forum: The Global Financial Crisis – Why Didn't Anybody Notice?, 17. Juni 2009.

BEZEMER, Dirk (2009): No One Saw This Coming. Understanding Financial Crisis Through Accounting Models, Research Report 9002, Universität Groningen.

BIESECKER, Adelheid (2010): Eine zukunftsfähige Ökonomie ist möglich – Vorsorgendes Wirtschaften, Vortrag im Rahmen der Ringvorlesung »Postwachstumsökonomie« an der Carl-von-Ossietzky-Universität Oldenburg, 9. Juni 2010.

BLANCHARD, Olivier/ILLING, Gerhard (2017): Makroökonomie, 7., aktualisierte und erweiterte Auflage, Pearson, Hallbergmoos.

BOFF, Leonardo/HATHAWAY, Mark (2016): Befreite Schöpfung. Kosmologie – Ökologie – Spiritualität, Butzon & Bercker, Kevelaer.

BRILLIANT et al. (2009): Open letter to the Nobel prize committee, NewScientiest, 30. September 2009.

BRODBECK, Karl-Heinz (2002): Buddhistische Wirtschaftsethik. Eine vergleichende Einführung, Shaker, Aachen.

BRUNI, Luigino/ZAMAGNI, Stefano (2013): Zivilökonomie. Effizienz, Gerechtigkeit, Gemeinwohl, Ferdinand-Schöningh, Paderborn.

BUMAS, Lester O. (1999): Intermediate Economics, M. E. Sharpe, New York.

BUNDESMINISTERIUM FÜR BILDUNG UND FRAUEN (2015): Grundsatzerlass Wirtschafts- und Verbraucher/innenbildung. Genehmigung FBM und Information der Schulen, Rundschreiben Nr. 15/2015, Wien, 30. Juni 2015.

BUNDESMINISTERIUM FÜR UMWELT, NATURSCHUTZ, BAU UND REAKTORSICHERHEIT/UMWELTBUNDESAMT (2015): Umweltbewusstsein in Deutschland 2014. Ergebnisse einer repräsentativen Bevölkerungsumfrage, Berlin, März 2015.

BURDA, Michael (2013): Betr.: Offener Brief des »Netzwerks Plurale Ökonomik« vom 11. September 2012, Antwort des Vereins für Socialpolitik, Frankfurt a. M., 9. August 2013.

CALDWELL, Bruce (2016): Hayek's Nobel, LSE Research Online, ISSN 1529–2134, Februar 2016.

CAMBRIDGE STUDENTS (2001): Opening Up Economics. A Proposal By Cambridge Students, post-autistic economics review, issue no. 7, 2001.

CAMPBELL, Deborah (2006): Postautistische Ökonomik, S. 193–202, DÜRMEIER/ VON EGAN-KRIEGER/PEUKERT (2006).

CAPRA, Fritjof (1975): The Tao of Physics, Shambhala Publications, Boulder.

CAPRA, Fritjof (1994): Wendezeit. Bausteine für ein neues Weltbild, 3. Auflage, dtv, München.

CHANG , Ha-Joon (2003): Kicking Away the Ladder. Development Strategy in Historical Perspective, Anthem Press, London/New York.

CHARI, Varadarajan V. (2010): Testimony before the Committee on Science and Technology, Subcommittee on Investigations and Oversight, U. S. House of Representatives, Federal Reserve of Minneapolis, 20. Juli 2010.

CHERRIER, Beatrice (2016): Is there really an empirical turn in economics?, Institut of New Economic Thinking, ineteconomics.org, 29. September 2016.

COASE, Ronald (1999): Speech to ISNIE: The Task of the Society, Opening Address to the Annual Conference International Society of New Institutional Economics, Washington, D.C., 17. September 1999.

COHEN, Patricia (2007): The Prize That Even Some Laureates Question, New York Times, 20. Oktober 2007.

COHN, Steven M. (2007): Reintroducing Macroeconomics, M. E. Sharpe, New York.

COLANDER, David et al. (2009): The Financial Crisis and the Systemic Failure of the Economics Profession, Critical Review, Vol. 21, Nr. 1–2, 249–267.

COLLIER, Paul (2019): Sozialer Kapitalismus. Ein Manifest gegen den Zerfall unserer Gesellschaft, Siedler, München.

COMMON, Michael/STAGL, Sigrid (2005): Ecological Economics. An Introduction, Cambridge University Press, New York.

CONCERNED STUDENTS OF ECONOMICS 10 (2011): An Open Letter to Greg Mankiw, Harvard Political Review, 2. November 2011.

DAHM, J. Daniel (2019): Benchmark Nachhaltigkeit: Sustainability Zeroline. Das Maß für eine zukunftsfähige Ökonomie, transcript Verlag, Bielefeld.

DALY, Herman E. (1991): Steady-State Economics, Second Edition with New Essays, Island Press, Washington.

DALY, Herman E./COBB, John B., Jr. (1994): For the Common Good. Redirecting the Economy toward Community, the Environment, and a Sustainable Future, 2., aktualisierte Auflage, Beacon Press, Boston.

DAVIS, John B. (1991): Keynes's View of Economics as a Moral Science, S. 89–103, BATEMAN, Bradley W./DAVIS, John B. (Hg.) (1991): Keynes and Philosophy: Essays on the Origins of Keynes's Thought, Edward Elgar Publishing, Cheltenham.

DE BOISSIEU, Christian et al. (2000): Contre-appel pour préserver la scientificité de l'économie, Le Monde, 31. Oktober 2000.

DIEFENBACHER, Hans/ZIESCHANK, Roland (2011): Woran sich Wohlstand wirklich messen lässt. Alternativen zum Bruttoinlandsprodukt, oekom, München.

DIERKSMEIER, Claus (2016a): Reframing Economic Ethics. The Philosophical Foundations of Humanistic Management, Palgrave Macmillan/Springer, Cham.

DIERKSMEIER, Claus (2016b): Qualitative Freiheit. Selbstbestimmung in weltbürgerlicher Verantwortung, transcript, Bielefeld.

DIERKSMEIER, Claus (2016c): Stellungnahme (zum Schulbuchstreit in Österreich um die Abbildung von Christian Felber), Tübingen, 16. April 2016.

DIERKSMEIER, Claus (2019a): From Jensen to Jensen: Mechanistic Management Education or Humanistic Management Learning?, S. 1–15, Journal of Business Ethics, 4. Februar 2019.

DIERKSMEIER, Claus/PIRSON, Michael (2009): Oikonomia Versus Chrematistike, Learning from Aristotle About the Future Orientation of Business Management, Journal of Business Ethics (2009) 88:417–430.

DOBUSCH, Leonhard/KAPELLER, Jakob (2012): Heterodox United vs. Mainstream City? Sketching a Framework for Interested Pluralism in Economics, Journal of Economic Issues, Vol. XLVI, No. 4, Dezember 2012, S. 1035–1057.

DOWD, Douglas: (2004): Capitalism and its economics, 2. Auflage, Pluto Press, London.

DULLIEN, Sebastian (2016): Fortgeschrittene Makroökonomie-Lehrbücher mit Tunnelblick. Über die Enge der DSGE-Modellwelt, S. 200–209, VAN TREECK / URBAN (Hg.) (2016).

DULLIEN, Sebastian (2017): Lippenbekenntnisse sind nicht genug, S. 839–842, Wirtschaftsdienst des ZBW – Leibniz-Informationszentrums Wirtschaft, 12/2017.

DÜRMEIER, Thomas (2005): Post-Autistic Economics. Eine studentische Intervention für plurale Ökonomik, Intervention, Zeitschrift für Ökonomie, Jg. 2 (2005), H. 2, S. 65–76.

DÜRMEIER, Thomas/EULER, Johannes (2013): Warum in der Wirtschaftswissen-

schaft keine Pluralität entsteht. Eine Zwischenbilanz nach zehn Jahren Real World
Economics in Deutschland, S. 24–40, Kurswechsel 1/2013.

DÜRMEIER, Thomas/VON EGAN-KRIEGER, Tanja/PEUKERT, Helge (2006): Die
Scheuklappen der Wirtschaftswissenschaft. Postautistische Ökonomik für eine
plurale Wirtschaftslehre, Metropolis, Marburg.

DÜRR, Hans-Peter (2009): Warum es ums Ganze geht. Neues Denken für eine Welt
im Umbruch, oekom, München.

EARLE, Joe/MORAN, Cahal/WARD-PERKINS, Zach (2017): The Econocracy.
On the Perils of Leaving Economics to the Experts, Penguin Books, London.

EHNTS, Dirk/ZEDDIES, Lino (2016): Die Krise der VWL und die Vision einer
Pluralen Ökonomik, Wirtschaftsdienst des ZBW – Leibniz-Informationszentrums
Wirtschaft, 10/2016.

EISENSTEIN, Charles (2013): Ökonomie der Verbundenheit. Wie das Geld die Welt
an den Abgrund führte – und sie dennoch retten kann, Scorpio, Berlin/München.

EISLER, Riane (2007): The Real Wealth of Nations. Creating a Caring Economics,
Berrett-Koehler Publishers, Oakland.

ELSNER, Wolfram (2016): Dichotomien, Inkonsistenz, merkwürdige Antiquiertheit.
Mainstream-Mikro-Lehrbücher: Das Beispiel sozialer Institutionen, S. 42–57,
VAN TREECK/URBAN (Hg.) (2016).

ENGARTNER, Tim/SCHWEITZER-KRAH, Eva (2019): Wie denken Studierende
über die Pluralismusdebatte in der Volkswirtschaftslehre? Ergebnisse einer
quantitativen Befragung an deutschen Hochschulen, FGW-Impuls, Neues
ökonomisches Denken 10, Düsseldorf, Januar 2019.

ESCOBEDO, Isabella (2018): Die VWL steckt in der Sinnkrise, WirtschaftsWoche,
15. August 2018.

EUCKEN, Walter (1951): Unser Zeitalter der Misserfolge. Fünf Vorträge zur
Wirtschaftspolitik, Mohr, Tübingen.

EUROPÄISCHER RAT (2000): Schlussfolgerungen des Vorsitzes, Lissabon, 24. März
2000.

EUROPEAN COMMISSION (2010): EUROPE 2020: A strategy for smart, sustainable
and inclusive growth, Communication from the Commission, COM(2010) 2020,
Brüssel, 3. März 2010.

EUROPEAN COUNCIL (2010): Lisbon European Council 23 and 24 March 2000
Presidency Conclusions, Brüssel, 24. März 2010.

FABER, Malte/MANSTETTEN, Rainer (2010): Philosophical Basics of Ecology and
Economy, Routledge, New York.

FELBER, Christian (1999): Von Fischen und Pfeilen. Poesie zum Anfassen, Gedicht-
band, Edition Doppelpunkt, Wien.

FELBER, Christian (2006): 50 Vorschläge für eine gerechtere Welt. Gegen Konzernmacht und Kapitalismus, Deuticke, Wien.

FELBER, Christian (2015): Die innere Stimme. Wie Spiritualität, Freiheit und Gemeinwohl zusammenhängen, Publik-Forum, Oberursel.

FELBER, Christian (2016a): Lobbyerfolg: Felber endlich aus Schulbuch draußen. Gemeinwohl-Ökonomie-Initiator gratuliert oö. Industriellenvereinigung und 136 PetitorInnen, Presseinformation, 24. November 2016.

FELBER, Christian (2016b): Vom Vollgeld zum »Souveränen Geld« – Vorteile und Optionen einer Vollgeld-Reform, Hintergrundpapier, Wien, 28. April 2016. Frei downloadbar auf https://christian-felber.at/schaetze/hintergrundtexte/

FELBER, Christian (2017a): Ethischer Welthandel. Alternativen zu WTO, TTIP & Co., Deuticke, Wien.

FELBER, Christian (2017b): Laudatio für Alberto Acosta. Träger des Internationalen Hans-Carl-von-Carlowitz-Nachhaltigkeitspreises 2017, Chemnitz, 23. November 2017.

FELBER, Christian (2018): Gemeinwohl-Ökonomie. Ein Wirtschaftsmodell mit Zukunft, Taschenbuch-Ausgabe, Piper, München.

FELBERMAYR, Gabriel (2017): Ricardo – gestern und heute, ifo-Schnelldienst 5/2017, 70. Jahrgang, 11. Mai 2017.

FELDERER, Bernhard/FÖLZER, Christian/HELMENSTEIN, Christian/PIPPAN, Hildegard/TALKNER, Christoph (2000): Public and Private Ownership, IHS-Studie im Auftrag der Gesellschaft des Bundes für industriepolitische Maßnahmen, Wien.

FERNÁNDEZ-VILLAVERDE, Jesús (2018): The Economics of Minimum Wage Regulations, University of Pennsylvania, 10. Februar 2018.

FLECK, Ludwig (1980): Entstehung und Entwicklung einer wissenschaftlichen Tatsache: Einführung in die Lehre vom Denkstil und Denkkollektiv, 12. Auflage, suhrkamp taschenbuch wissenschaft, Frankfurt a. M.

FOURCADE, Marion/OLLION, Etienne/ALGAN, Yann (2015): The Superiority of Economics, Journal of Economic Perspectives, Volume 29, Number 1, Winter 2015, S. 89–114.

FRANK, Björn/SCHULZE, Günther G. (2000): Does economics make citizens corrupt?, S. 101–113, Journal of Economic Behavior & Organization, February 2000.

FRANK, Robert H./GILOVICH, Thomas/REGAN, Dennis T. (1993): Does Studying Economics Inhibit Cooperation?, Journal of Economic Perspectives, Volume 7, Number 2, September 1993, S. 159–171.

FRICKE, Thomas (2016): Altes Einheitsdenken oder neue Vielfalt? Eine systematische Auswertung der großen Umfragen unter Deutschlands Wirtschaftswissenschaftler_innen, FGW-Studie Neues Wirtschaftliches Denken 03, Düsseldorf, April 2017.

FRIEDMAN, Milton (1953): The Methodology of Positive Economics, S. 3–43, Milton Friedman: Essays In Positive Economics, University. of Chicago Press.

FROMM, Erich (1992). Haben oder Sein. Die seelischen Grundlagen einer neuen Gesellschaft, 21. Auflage, dtv, München.

FUKUYAMA, Francis (1992): The End of History of Man, Free Press, New York.

FULLBROOK, Edward (2002): The Post-Autistic Economics Movement: A Brief History, S. 14–23, Journal of Australian Political Economy, No. 50, Dezember 2002.

FULLBROOK, Edward (2006): Postautistische Ökonomik und Pluralismus, S. 281–286, DÜRMEIER/VON EGAN-KRIEGER/PEUKERT (2006).

FÜRLINGER, Klaus et al. (2016): Anfrage an die Bundesministerin für Bildung und Frauen betreffend Erwähnung von ATTAC-Mitglied Christian Felber in einem Schulbuch, 142/J-BR/2016, Wien, 13. April 2016.

GARNETT, Robert F. (2006): Paradigms and pluralism in heterodox economics, Review of Political Economy, Vol. 18, No. 4, 521–546, October 2006.

GEORGE, David (1996): The Rhetoric of Economics Texts Revisited, S. 28–43, ASLANBEIGUI/NAPLES (1996).

GEORGE, Susan (1999): A Short History of Neoliberalism, Rede gehalten auf der Conference on Economic Sovereignty in a Globalising World, Bangkok, 24. März 1999.

GERM, Alfred (2016): Betrifft: Katastrophe Gemeinwohlökonomie – Replik auf ein Schulbuch, das an- und aufregt, Stellungnahme zum öffentlichen Brief der Ökonomen, April 2016.

GOLDSCHMID, Werner/KLEIN, Dieter/STEINITZ, Klaus (2000): Neoliberalismus. Hegemonie ohne Perspektive, Distel, Heilbronn.

GOODWIN, Neva et al. (2014): Microeconomics in Context, 3. Auflage, M. E. Sharpe, Armonk/London.

GÖPEL, Maja (2016): The Great Mindshift. How a New Economic Paradigm and Sustainability Transformations go Hand in Hand, Wuppertal Institut/Springer Open.

GRAEBER, David (2012): Schulden. Die ersten 5000 Jahre, Hanser, München.

GRANT, Adam (2013): Does Studying Economics Breed Greed? Even thinking about economics can make us less compassionate, Psychology Today, 22. Oktober 2013.

GRAUPE, Silja (2016): Der erstarrte Blick. Eine erkenntnistheoretische Kritik der Standardlehrbücher der Volkswirtschaftslehre, S. 18–20, VAN TREECK/URBAN (Hg.) (2016).

GRAUPE, Silja (2017a): Beeinflussung und Manipulation in der ökonomischen Bildung. Hintergründe und Beispiele, FGW-Studie Neues Ökonomisches Denken 05, Düsseldorf, Mai 2017.

GRAUPE, Silja (2017b): Wie konnte es passieren? Ökonomische Bildung als Boden einer geistigen Monokultur, S. 847–850, Wirtschaftsdienst des ZBW – Leibniz-Informationszentrums Wirtschaft, 12/2017.

GRIMM, Christian/KAPELLER, Jakob/PÜHRINGER, Stephan (2017a): Zum Profil der deutschsprachigen Volkswirtschaftslehre. Paradigmatische Ausrichtung und politische Orientierung deutschsprachiger Ökonom_innen, FGW-Studie 02, Düsseldorf, Februar 2017.

GRIMM, Christian/KAPELLER, Jakob/PÜHRINGER, Stephan (2017b): Zum Profil der deutschsprachigen Volkswirtschaftslehre. Paradigmatische Ausrichtung und politische Orientierung deutschsprachiger Ökonom_innen, FGW-Impuls Neues Ökonomisches Denken 02, Düsseldorf, Februar 2017.

GUERRIEN, Bernard (2004): Irrelevance and Ideology, post-autistic economics review, issue no. 29, 6. Dezember 2004, Artikel 3.

GUERRIEN, Bernard (2006): Gibt es irgendetwas Behaltenswertes an der Standard-mikroökonomik?, S. 231–235, DÜRMEIER/VON EGAN-KRIEGER/PEUKERT (2006).

GÜNTER, Ralf (2015): VWL einmal entstauben, bitte, Interview mit Samuel Decker, Grünstreifen, 16. April 2015.

GÜTH, Werner/KOCHER, Ralf (2013): More than thirty years of ultimatum bargaining experiments: Motives, variations, and a survey of the recent literature, Jena Economic Research Papers 2013/35.

HABERMANN, Friederike (2008): Der homo oeconmicus und das Andere. Hegemonie, Identität und Emanzipation, Nomos, Baden-Baden.

HAHN, Frank (1981): Reflections on the invisible hand, Fred Hirsch Memorial Lecture, Warwick Economic Research Paper Nr. 196, Universität Warwick, 5. November 1981.

HALADAR, Antara (2018): Economics: The Discipline That Refuses to Change, The Atlantic, 14. Dezember 2018.

HALDANE, Andrew G./TURRELL, Arthur E. (2017): An interdisciplinary model for macroeconomics, Staff Working Paper No. 696, Bank of England, London.

HAMMERSCHMID, Sonja (2016): Beantwortung der parlamentarischen Anfrage Nr. 3142/J-BR/2016 betreffend Erwähnung von ATTAC-Mitglied Christian Felber in einem Schulbuch, Bundesministerium für Bildung und Frauen, Wien, 13. Juni 2016.

HARRIS, Jared D./FREEMAN, Edward R. (2008): The Impossibility of the Separation Thesis. A Response to Joakim Sandberg, S. 541–548, Business Ethics Quarterly, Volume 18, Issue 4.

HÄRING, Norbert (2010): Markt und Macht, Schäffer-Poeschel, Stuttgart.

HÄRING, Norbert (2016): Die unerträgliche Überheblichkeit der Mainstream-Ökonomen, norberthaering.de, 26. Februar 2016.

HARVARD STUDENTS FOR A HUMANE AND RESPONSIBLE ECONOMICS (2003): Mission Statement, im Web: http://www.paecon.net/petitions/Harvard2.htm, abgerufen am 22. Januar 2019.

HAYEK, Friedrich A. (1996): Die verhängnisvolle Anmaßung: Dir Irrtümer des Sozialismus, Mohr Siebeck, Tübingen.

HAYEK, Friedrich A. (2003): Recht, Gesetz und Freiheit, Mohr Siebeck, Tübingen.

HAYEK, Friedrich A. (2004): Der Weg zur Knechtschaft, Deutsche Reader's-Digest-Ausgabe, Friedrich August von Hayek Institut, Wien.

HAYEK, Friedrich A. (2005): Die Verfassung der Freiheit, 4. Auflage, Mohr Siebeck, Tübingen.

HECKMAN, James/MOKTAN, Sidharth (2018): The Tyrany of the Top Five Journals, Institut of New Economic Thinking, ineteconomics.org, 2. Oktober 2018.

HECKMAN, James/MOKTAN, Sidharth (2019): Publishing and Promotion in Economics: The Tyranny of the Top Five, Institute for New Economic Thinking, Working Paper No. 82, 19. März 2019.

HEIDBRINK, Ludger/KNY, Josefa/KÖHNE, Ralf/SOMMER, Bernd/STUMPF, Klara/WELZER, Harald/WIEFEK, Jasmin (2018): Schlussbericht für das Verbundprojekt Gemeinwohl-Ökonomie im Vergleich unternehmerischer Nachhaltigkeitsstrategien (GIVUN), Flensburg/Kiel.

HEIN, Eckhard (2016): Bastard-Keynesianismus in einer »doktrinenbezogenen Darstellung des Stoffes«, S. 210–218, VAN TREECK / URBAN (Hg.) (2016).

HEINRICH, Torsten (2016): Die Rolle des Optimierungskonzepts in den Standardlehrwerken der Mikroökonomik, S. 72–81, VAN TREECK/URBAN (Hg.) (2016).

HEISE, Arne (2017): Fünf Weise und nur eine Weisheit?, S. 850–853, Wirtschaftsdienst des ZBW – Leibniz-Informationszentrums Wirtschaft, 12/2017.

HEISE, Arne/SANDER, Henrike/THIEME, Sebastian (2017): Das Ende der Heterodoxie? Die Entwicklung der Wirtschaftswissenschaft in Deutschland, Springer Fachmedien, Wiesbaden.

HELFRICH, Silke/BOLLIER, David (2014): Commons. Für eine neue Politik jenseits von Markt und Staat, 2. Auflage, transkript, Bielefeld.

HELFRICH, Silke/BOLLIER, David (2019): Frei, fair und lebendig. Die Macht der Commons, transcript, Bielefeld.

HENDERSON, Hazel (1996): Creating Alternative Futures. The End of Economics, Kumarian Press, West Hartford.

HENGEL, Erin (2019): Gender differences in citations at top economics journals, working paper in peer review, Universität Liverpool.

HERR, Hansjörg (2016): Neoklassisches Paradigma in Standardlehrbüchern. Die fehlende Fundierung der Nachfrage nach Kapital und Arbeit und der Einkommensverteilung, S. 170–180, VAN TREECK/URBAN (Hg.) (2016).

HERRMANN, Ulrike (2017): Ein Preis, der nicht nobel ist, taz, 22. August 2017.

HICKEL, Jason (2014): Die Millenniumslüge. Die Erzählung von der abnehmenden Armut ist falsch, Informationsbrief Weltwirtschaft & Entwicklung (W & E), 17. September 2014.

HILL, Rod/MYATT, Tony (2010): The Economics Anti-Textbook. A Critical Thinker's Guide to Microeconomics, Fernwood Publishing / Zed Books, New York/London.

HODGSON, Geoffrey M. (2006): Wie sind die Wirtschaftswissenschaften in einen solchen Zustand geraten?, S. 225–230, DÜRMEIER/VON EGAN-KRIEGER/PEUKERT (2006).

HORKHEIMER, Max (1965): Diskussion zum Thema: Wertfreiheit und Objektivität, S. 65–98, STAMMER, Otto/DEUTSCHE GESELLSCHAFT FÜR SOZIOLOGIE: Max Weber und die Soziologie heute: Verhandlungen des 15. Deutschen Soziologentages in Heidelberg 1964, Mohr Siebeck, Tübingen.

HORN, Karen (2004): Der Wirtschafts-Nobelpreis ist eine umstrittene Auszeichnung, Frankfurter Allgemeine Zeitung, 11. Oktober 2004.

HÜTHER, Gerald (2012): Was wir sind und was wir sein könnten. Ein neurobiologischer Mutmacher, 10. Auflage, S. Fischer, Frankfurt a. M.

ILO (2004): Eine faire Globalisierung. Chancen für alle schaffen, Bericht der Weltkommission für die soziale Dimension der Globalisierung, Genf.

INTERNATIONAL STUDENT INITIATIVE FOR PLURALIST ECONOMICS (ISIPE) (2014): Internationaler studentischer Aufruf für eine Plurale Ökonomik, unterzeichnet von den Gründungsmitgliedern der ISIPE, 4. Mai 2014.

JÄGER, Johannes (2006): Das weitgehende Verschwinden Marx'scher Ökonomie aus den Standardlehrbüchern der Volkswirtschaftslehre, S. 160–169, DÜRMEIER/VON EGAN-KRIEGER/PEUKERT (2006).

JÄGER, Johannes/SPRINGLER, Elisabeth (2012): Ökonomie der internationalen Entwicklung. Eine kritische Einführung in die Volkswirtschaftslehre, Mandelbaum, Wien.

JENSEN, Michael C./MECKLING, William H. (1994): The Nature of Man, S. 4–19, Journal of Applied Corporate Finance, Sommer 1994, Volume 7, No. 2.

JOBST, Clemens/KERNBAUER, Hans (2016): Die Bank. Das Geld. Der Staat. Nationalbank und Währungspolitik in Österreich 1816–2016, Campus, Frankfurt/Main.

KAPELLER, Jakob (2016): Ein philosophischer Blick auf die Grundlagen internationaler Ökonomie, S. 108–116, VAN TREECK/URBAN (Hg.) (2016).

KASSER, Tim/COHN, Steve/KANNER, Allen/RYAN, Richard (2007): Some costs of American corporate capitalism: A psychological exploration of value and goal conflicts, S. 1–22, Psychological Inquiry 2007, Vol. 18, Nr. 1.

KAST, Bas (2016): Und plötzlich macht es Klick! Das Handwerk der Kreativität oder: Wie die guten Ideen in den Kopf kommen, Fischer Taschenbuch, Frankfurt/Main.

KEEN, Steve (2011): Debunking Economics. The Naked Emperor Dethroned?, aktualisierte und erweiterte Ausgabe, Zed Books, London/New York.

KEYNES, John Maynard (1933): National Self-Sufficiency, S. 755–769, The Yale Review, Vol. 22, Nr. 4, Juni 1933.

KEYNES, John Maynard (1935/1963): A Self-Adjusting Economic System, Nebraska

Journal of Economics and Business, Vol. 2, No. 2 (Herbst 1963), S. 11–15. Reprinted from The New Republic, 20. Februar 1935, S. 35–37.

KEYNES, John Maynard (1936): General Theory of Employment, Interest and Money, Macmillan, London.

KEYNES, John Maynard (1943): Proposals for an International Cleaning Union, International Monetary Fond: The International Monetary Fond 1945–1965. Twenty Years of International Monetary Cooperation. Volume III: Documents, edited by J. Keith Horsefield, Washington 1969, S. 17–36.

KLEIN, Naomi (2007): Die Schock-Strategie. Der Aufstieg des Katastrophen-Kapitalismus, S. Fischer, Frankfurt a. M.

KOHN, Alfie (1986/1992): No Contest. The Case against Competition. Why we lose in our race to win, Houghton Mifflin Company, Boston/New York.

KOMLOS, John (2015): Ökonomisches Denken nach dem Crash. Einführung in eine realitätsbasierte Volkswirtschaftslehre, Houghton Mifflin Company, Boston/New York.

KREISKY, Eva (2001): Die maskuline Ethik des Neoliberalismus – Die neoliberale Dynamik des Maskulinismus, femina politica. Zeitschrift für feministische Politik-Wissenschaft 2/2001, S. 76–91.

KREISS, Christian (2016): Werbung – Nein danke. Warum wir ohne Werbung viel besser leben könnten, Europaverlag, Berlin u. a.

KRUGMAN, Paul R. (1987): Is Free Trade Passe?, S. 131–144, The Journal of Economic Perspectives, Volume 1, Issue 2 (Herbst 1987).

KUHN, Thomas S. (1976/2017): Die Struktur wissenschaftlicher Revolutionen, 25. Auflage, suhrkamp taschenbuch wissenschaft, Frankfurt a. M.

KYMLICKA, Will (1997): Politische Philosophie heute. Eine Einführung, Studienausgabe, Campus, Frankfurt a. M./New York.

KYRER, Alfred (2001): Wirtschaftslexikon, 4., vollständig neu bearbeitete und stark erweiterte Auflage, R. Oldenbourg Verlage, München/Wien.

LANGTHALER, Ernst (2017): Die Wirtschaft nicht den Ökonomen überlassen, Kommentar der Anderen, Der Standard, 17. Juli 2017.

LAWSON, Tony (2017): What Is Wrong With Modern Economics, and Why Does It Stay Wrong?, Journal of Australian Political Economy No. 80, S. 26–42.

LAYARD, Richard (2009): Die glückliche Gesellschaft. Was wir aus der Glücksforschung lernen können, Campus, Frankfurt a. M.

LEE, Frederic S./KEEN, Steve (2004): The Incoherent Emperor: A Heterodox Critique of Neoclassical Microeconomic Theory, Review of Social Economy, Vol. LXII, Nr. 2, Juni 2004.

LEONHARDT, David (2002): Scholarly Mentor To Bush's Team, New York Times, 1. Dezember 2002.

LESCHKE, Martin (2012): Zum Modellbild der Ökonomik, S. 21–38, MÜLLER,

Christian/TROSKY, Frank/WEBER, Marion (2012): Ökonomik als allgemeine Theorie menschlichen Verhaltens. Grundlagen und Anwendungen, Schriften zu Ordnungsfragen der Wirtschaft, Band 94, Lucius & Lucius, Stuttgart.

LESHEM, Dotan (2016): What Did the Ancient Greeks mean by Oikonomia?, S. 225–238, Journal of Economic Perspectives, Volume 30, Number 1, Winter 2016.

LUCAS, Robert (2003): Macroeconomic Priorities in American Economic Review, Volume 93, Band 1, März 2003, S. 1–14.

LUKS, Fred (2014): Öko-Populismus. Warum einfache »Lösungen«, Unwissen und Meinungsterror unsere Zukunft bedrohen, Metropolis, Marburg 2014.

LUKS, Fred (2016): Schulbuch-Posse: Wissen oder Meinung, Kommentar der Anderen, Der Standard, 12. April 2016.

LUNDBERG, Erik (1969): Award Ceremony speech, auf https://www.nobelprize.org, eingesehen am 10. März 2019.

LUNDBERG, Shelly/STEARNS, Jenna (2019): Women in Economics: Stalled Progress, S. 3–22, Journal of Economic Perspectives, Volume 33, Number 1, Winter 2019.

MADER, Katharina/SCHULTHEISS, Jana (2011): Feministische Ökonomie – Antworten auf die herrschenden Wirtschaftswissenschaften?, S. 405–421, PROKLA – Zeitschrift für kritische Sozialwisssenschaft, Heft 164: »Kritik der Wirtschaftswissenschaften«, Nr. 3, September 2011.

MÄKI, Usbeki (2009): Realistic realism about unrealistic models, S. 68–98, KINCAID, Harold/ROSS, Don (Hg.) (2009): The Oxford Handbook of Philosophy of Economics, Oxford University Press, Oxford.

MANKIW, N. Gregory (2001): Grundzüge der Volkswirtschaftslehre, 2. Auflage, Schäffer-Poeschel, Stuttgart.

MANKIW, N. Gregory (2009): That Freshman Course Won't Be Quite the Same, New York Times, 23. Mai 2009.

MANKIW, N. Gregory (2017): Makroökonomie, 7., überarbeitete Auflage, Schäffer-Poeschel, Stuttgart.

MANKIW, N. Gregory/TAYLOR, Mark P. (2012): Grundzüge der Volkswirtschaftslehre, 5. Auflage, Schäffer-Poeschel, Stuttgart.

MANKIW, N. Gregory/TAYLOR, Mark P. (2016): Grundzüge der Volkswirtschaftslehre, 6. Auflage, Schäffer-Poeschel, Stuttgart.

MARX, Karl (1859/1971): Zur Kritik der Politischen Ökonomie, S. 3–160, MARX, Karl/ENGELS, Friedrich (1971): Werke, Band 13, 7. Auflage, Karl Dietz, Berlin.

MAZZUCATO, Mariana (2014): Das Kapital des Staates. Eine Geschichte von Innovation und Wachstum, Antje Kunstmann, München.

MCCLOSKEY, Deirdre (1989): Why I am no longer a Positivist, Review of Social Economy, Vol. XVII, Nr. 3, Herbst 1989, S. 225–238.

MCCLOSKEY, Deirdre (1991): The Arrogance of Economic Theorists, Swiss Review of World Affairs, Juli 1991, S. 11–12.

MCCLOSKEY, Deirdre (2002): The Secret Sins of Economis, Prickly Paradigm Press, Chicago.

MCLEAN, Philipp (2017a): Förderung der »historischen Mündigkeit« durch ideologiekritische Überlegungen, S. 65–84, DANKER, Uwe (Hg.) (2017): Geschichtsunterricht, Geschichtsschulbücher, Geschichtskultur. Aktuelle geschichtsdidaktische Forschungen des wissenschaftlichen Nachwuchses, Beihefte zur Zeitschrift der Geschichtsdidaktik, Band 15, Vandenhoek & Ruprecht, Göttingen.

MCLEAN, Philipp (2017b): Mündig werden durch historische Bildung? (Kritische) Analysen zur Bedeutung eines fachdidaktischen Begriffs, Poster für das Projekt »Level – Lehrerbildung vernetzt entwickeln«, Teil der »Qualitätsoffensive Lehrerbildung«, Seminar für Didaktik der Geschichte, Fachbereich Philosophie und Geschichtswissenschaften, Goethe-Universität Frankfurt.

MEYNHARDT, Timo (2016): Ohne Gemeinwohl keine Freiheit. Zur Psychologie des Gemeinwohls, PAPIER/MEYNHARDT (Hg.): Freiheit und Gemeinwohl. Ewige Gegensätze oder zwei Seiten einer Medaille?, Tempus Corporate, Berlin.

MILL, John Stuart (1833): Essays on Ethics, Religion, and Society (Utilitarianism) in ROBSON, John M. (Hg.) (2013): The Collected Works of John Stuart Mill, Volume X, Routledge, Abingdon.

MILL, John Stuart (1909): Principles of Political Economy with some of their Applications to Social Philosophy, Longmans, Green & Co., London.

MIROWSKI, Philip (2015): Postface: Defining Neoliberalism, S. 417–455, MIROWSKI/PLEHWE (2015).

MIROWSKI, Philip/PLEHWE, Dieter (2015): The Road from Mont Pèlerin, 2. Auflage, Harvard University Press, Cambridge (US)/London.

MITSCHERLICH, Gabriele (2003): Was ist Neoliberalismus? Genese und Anatomie einer Ideologie, Hintergrundpapier für die Attac Österreich-Sommerakademie 2003.

MYRDAL, Gunnar (1977): The Nobel Prize in Economic Science in Challenge, März-April 1977, S. 50–52.

NELSON, Julie A. (2006): Warum die postautistische Bewegung Feminismus braucht, S. 247–250, DÜRMEIER/VON EGAN-KRIEGER/PEUKERT (2006).

NETZWERK PLURALE ÖKONOMIK (2012): Offener Brief an den Verein für Socialpolitik, Göttingen, 11. September 2012.

NETZWERK PLURALE ÖKONOMIK (2016): Untersuchung zeigt: wenig Reflexion in der deutschen Volkswirtschaftslehre, Pressemitteilung, Köln, 21. März 2016.

NICKERSON, Carol/SCHWARZ, Norbert/KAHNEMANN, Daniel (2003): Zeroing in on the Dark Side of the American Dream. A Closer Look at the Negative Consequences of the Goal for Financial Success, Psychological Science, Vol. 14, No. 6, November 2003, S. 531–536.

NORGAARD, Richard (2015): The Church of Economism And Its Discontents, countercurrents.org, 30. Dezember 2015.

NOWAK, Martin A./HIGHFIELD, Roger (2013): Kooperative Intelligenz. Das Erfolgsgeheimnis der Evolution, C. H. Beck, München.

NUSSBAUM, Martha C. (2011): Creating Capabilities. The Human Development Approach, Belknap Press of Harvard University Press, Cambridge/Massachusetts und London.

OFFER, Avner/SÖDERBERG, Gabriel (2016): The Nobel Factor: The Prize in Economics, Social Democracy, and the Market Turn, Princeton University Press, Princeton.

OHLIN, Berlit (1971): Award ceremony speech for Simon Kuznets, The Sveriges Riksbank Prize in Economic Sciences in Memory of Alfred Nobel, 1971.

OLTMANNS, Torsten (1993a): Die Weisheit des Auktionators, Die Zeit, 8. Januar 1993.

OLTMANNS, Torsten (1993b): Ökonomie gegen die Armut, Die Zeit, 24. September 1993.

ORMEROD, Paul (2006): Jenseits der Kritik, S. 241–245, DÜRMEIER/VON EGAN-KRIEGER/PEUKERT (2006).

ORTLIEB, Claus Peter (2006): Zur »ideologiefreien Methodik« der neoklassischen Lehre, S. 55–62, DÜRMEIER/VON EGAN-KRIEGER/PEUKERT (2006).

OSTROM, Elinor (2011): Was mehr wird, wenn wir teilen. Vom gesellschaftlichen Wert der Gemeingüter, oekom, München.

ÖTSCH, Walter Otto (2009): Mythos Markt. Marktradikale Propaganda und ökonomische Theorie, Metropolis, Marburg.

ÖTSCH, Walter Otto (2018): Mythos Markt. Mythos Neoklassik. Das Elend des Marktfundamentalismus, Metropolis, Marburg.

PASSMORE, John (1967): Logical Positivism, S. 52–57, EDWARDS, Paul (Hg.) (1967): The Encyclopedia of Philosophy, Vol. 5, Macmillan, New York.

PEUKERT, Helge (2018a): Mikroökonomische Lehrbücher: Wissenschaft oder Ideologie?, Metropolis, Marburg.

PEUKERT, Helge (2018b): Makroökonomische Lehrbücher: Wissenschaft oder Ideologie?, Metropolis, Marburg.

PFRIEM, Reinhard/SCHNEIDEWIND, Uwe et al. (2017): Transformative Wirtschaftswissenschaft im Kontext nachhaltiger Entwicklung, Metropolis, Marburg.

PINDYCK, Robert S./RUBINFELD, Daniel L. (2015): Mikroökonomie, 8., aktualisierte Auflage, Pearson, Hallbergmoos.

PINDYCK, Robert S./RUBINFELD, Daniel L. (2018): Mikroökonomie, 9., aktualisierte Auflage, Pearson, Hallbergmoos.

PIRSON, Michael (2017): Humanistic Management. Protecting Dignity and Promoting Well-Being, Cambridge University Press, Cambridge.

PLICKERT, Philip (2016): Angriff auf den Ökonomen-Mainstream, Frankfurter Allgemeine Zeitung, 3. Dezember 2016.

PODKAMINER, Leon (2016): Has Trade been Driving Global Economic Growth?, WIIW Working Paper 131, Oktober 2016.

POLANYI, Karl (1995): The Great Transformation. Politische und ökonomische Ursprünge von Gesellschaften und Wirtschaftssystemen, 3. Auflage, suhrkamp taschenbuch wissenschaft, Frankfurt a. M.

POST-AUTISTIC ECONOMICS NETWORK (2000): The Student Petition of Autisme-Economie, Juni 2000, abgerufen auf www.paecon.net, 14. April 2019.

POST-AUTISTIC ECONOMICS NETWORK (2003): A Brief History of the Post-Autistic Economics Movement, abgerufen auf www.paecon.net, 14. April 2019.

PRECHT, Richard David (2010): Die Kunst, kein Egoist zu sein: Warum wir gerne gut sein wollen und was uns davon abhält, Goldmann, München.

PRUETT, David (2016): What Economists Don't Know About Physics – And Why It's Killing Us, The Huffington Post, 7. Januar 2016.

PUTNAM, Hilary/WALSH, Vivian (2012): The End of Value-Free Economics, Routledge, New York.

RAWORTH, Kate (2017): Doughnut Economics. Seven Ways to Think Like a 21st-Century-Economist, Random House Business Books, London.

READ, Richard (2015): A $280 college textbook busts budgets, but Harvard author Gregory Mankiw defends royalties, The Oregonian/OregonLive, 12. Februar 2015.

REAGAN, Ronald (1981): Inaugural Address, 20. Januar 1981. Downloadbar auf https://www.reaganfoundation.org/ronald-reagan/reagan-quotes-speeches/inaugural-address-1/

REARDON, Jack / MADI, Maria Alejandra / CATO, Molly Scott (2018): Introducing a New Economics. Pluralist, sustainable & progressive, Pluto Press, London.

RICARDO, David (1817/2006): Über die Grundsätze der Politischen Ökonomie und der Besteuerung, 2., überarbeitete Auflage, Metropolis, Marburg.

ROBBINS, Lionel (1935): Essay on the Nature and Significance of Economic Science, Macmillan, London.

ROBERTSON, James (2012): Future Money. Breakdown or Breakthrough, green books, Totnes.

ROCKSTRÖM, Johan et al. (2009): A safe operating space for humanity, S. 472–475, nature, Vol. 461, 24. September 2009.

RUBINSTEIN, Ariel (1995): John Nash: the master of economic modelling, Scandinavian Journal of Economics 97(1): 9–13.

RUDNER, RICHARD (1953): The Scientist qua Scientist Makes Value Judgements, S. 1–6, Philosophy of Science, Vol. 20, Nr. 1, Januar 1953.

SAMUELS, Warren J. (2006): Ontologie, Epistemologie, Sprache und die Praxis der VWL, S. 251–256, DÜRMEIER/VON EGAN-KRIEGER/PEUKERT (2006).

SAMUELSON, Paul A. (1962): Economists and the History of Ideas, The American Economic Review, Vol. 52, No. 1 (März 1962), S. 1–18.

SAMUELSON, Paul A. (1969): Presidential Address: The Way of an Economist, in SAMUELSON, Paul A. (Hg.): International Economic Relations: Proceedings of the Third Congress of the International Economic Association, Macmillan, London/ Basingstoke, S. 1–11.

SAMUELSON, Paul A. (1970): Maximum Principles of Analytical Economics, Nobel Memorial Lecture, 11. Dezember 1970.

SAMUELSON, Paul A./NORDHAUS, William D. (2016): Volkswirtschaftslehre. Das internationale Standardwerk der Makro- und Mikroökonomie, 5. Auflage, FinanzBuch, München.

SANCHIS, Joan Ramon/CAMPOS, Vanessa/EJARQUE, Ana (2019): Analysing the Economy for the Common Good Model. Statistical Validations of its Metrics and Impacts in the Business Sphere, Chair Economy for the Common Good, Universität Valencia.

SAPIR, Jacques (2006): Sieben Thesen zu einer Theorie der realistischen Ökonomik, S. 257–278, DÜRMEIER/VON EGAN-KRIEGER/PEUKERT (2006).

SCHMIDPETER, René (2012): Gemeinwohl-Ökonomie à la Felber – eine kritische Betrachtung, wissenschaftstheoretische Begutachtung für die Julius-Raab-Stiftung.

SCHARMER, Otto (2010): Seven Acupuncture Points for Shifting Capitalism to Create a Regenerative Ecosystem Economy, Oxford Leadership Journal, Volume I, Issue 3, p. 1–21, June 2010.

SCHULMEISTER, Stephan (2018): Der Weg zur Prosperität, Ecowin, Salzburg.

SEDLÁČEK, Thomáš (2012): Die Ökonomie von Gut und Böse, Hanser, München.

SEN, Amartya (1987): On Ethics and Economics, Blackwell, Malden.

SEN, Amartya (2002): Ökonomie für den Menschen. Wege zu Gerechtigkeit und Solidarität in der Marktwirtschaft, dtv, München.

SIEBENHÜNER, Bernd (2000): Homo sustinens als Menschenbild für eine nachhaltige Ökonomie, sowi-onlinejournal 1/2000.

SILER, Kyle (2006): Die soziale und intellektuelle Organisation und Konstruktion der Volkswirtschaftslehre, S. 217–224, DÜRMEIER/VON EGAN-KRIEGER/ PEUKERT (2006).

SIMON, Herbert A. (1986): The Failure of Armchair Economics in Challenge, S. 18–25, Challenge, November-Dezember 1986.

SMITH, Adam (1759/2010): Theorie der ethischen Gefühle, Felix Meiner, Hamburg.

SMITH, Adam (1776/2005): Der Wohlstand der Nationen, 11. Auflage, dtv, München.

SOLOW, Robert (2001): L'économie entre empirisme et mathématisation, Le Monde, 2. Januar 2001.

STIGLITZ, Joseph (2006): Die Chancen der Globalisierung, Siedler, München.

STIGLITZ, Joseph (2017): Where modern macroeconomics went wrong, National Bureau of Economic Research, NBER Working Paper Series, Working Paper 23795, Cambridge.

THATCHER, Margaret (1987): No Such Thing as Society, Women's Own, 23. September 1987.

THE LOCAL (2005): Nobel descendant slams Economics prize, 28. September 2005.

THIELEMANN, Ulrich (2009): System Error. Warum der freie Markt zur Unfreiheit führt, Westend, Frankfurt a. M.

THIEME, Sebastian (2013): Der Ökonom als Menschenfeind. Über die misanthropischen Grundmuster der Ökonomik, Barbara Budrich, Opladen u. a.

THOMPSON, Jonathan (2001): Take the Nobel name off econmics prize, say relatives, Independent, 2. Dezember 2001.

ULRICH, Peter (2005): Zivilisierte Marktwirtschaft. Eine wirtschaftsethische Orientierung, Herder, Freiburg.

UNGERICHT, Bernhard (2013): Gutachten zur »wissenschaftstheoretischen Begutachtung« (Gemeinwohl-Ökonomie à la Felber – eine kritische Betrachtung) von Dr. René Schmidpeter, Universität Graz, Forschungsstelle Wirtschaftsethik und Corporate Social Responsibility, 27. August 2013.

UNHOLTZ, Johannes (2010): Gutsein im Oikos. Subpolitische Tugenden in den oikonomischen Schriften der klassischen Antike, Dissertation, Johannes Gutenberg-Universität Mainz, 2010.

VAN SUNTUM, Ulrich (2011): Die unsichtbare Hand. Ökonomisches Denken gestern und heute, 4. Auflage, Springer Gabler, Wiesbaden.

VAN SUNTUM, Ulrich (2013): Die unsichtbare Hand. Ökonomisches Denken gestern und heute, 5. Auflage., Springer Gabler, Wiesbaden.

VAN TREECK, Till (2016): Welches Menschenbild für die ökonomische Bildung? Nicht-egoistische Verhalten und soziale Vergleiche in der Haushaltstheorie, S. 30–41, VAN TREECK / URBAN (Hg.) (2016).

VAN TREECK, Till/URBAN, Janina (Hg.) (2016): Wirtschaft neu denken. Blinde Flecken der Lehrbuchökonomie, iRights.Media, Berlin.

VARIAN, Hal (2016): Grundzüge der Mikroökonomik, 9. Auflage, De Gruyter, Berlin/ Boston.

VAUGHAN, Genevieve (2002): For-Giving. A Feminist Criticism of Exchange, Plain View Press/Anomaly Press, Austin.

WALPEN, Bernhard (2004): Die offenen Feinde und ihre Gesellschaft. Eine hegemonietheoretische Studie zur Mont Pelerin Society, VSA, Hamburg.

WALRAS, Léon (1954): Elements of Pure Economics: Or, The Theory of Social Wealth, herausgegeben von Allen and Urwin für die American Economic Association und die Royal Economic Society, London.

WALSH, Vivian (2012): Sen after Putnam, Kapitel 3, PUTNAM/WALSH (2012).

WANG, Long/MALHOTRA, Deepak/MURNIGHAN, J. Keith (2011): Economics Education and Greed, S. 643–660, Academy of Management Learning & Education, 2011, Vol. 10, No. 4.

WEBER, Max (1904): Die »Objektivität« sozialwissenschaftlicher und sozialpolitischer Erkenntnis, Archiv für Sozialwissenschaft und Sozialpolitik, 19(1), S. 22–87.

WEBER, Max (2005): Wirtschaft und Gesellschaft, Zweitausendeins, Frankfurt a. M.

WEHLING, Elisabeth (2016): Politisches Framing. Wie eine Nation sich ihr Denken einredet – und daraus Politik macht, Herbert von Halem, Köln.

WELZER, Harald (2019): Alles könnte anders sein. Eine Gesellschaftsutopie für freie Menschen, S. Fischer, Frankfurt a. M.

WILBER, Ken (2004): Eine kurze Geschichte des Kosmos, 7. Auflage, Fischer Taschenbuch, Frankfurt a. M.

WILLIAMS, Walter E. (2000): Greed Versus Compassion, FEE/Foundation for Economic Education, 1. Oktober 2000.

WINKELMANN, Bernd (2016): Die Wirtschaft zur Vernunft bringen. Sozialethische Grundlagen einer postkapitalistischen Ökonomie, Tectum, Marburg.

WOOLLEY, Anita Williams/CHABRIS, Christopher F./PENTLAND, Alex/HASHMI, Nada/MALONE, Thomas W. (2010): Evidence for a Collective Intelligence Factor in the Performance of Human Groups in Science, Vol. 330, 29. Oktober 2010, S. 686–688.

ZINGALES, Luigi (2012): Do Business Schools Incubate Criminals?, Bloomberg, 16. Juli 2012.

Interviews

MOLDASCHL (2018): Interview mit Manfred Moldaschl am 14. Oktober 2018.

PEUKERT (2018c): Interview mit Helge Peukert am 23. Oktober 2018.

SCHELLNHUBER (2018): Interview mit Hans Joachim Schellnhuber am 4. Dezember 2018.

GRAN (2019): Interview mit Christoph Gran am 17. April 2019.

KAPELLER (2019): Interview mit Jakob Kapeller am 22. April 2019.

DIERKSMEIER (2019b): Interview mit Claus Dierksmeier am 28. April 2019.

GRAUPE (2019): Interview mit Silja Graupe am 6. Mai 2019.

ÖTSCH (2019): Interview mit Walter Ötsch am 7. Mai 2019.

STAGL (2019): Interview mit Sigrid Stagl am 15. Mai 2019

GÖPEL (2019): Interview mit Maja Göpel am 17. Juni 2019.

SPASH (2019): Interview mit Clive Spash am 22. Juli 2019